理解政策过程
——中国农村社会养老保险政策试点模式研究

Understanding Policy Process

A Study on the Experimental Approach of China's Rural Old-age Insurance Policy

郑文换 著

社会科学文献出版社
SOCIAL SCIENCES ACADEMIC PRESS (CHINA)

本书出版得到中央民族大学"985工程"民族学重点学科建设项目资助

序

政策延续还是替代：一个特殊的政策发展过程

王思斌

北京大学社会学系

我国是世界上最大的发展中国家，也是农村人口规模最大的国家，面对现代国家建设的目标和市场化改革、人口老龄化的现实风险，农村居民的社会养老保险制度建设成为政府的一项重要任务。

1991年，国务院决定由民政部负责开展建立农村社会养老保险制度的试点，1995年国务院办公厅转发《民政部关于进一步做好农村社会养老保险工作意见的通知》，要求"高度重视对农村养老保险基金的管理和监督，积极稳妥地推进这项工作"。然而到1999年，国务院叫停了民政部大力推进的农村社会养老保险（以下简称老农保）制度试点。2009年，国务院决定开展新型农村社会养老保险（以下简称新农保）试点，并成立了新农保试点工作领导小组，由人力资源和社会保障部作为新农保工作的行政主管部门。经过3年多的努力，到2012年，新农保从无到有、从局部试点到制度全覆盖，成为我国参保人数最多、受益面最大的基本养老保险制度。

几乎是面对同一个群体（农村居民）的政策，前后历时20年，中间经历了停顿和重启，有什么重要因素可以来解释这一过程呢？新农保对老农保来说是一种政策延续还是政策替代？这是一个很有学术价值和实际价值的问题。

1995年老农保对政策的设计和宣称是：逐步建立农村社会养老保险制度，是建立健全农村社会保险体系的重要措施，对深化农村改革、保障农民利益、解除农民后顾之忧和落实计划生育基本国策、促进农村经济发展和社会稳定，都具有深远意义。筹资办法是个人按经济能力确定缴费数额、集体视经济状况适当补助、国家给予政策扶持。该项工作由民政部门主抓主管。这项工作在初期遇到的问题是：一些地区政策推行难度大；有些地方没有制定有关法规，管理还不够规范；少数地方出现了挪用保险基金的问题。据说后者也是当时国务院叫停老农保的主要原因。

2009年新农保的政策宣称是：建立新农保制度是深入贯彻落实科学发展观、加快建设覆盖城乡居民社会保障体系的重大决策，是应对国际金融危机、扩大国内消费需求的重大举措，是逐步缩小城乡差距、改变城乡二元结构、推进基本公共服务均等化的重要基础性工程，是实现广大农村居民老有所养、促进家庭和谐、增加农民收入的重大惠民政策。其基本原则是"保基本、广覆盖、有弹性、可持续"；筹资原则是个人（家庭）、集体、政府合理分担责任，权利与义务相对应；制度实施是政府主导和农民自愿相结合，引导农村居民普遍参保。2013年国务院新型农村和城镇居民社会养老保险试点工作领导小组在对这项工作的总结中提到的问题是：中青年群体参保积极性不高，个人缴费水平过低，基层公共服务能力总体不足，相关制度衔接还不到位，基金管理层次低，保值增值压力大，等等。

在介绍了上述基本情况后，我们会发现，老农保和新农保在政策目标上基本上是一致的，都是要保障农村居民的养老，所不同的是对当时中央关于经济社会发展方针的表述；筹资原则在表述上是一致的，即个人缴费、集体补贴、政府支持。在政策实践上，个人缴费是相同的，集体补贴也基本相同（即集体基本没有提供补贴），政府支持是不同的——老农保对参保农民的"国家政策扶持"是空的，新农保则实实在在地支付了基础养老金。但正如书中所示，老农保和新农保的参数结构很类似，在技术层面完全可以将老农保的"政策扶持"转变为实际的"财政支持"，即"基础养老金"完全可以贴在老农保既有的"个人账户"上面，完善老农保即可，因此从效率的角度来说不需要另起炉灶重设新农保。那么新农保相对老农保来说"新"在哪里，或者说"新"的含义是什么？

郑文换从制度分析的视角，用"资源结构"的概念去解析我国农村社会养老保险制度的形成过程，进行了有益的探索。在她的研究中，资源结构被定义为试点模式下职能部委和基层地方政府之间的结构化关系加上资金资源形成的结构关系，即政策推行的"条"与具体实施政策的"块"，以及资金等资源三者形成的不同类型的结构。应该说，这抓住了问题的实质，其分析也是比较深入的。

"资源结构"概念的提出和使用是这项研究的理论贡献之一。我们知道，无论在社会政策研究中还是在社会学研究中，都会遇到资源问题，但是，社会学和社会政策分析都没有对"资源"进行基本的理论建构。社会网络分析运用了这一概念，但没有将其适用范围加以拓展；吉登斯的理论涉及资源问题，但是比较空泛。所以，"资源"概念好像不是社会学、社会政策理论的组成部分，至少它是被边缘化的。然而在现实的学术研究中，资源分析的应用面又是很广的。正是在这种意义上，郑文换对"资源结构"概念的使用在理论上是有新意和一定贡献的。或许这一贡献还体现为对学术研究的启示：资源在社会政策和社会学中是值得进一步研究的亚领域。

就这本书研究的主题来说，我还想提出可以进一步思考的问题：为什么我国会有老农保和新农保呢？这反映了我国社会政策领域什么样的本质特征？这种"中国特色"的社会保障制度的实践过程能为社会政策理论的建构提供什么启发？相信郑文换的著作能启发读者对这些问题的思考。

郑文换是一位有执着追求的、勤奋的、有独立思考精神的年轻学者。我作为她的博士论文指导教师，对她的治学精神表示赞赏。现在，她将自己的博士论文做了补充和完善，并正式出版，我认为这对推动学术研究是一件有意义的事，也期望读者能从该书中得到启发。

目 录

第一章 导 论 / 1
　第一节 研究问题 / 1
　第二节 研究意义 / 5
　第三节 本书的结构 / 7

第二章 政策研究的理论视角 / 9
　第一节 政策研究视角 / 9
　第二节 制度主义视角 / 28
　第三节 资源理论研究 / 49
　第四节 结构化理论 / 54
　第五节 研究框架 / 58

第三章 农保政策的制度环境及试点模式 / 67
　第一节 农保政策概况 / 67
　第二节 社会福利制度的组织结构模式变化 / 73
　第三节 农保政策的制度环境 / 84
　第四节 农保政策的试点模式 / 89

第四章 资源结构与政策过程 / 110
　第一节 农保政策的背景 / 110

第二节　资源结构与老农保的政策过程 / 120
第三节　资源结构与新农保的政策过程 / 124

第五章　资源结构与政策型构 / 148
第一节　资源结构与新老农保的政策型构 / 148
第二节　老农保政策的制度化及地方化 / 160
第三节　政策试点模式的重新启动 / 170

第六章　政策试点模式的影响与策略 / 173
第一节　基层政策执行者的行动策略 / 174
第二节　目标群体的应对策略 / 178
第三节　政策的推广能力 / 186

第七章　政策过程与制制变迁 / 189
第一节　政策试点模式的政策过程 / 189
第二节　政策过程：理解中国制度变迁的一种理论进路 / 191

附　录 / 197

参考文献 / 239

后　记 / 255

第一章 导 论

第一节 研究问题

改革开放后，随着市场经济力量的逐步增强、城乡一体化进程的加快，中国社会进入了全方位转型的过程。尽管开始是作为为经济体制改革保驾护航的剩余范畴出现，但诸如养老、医疗、失业、工伤等社会风险裹挟了大部分人口，社会政策的重要性由此逐渐凸显，社会政策研究开始成为显学。在中国转型语境下，从一开始，社会政策就不是一个自成体系、自我运作的边界清晰的单独领域，因此，那种常规的经由政治高层制定政策、由行政科层来具体执行的自上而下的研究进路并不适合中国的社会政策过程研究，而那种强调水平维度的组织或集团之间在机会平等的场域中展开竞争与合作的研究路径也并不合适。

社会政策过程自始至终是在社会体制转型这一大背景下，跟党政科层体系以及成为惯例的施政方法或者说工作方法紧密联系在一起。在改革开放后的国家与社会关系中，社会政策的制定往往集中在行政科层体系中，需要指出的是，这一行政科层体系并非单纯以理性为基点、以效率为标准，谋求目标实现的工具手段，而是有着自身利益欲求和权力诉求的科层体系。该体系的施政方法或者说工作方式多为"摸着石头过河"或者说"试点"（以下统称试点），如从经济领域的沿海经济特区到社会政策领域的养老、医疗、社会工作人才队伍建设以及政治领域的基层直选等政策，多采用试点方式展开。可以说，政策试点模式是中国经常采用的出台政策的方式，是一种惯行、一种路径依赖，在整体意义上可以说是一种方法论。一般认为，体制转型以及治理经验的缺乏导致"摸着石头过河"，需要通过试验的方法对政策前景进行探索。张晔、程令国将试点过程总结为中央出台"精神"和"方针"，地方政府积极探索、试验，必要时成立改革试验区，最大限度和最大可能地试错，之后中央出面把好的经验和做法以法律的形式固定下来，然后向全国推广。[①] 探索政策出台的试点过程的行动者往往涉及行政科层体系内不同层次的组织，一般多为高层职能部委以及基层地方政府[②]两者。这一政策出台的试点模式非常不同于纵向的将政策制定与政策执行二分的政策过程，也非常不同于强调水平组织之间讨价还价的政策过程。可以说，政策试点模式是中国政策实践中一个非常引人注目的特点，但是目前对政策试点过程的研究还很鲜见。

试点或者说试验本身也意味着试错，即一次试点可能未必会成功。这种政策试点模式的确在许多政策领域都出现了重新启动现象[③]，比如在农村社会养老保险政策（以下简称农保政策）领域

[①] 张晔、程令国：《集体土地上发展起来的民营工业园——蛟龙工业港》，载北京大学国家发展研究院综合课题组编《还权赋能：奠定长期发展的可靠基础——成都市统筹城乡综合改革实践的调查研究》，北京大学出版社，2010。

[②] 本书中多处出现了"基层地方政府"、"地方政府"这两个词。在本书中，两者有交叉，但也有区别：基层地方政府与地方政府相比，在行政科层序列中位置更为低下，多指县（区）级地方政府，有时也包括地级市地方政府和乡（镇）地方政府；而地方政府则多指县（区）级以上的地方政府；具体所指将随文中具体情况而定。

[③] 需要对政策试点模式的重新启动现象稍做解释。本书中政策试点的重新启动现象指的是国家为了探索某一项政策的可行性，会以试验的方式来进行，之后可能因为某些事件或认为政策设计不合理，该政策的推行被终止，之后，因为某些原因，又重新设计政策内容来探索该项政策的可行性。所以，政策试点的重新启动并不是政策推广中的扩面或推广到其他地区的行动，而是不同的政策制定阶段。举例来说，农村养老保险领域的老农保政策试点和新农（转下页注）

有两次政策试点：第一次是 1991 年由民政部采取试点模式逐渐在全国 2000 多个县开展的农村社会养老保险（以下简称老农保），第二次是 2009 年由人力资源和社会保障部采取试点模式推行的新型农村社会养老保险（以下简称新农保）。改革开放后在农村合作医疗领域也有两次试点：一次是于 1994 年试图重新组织曾在改革开放前发挥巨大作用的农村合作医疗的试点；另一次是于 2003 年采取试点模式启动的新型农村合作医疗（以下简称新农合）。试验或者说试错从逻辑上讲没有问题，但是重复试点会产生一定的社会后果，比如因为农保政策涉及长期缴费的问题，故在国家 1999 年要求清理整顿老农保的情况下，老农保并没有随即被取消，而是延续了下来，2002 年仍有 1870 个县 5462 万人参加老农保，①并且在新农保出台后老农保仍然在许多县持续存在，因此，事实上现阶段出现了新老农保并存、重叠的现象。对这种制度叠加（institutional laying）对农村社区的影响即重复试点导致的社会后果，需要认真加以分析。

另外，韩博天（S. Heilmann）将中国政策的试点方法称为"层级制下的实验"（experimentation under hierarchy），认为其是一种独特的政策过程，并认为这种政策模式能够摆脱僵化意识形态的束缚，超越利益集团的干扰，从而不断推进制度创新与政策创新，带动经济增长，可以说是一种全局性的转型力量或者机制，会导致制度转型性变化（transformative change）或者说制度性革新

（接上页注③）保政策试点就属于政策试点模式的重新启动现象；而《国务院关于开展新型农村社会养老保险试点的指导意见》（国发〔2009〕32 号）提出新农保政策"2009 年试点覆盖面为全国 10% 的县（市、区、旗），以后逐步扩大试点，在全国普遍实施，2020 年之前基本实现对农村适龄居民的全覆盖"，这种逐步扩大试点的现象就不属于本研究指称的政策试点模式的重新启动现象。

① 现在许多地方老农保仍持续存在，之所以选择 2002 年的数据，是因为自 2003 年起有些地方开始了地方新农保试点，2003 年之后的数据并没有区分老农保和新农保，而是合在一起的。故为准确掌握老农保的延续情况，笔者选择了 2002 年的数据，详见 161 页表 5-2 农村养老保险参保情况。

(institutional innovation)。① 皮尔逊（P. Pierson）提出政策研究将是制度变迁研究的前沿，② 英格拉姆（H. Ingram）、施耐德（A. L. Schneider）和德利翁（P. Deleon）注意到政策在制度黏性和制度变迁中的作用。③ 由此可见，政策过程也是观察制度变迁——制度黏性或者说路径依赖以及制度内生、外生性变化——的一个窗口，因此，深入研究社会政策的试点过程也是了解中国制度转型的关键场域。

综上所述，本书将选择尚未被系统研究的农保政策过程为研究对象。在本书中，"政策过程"④ 是指在不同层面的制度约束和使能的情况下，行动者之间的相互关系和相互作用影响政策从酝酿到出台、执行、反馈、萎缩再到重新开始酝酿、出台、执行、反馈等一系列的相关过程。

本书将集中分析四个方面的问题：一是政策试点模式过程究竟是如何展开的？二是在相同的政策领域内，重新启动新一轮试点模式的原因是什么？三是行政科层体系内的政策试点模式的社会后果为何？行政科层体系及农村社会如何应对政策试点模式的重新启动带来的政策不稳定问题？四是通过研究政策试点模式，能否提出一种理解中国制度变迁的理论进路？政策试点模式是否

---

① Heilmann, S. (2007). Policy Experimentation in China's Economic Rise. *Studies of Comparative and Internatioanl Development*, Vol. 43, pp. 1 – 26.
② Pierson, P. (2004). *Politics in Time: History, Institutions, and Social Analysis*. Princeton: Princeton University Press, pp. 165 – 166.
③ Ingram, H., A. L. Schneider, and P. Deleon. (2007). Social Construction and Policy Design. In P. A. Sabatier (ed.), *Theories of the Policy Process*. Cambridge: Westview Press.
④ 本书在豪格伍德和葛恩提出的政策分析7种类型学中，属于"政策过程研究"（studies of policy process）。根据黑尧的总结，从这个视角出发来进行政策分析，所关注的是政策制定的动态过程，其分析的重点是有关组织的政策过程，或在特定社区、社会中影响政策的要素；政策过程是由一系列相互关联的"环节"构成的完整过程，对这一完整过程的看法对区分政策过程所涉及的多个不同的方面具有明显的价值（米切尔·黑尧：《现代国家的政策过程》，赵成根译，中国青年出版社，2004，第2~5页）。

制度变迁的内生性推动力量？在中国语境下，制度稳定或制度变迁究竟表现在哪些方面？

第二节 研究意义

政策过程涉及的内外因素非常多，加上信息可及性问题，总体来说非常难以把握，但其重要性正如黑尧对政策过程分析意义的强调："必须继续努力去理解政策过程——不管它看起来可能是怎样的非理性和无法控制——将理解政策过程作为控制政策过程的关键性的第一步。"① 由于历史文化和社会体制的不同，中国的政策过程非常不同于西方，因此，不能将西方政策过程分析的理论视角简单地拿来套在中国语境中。本书将从新制度主义和资源结构的相关视角出发，采用吉登斯的结构化理论来消解制度和行动之间的张力，分析社会政策中的农保政策过程。具体来说，本书试图在如下问题上为社会政策研究做一些拓展。

第一，采用吉登斯的结构化理论消解新制度主义视角中制度和行动之间的张力。新制度主义是现阶段研究政策过程的重要视角，但无论是新制度主义中的理性选择制度主义、社会学制度主义还是历史制度主义，三者的共同局限是制度和行动之间存在张力。理性选择制度主义倾向于行动均衡形成制度；社会学制度主义倾向于制度决定行动；历史制度主义采取折中主义——尽管它也具有很强的制度决定论倾向。政策过程是一个既有行动又有制度的过程，没有行动就不会有政策制定以及政策创新，而同时，行动又不是任意发起的，而是深深受到制度的限制和使能。因此，本书将采用吉登斯的结构化理论来消解新制度主义中制度和行动之间的张力。

---

① 米切尔·黑尧：《现代国家的政策过程》，赵成根译，中国青年出版社，2004，第5页。

第二，明晰社会政策过程的运作机制，勾勒社会政策试点过程中行动者之间的互动模式及其资源分布状况。社会政策的制定及执行往往集中在行政科层体系内部，其制定过程也并非完全遵循理性模型、垃圾桶模型或集团间的讨价还价模型，而是跟政府的工作方法如试点方式联系在一起。试点模式意味着一种组织之间（如职能部委和基层地方政府之间）的关系模式，同时，组织之间的互动过程和结果也受到可利用资源分布状况的影响。中国社会政策过程的独特性即体现在这些方面。

第三，借由政策过程考察分析国家与社会之间的关系。政策的制定和执行主要集中在行政科层体系内部，农村社会往往处于被动接受的位置，但这并不是一个平顺流畅的过程，而是行政科层体系与农村社会角力的互动过程，尤其在政策试点模式重新启动的情况下，行政科层体系需要考虑额外的办法来应对社会使之接纳政策，而农村社会也会从理性角度出发尽量维护自己的最大利益。

第四，考察制度稳定和制度变迁。通过将政策出台惯行与制度变迁联系起来，能打开视野，增进我们对社会转型过程的理解。本书遵循制度分层的观点，将制度分为三个层次："条块分割"的科层体系——基础性制度结构、政策经过"制度化"过程后成为制度、职能部委和基层地方政府之间稳定的组织间互动关系，这三个层次的制度定义含义的交叠之处在于认为制度体现了组织之间稳定的结构化关系。经济领域里的制度革新性力量多指新的行动者的出现，与此不同，社保政策领域可以说没有出现新的行动者，但在不同层次上也实现了外生性制度变迁、内生性制度变迁以及制度稳定。

理解政策过程是控制政策过程的关键性的第一步。目前国家正在试图推行社会治理（social governance），社会治理的观点认为政府的任务不被看作是做出决策和执行政策，而是编织与其他一系列参与者一起的行动。① 因此，本书的现实意义即在于通过对政策过程的考察，增进民众对政策过程的理解，进而增强社区民众对政策过程的参与意识。

第三节 本书的结构

本书各章的撰写出于多重目的。从最基本的层面来说，本书将对中国社会政策制定过程中非常典型的政策试点模式及其重新启动的过程做出详细分析。同时，本书的主要目的还在于用政策试点模式来讨论制度的稳定和变迁。本书借鉴了吉登斯的结构化理论，结合新制度主义视角，从制度和资源结构的角度分析了中国农村社会养老保险政策过程。本书的基本观点在于，政策试点模式过程同时包括制度和行动，是理解中国制度变迁的一种理论进路。

本书是围绕中国农村社会养老保险政策过程来组织的，在内容安排上主要分为七章。第一章即本章提出本书的研究问题、研究意义及结构安排。第二章对相关既有文献进行论述和剖析，详细论述了国外社会政策研究的概况及在中国语境中的适用问题，同时对本书的研究框架贡献颇大的新制度主义的三个流派以及相关资源理论进行了梳理。在回顾上述文献的基础上，本书采用新制度主义视角、吉登斯的结构化理论以及关于资源的观点，提出研究框架，并采用文献法、深度访谈法及比较研究法来展开对农保政策过程的研究。

第三、四、五章将讨论局限于中国行政科层体系内部，理由是出台社会政策的主要场域是行政科层体系。第三章论述新老农保政策的历史概况及其所处的基本类似的制度环境以及政策试点模式的特征。第四章论述资源结构与新老农保的政策过程。第五章论述资源结构与新老农保的政策型构，探讨资源结构和基本制

---

① H. K. 科尔巴奇：《政策》，张毅、韩志明译，吉林人民出版社，2005，第103页。

度环境对政策试点模式重新启动的影响。

第六章是对农保政策试点模式的影响与策略的相关论述,主要探讨了试点模式下基层地方政府执行者应对社会的行动策略以及目标群体的策略选择。第七章对本书的核心观点进行了总结,并试图提出理解中国制度变迁的一种理论可能。

第二章 政策研究的理论视角

以政策过程的相关研究为主线，本章梳理了社会政策领域的相关理论视角并分析了诸多理论视角在中国语境中的适用性，具体分为五节，分别梳理了当前研究社会政策的理论视角、新制度主义的三个视角、与资源相关的理论视角以及吉登斯的结构化理论，最后是本书的研究框架及研究方法。

第一节 政策研究视角

社会政策一直是社会福利①研究的重要领域，同时也是公共政策和公共行政研究的重要内容。国外学者已经从不同的前提假设出发，发展出了很多成熟的理论和视角，这对仍处于起步阶段的中国社会政策研究提供了宽泛的概念范畴和强大的视角驱动力。但是，需要注意的是，这些理论视角产生的社会语境跟中国非常不同，不仅在政治经济结构而且在"基本建筑材料"② 方面

---

① 本书中的社会福利是大福利的概念。
② 卡岑斯坦认为资本主义政治世界具有相似的"基本建筑材料"，例如企业与工人、商业协会与劳工运动、银行、官僚机构以及政党等，而这种基本建筑材料的相似性是进行国别制度结构比较的基础（彼得·J. 卡岑斯坦编《权利与财富之间》，陈刚译，吉林出版集团有限责任公司，2007，第4页）。

都有很大的不同，因此不能不假思索地将之应用于中国社会，需要对这些理论视角在中国社会政策研究中的适用性问题进行考察。

一　社会政策研究的理论视角

国外社会政策研究大体可以分为三大块：第一块是以福利国家为主题的研究，偏重社会福利制度的起源、结构或制度构成及其社会后果；第二块是以政策的制定及执行过程为主题的研究；第三块是国家理论研究，偏重对国家自主性和国家能力的讨论。虽然三者对社会政策研究而言均是不可或缺的组成部分，但三者在理论取向和研究层面上还是有很大的不同。

（一）福利国家研究

随着"二战"后社会福利制度在西欧各国纷纷确立，作为社会政策集大成的福利国家受到学者们的高度关注，随之产生了众多关于福利国家起源、成长、变迁及其类型化的学术著作。根据皮尔逊（P. Pierson）的总结，福利国家的研究视角可以分为三类：第一类是政治经济学的理论视角，包括源自卡尔·波兰尼《大转型》一书将福利制度和经济二分的传统观点，以及在20世纪80年代盛行的权力资源理论；第二类是性别视角；第三类是制度主义的视角。[①] 总的来说，福利国家研究经历了从早期阶段主要注重经济逻辑的"工业化理论"，到注重政治逻辑的以"行动者为中心"的理论（可分为"多元主义"和"权力资源理论"），再到以"制度为中心"的研究路径。[②] 工业化理论主张社会政策作为国家应对城市和工业扩张的公共手段，帮助市民应对随之而来的经济

---

① Pierson, P. (2000a). Three Worlds of Welfare Research. *Comparative Political Studies*, pp. 791–821.

② 这种在时间上的排序并不是特别精确，因为各视角在产生和兴盛的时间段上是部分重叠的，比如权力资源理论与历史制度主义；同时，各种理论之间也并非毫无关系，比如权力资源理论就是对多元主义视角的一种弥补和修正。

不稳定性和社会风险,即人们离开土地后依赖工资生活,不能应对生活中出现的风险,因此需要国家通过社会政策解决基本的社会保障问题,使市民能在非传统《济贫法》规定的法律地位上接受帮助。工业化理论视角因其功能主义色彩及隐含的线性发展特征而受到批判。[①] 20世纪七八十年代比较盛行的理论是源于北欧的权力资源理论,该理论重视工会及社会民主党这样的左翼政党的组织力量,认为在政治市场上一人一票的代议民主制度会增强工人阶级的力量,使之可以同具有经济资源优势的雇主组织相抗衡,促使国家出台偏向工人阶级利益的社会政策。这种理论虽然同多元利益集团理论有所区别,但仍是以行动者为中心的视角,遭到20世纪70年代兴起的历史制度主义的批判,并受到全球化理论的冲击。对权力资源理论的批判主要集中在两个方面:一是该理论采用政治和经济二分法,但实际上福利政策是整个经济体系的有机组成部分;二是该理论忽视了雇主在推动福利政策方面的作用。阶级的视角还包括以奥菲为代表的西方马克思主义视角,该视角不着重解释福利国家兴起的原因,而强调福利国家的矛盾,一言以蔽之:"福利国家令人尴尬的秘密在于:尽管它对资本主义积累的影响很可能是破坏性的,然而废除福利国家所带来的影响简直是毁灭性的。"[②] 鲍尔温(P. Baldwin)认为劳工阶级视角对福利国家的解释太窄,因为社会的风险范畴和阶级并不总是一致,通过将风险与阶级相区分,进而主张风险范畴影响了行动者,强调社会团结中中产阶级的力量,认为福利国家不是通过再分配而是通过重新分摊风险和不幸的成本来平等对待每位成员。[③] 皮尔逊认为性别视角对福利国家研究的重要意义在于两个方面:一是它解释

---

① 考斯塔·艾斯平·安德森:《福利资本主义的三个世界》,郑秉文译,法律出版社,2003,第20页。
② 克劳斯·奥菲:《福利国家的矛盾》,郭忠华等译,吉林人民出版社,2010,第7页。
③ Baldwin, P. (1992). *The Politics of Social Solidarity: Class Bases of the European Welfare State 1875–1975*. New York: Cambridge University Press. p. 1, p. 18, pp. 30–31.

了为什么传统的福利国家的研究成果需要重新概念化和扩展；二是它强调了性别问题及女性政治活动在福利国家形成和发展中的贡献。性别视角认为传统福利国家的研究是建立在以男性就业、女性照顾家庭为基础的体系上，社会供给系统（systems of social provision）可以解释发达福利国家在贫困率、经济不平等水平、社会风险脆弱度等方面的变异程度，但性别这个解释因素与社会供给系统是联动的，故探索这种联动性和它们的政治根源是此类研究的核心抱负。性别视角同时批判传统的福利国家研究往往采用国家－市场二分法，而忽视家户的作用，从而导致错误的结论，比如政治经济学视角假定私营生产性部门会反对公营非生产性部门，但在引入性别－家庭的视角后，瑞典的例子否定了这一传统研究假设。

第三类视角是制度主义的视角，该视角将在本章第二节详细加以介绍。

（二）政策过程研究

一般来说，相对于福利国家这一整体性主题而言，政策过程及政策执行研究范围较窄。最早的政策过程研究集中于政策过程中的阶段次序，比如伊斯顿的系统理论以及后来的"阶段启发法"；后来，政策过程研究进入关注"谁制定政策"的阶段，出现了利益集团理论、精英理论以及公共选择理论等；之后，出现了批判行动主义的制度取向，进入了同时关注制度和行动者的阶段，出现了制度性理性选择框架、间断平衡理论、支持联盟框架和政策传播框架等。政策过程阶段模型往往将政策过程分为六个阶段，即提出问题、设立议题、选择政策措施、立法、执行、评估然后再到提出问题的循环过程，这一模型的静态性广受批判。[①] 多元主

---

① 比如黑尧借用利普斯基的街道层级官员的自由裁量权概念对这一模型提出批评，但伯克兰认为该模型仍具有生命力，因为这一模型有助于我们将政策过程的思路结构化〔米切尔·黑尧：《现代国家的政策过程》，赵成根译，中国青年出版社，2004，第7页；Birkland, T. A. (2001). *An Introduction to the Policy Process: Theories, Concepts, and Models of Public Policy Making*. New York: M. E. Sharpe〕。

义视角将政策的出台视为各个利益集团或压力集团在国家这个舞台上通过各自的利益表达来选择政策的过程，因其隐含的各集团有均等的政治参与机会而受到批判。统合主义（corporatism）视角认为社会政策的出台是国家、工会和雇主联盟三方协商谈判的结果，在福利国家收缩阶段，统合主义被米什拉（R. Mishra）认为是福利国家转型之后的出路。① 在政策过程研究中，比较成熟的框架是奥斯特罗姆发展的针对自主组织、自主管理的小规模公共资源的"制度性理性选择框架"（Institutional Analysis and Development, IAD），其政策过程的逻辑是：在促进型政治环境中，小规模的基层组织（等同于社会资本）经集体选择，形成制度资本，经过学习过程（主要是互动），实现自主性制度变革。②

（三）国家理论研究

国家理论研究主要包括国家自主性视角、国家建设（state-building）视角、组织理论（科层制）视角等，主要包括斯考切波（T. Skocpol）③、福山和斯科特的相关著述。"国家自主性"和"国家能力"的概念突出了国家在目标设定上所具有的独立于压力集团的自主性，并通过科层组织结构或特定组织（及其官僚）实现其目标的能力。④ 斯考切波发现无论工业化视角还是阶级视角都无法解释美国社会政策形成的模式，与欧洲大陆国家的历史脉络进行的比较凸显了美国母性社会福利政策形成的原因与经过，其基

---

① Mishra, R. (1984). *The Welfare State in Crisis: Social Thought and Social Change*. Sussey: Harvester Press, pp. 101 – 102.
② 埃莉诺·奥斯特罗姆：《公共事务的治理之道：集体行动制度的演进》，余逊达、陈旭东译，上海三联书店，2000，第 278~286 页；埃莉诺·奥斯特罗姆：《制度性的理性选择：对制度分析和发展框架的评估》，载保罗·A. 萨巴蒂尔编《政策过程理论》，彭宗超等译，生活·读书·新知三联书店，2004，第 45~91 页。
③ 中译本一般译为斯考切波，因此笔者也采用这一较为普遍的译法。
④ 西达·斯考克波：《找回国家——当前研究的战略分析》，载彼得·埃文斯、迪特里希·鲁施迈耶、西达·斯考克波编《找回国家》，方力维等译，生活·读书·新知三联书店，2009，第 10~27 页。

本结论是：美国相对于欧洲大陆国家而言是一个新兴国家，在国家形成过程中，各种制度处于兴发期，福利制度与国家大的结构的形成紧密相联，① 并将其归纳为"制度 - 政治过程"（institutional-political process）视角。② 福山提出国家建设的视角，从国家的（卷入）范围与国家力量强度的关系出发，分析了在发展中国家实施的外援项目失败的原因。③ 斯科特通过四个因素〔即重塑社会的国家（管理）简单化、极端现代化意识形态、独裁主义的国家、软弱的公民社会〕揭示了那些试图改善人类状况的项目是如何失败的。④

每种理论都是从独特的社会语境中抽象出来的，对社会政策的解释并不具有普适性，比如皮尔逊认为"在全世界所有经济富裕的民主国家中，福利制度位于政治争论和社会冲突的中心"⑤，这一判断显然并不符合中国社会福利领域的情况，中国社会福利政策仍然处于"借东风"的相机而发阶段。下面将对几个理论视角在中国语境中的适用性问题进行简单评析。

在当下之中国，明显可以看出工业化理论、阶级视角均有不适用的问题。新中国成立后通过社会主义改造，已经进入工业化建设阶段，同时，改革开放后从计划经济向市场经济的转型并不等同于西方从传统社会向近代社会的转型，因此，用改革开放后的中国类比于早期工业化阶段的西方并不合适。当然，这并不是

---

① Skocpol, T. (1992). State Formation and Social Policy in the United States. *American Behavioral Scientist*, Vol. 35, pp. 1 – 23.

② Weir, M., A. S. Orloff, and T. Skocpol. (1988). Understanding American Social Politics. In M. Weir, A. S. Orloff, and T. Skocpol (eds.), *The Politics of Social Policy in the United States*, *Princeton*. NJ: Princeton University Press, pp. 3 – 27.

③ 弗朗西斯·福山：《国家构建：21世纪的国家治理与世界秩序》，黄胜强、许铭原译，中国社会科学出版社，2007。

④ 詹姆斯·C. 斯科特：《国家的视角：那些试图改善人类状况的项目是如何失败的》，王晓毅译，社会科学文献出版社，2004。

⑤ 保罗·皮尔逊：《简介——世纪之末探福利》，载保罗·皮尔逊编《福利制度的新政治学》，汪淳波、苗正民译，商务印书馆，2004，第6页。

否认经济领域的改革比如劳动用工制度改革对社会政策的驱动作用①，在某种程度上的确可以说，中国经济体制改革制造了需要社会政策解决的部分社会问题集合。阶级视角在中国学术界的情况比较复杂，按官方的表述，中国在社会主义改造完成后，尤其是在"文化大革命"后，阶级斗争不再是国内的主要矛盾，但事实是目前中国的基尼系数已经超过了 0.45 的警戒线；② 同时，关于中国农民工及"血汗工厂"、"世界工厂"的研究，说明中国正在形成新的产业工人阶级。③ 但是在社会政策领域，工人的力量目前还只是一种底色，表现为其力量并没有主动寻求进入社会政策过程，还没有显示出参与政策过程的主体性。拿农民工社会保险来说，有的地方将农民工纳入城镇职工类别的社会保险，④ 有的地方专门设立农民工综合保险，但是，这些政策多由地方政府强制实施，农民工主动"退保"现象非常严重。因此，阶级视角以及权力资源理论在目前中国社会政策领域的适用性有其局限性。多元主义视角和国家、工会、雇主联盟三方合作的统合主义视角在中国社会政策过程领域也有局限性。多元主义的前提是多个利益集团实体的存在，而中国尽管在某些地方的确有商业保险公司作为"执行"机构参与到社会保障递送体系（delivery system）中来，但

---

① 1986 年国务院发布改革劳动制度的四项规定，决定国有企业新招工人一律实行劳动合同制，合同工的养老保险办法开启了国家、企业、职工三方负担保费的做法（宋晓梧：《中国社会福利制度改革》，清华大学出版社，2001）。

② 《中国新闻网》：中国 2003 年、2004 年、2005 年、2006 年、2007 年、2008 年、2009 年、2010 年、2011 年、2012 年的基尼系数分别为 0.479、0.473、0.485、0.487、0.484、0.491、0.490、0.481、0.477、0.474，http://finance.chinanews.com/cj/2013/01 - 18/4500444.shtml，最后访问日期：2014 年 5 月 31 日。

③ 沈原：《社会结构与阶级的生产结构紧张与分层研究的阶级转向》，《社会》2007 年第 2 期；潘毅、卢晖临、张慧鹏：《阶级的形成：建筑工地上的劳动控制与建筑工人的集体抗争》，《开放时代》2010 年第 5 期。

④ DL 市将农民工纳入城镇职工类别的社会保险的一个很重要的原因是如果不将农民工纳入进来，则城镇职工类别的社会保险的收支无法平衡，将会出现巨额赤字。

是，并没有形成西方市民社会①那种围绕一项政策而组织起来的大量压力团体。同时，虽然早在20世纪90年代即有"集体谈判"、"集体协商"、"集体合同"相关政策条款出现，但是因为工会组织的特点决定了协商谈判的层次以企业为主，而企业工会的代表性和相对于政府、雇主的独立性不足，导致集体谈判制度并没有产生实际影响。程延园、郑桥认为，中国的集体谈判制度和集体协商可以说流于形式，实际作用并不显著。② 因此，政府、工会、雇主联盟三方合作的统合主义视角也并不太适用。同时，社会政策虽然也是一种公共资源，但其并不是由社会成员自主组织、自主管理的，③ 其政策制定的层次必然不同于小规模的物质性公共资源（如公共池塘、公共林地），因此，以公共资源为基础的制度的理性选择理论也不适用。在以国家为主题的理论中，"国家自主性"、"国家能力"以及"国家建设"的概念很容易跟人们对中国强有力的行政力量之印象形成共鸣，但是这容易将中国行政科层体系整体化、工具理性化，进而有可能忽视行政科层体系内部动态的组织结构关系及其权力、资源的分布状况。

总之，无论中国社会政策受到西方的理念、模式、技术等因素多大的影响，不可否认的是，理论并不具有普适意义，社会政策首先是在具体社会语境下的社会实践，"'社会政策'必须被放

---

① "关于市民社会（civil society）的定义有很多，一种比较公认的定义主张市民社会应满足3个标准：1）在国家和社会构成要素（个人、家庭和公司）之间存在一个居中的组织领域；2）由具有一定自主性的社会组织构成；3）为保护或发展其利益（interests）和价值（values）的人们自愿形成。"［Schwartz, J. (2004). Environmental NGOs in China: Roles and Limits. *Pacific Affairs*, Vol. 77, No. 1, pp. 28 – 49.］邹谠称中国这一社会体为"民间社会"（邹谠：《二十世纪中国政治：从宏观历史与微观行动的角度看》，香港：牛津大学出版社，1994，第239页）。
② 程延园：《集体谈判制度在我国面临的问题及其解决》，《中国人民大学学报》2004年第2期；郑桥：《中国劳动关系变迁30年之集体协商和集体合同制度》，《劳动关系》2009年第2期。
③ 中国的情况虽然如此，但国外仍有由社会发起组织社会保险的情况，比如在日本有关社会福利方面的立法中仍允许社会力量发起、组织社会保险的条款。

进广阔的政治及地理架构之内分析"①,因此,对中国社会政策领域的分析也不能抛开错综复杂的中国本土社会语境。

二 中国社会政策研究

中国社会政策领域的一个基本事实是,比起社会力量等因素,跟行政科层体系联系更为密切。本部分将从涉及政策研究的社会福利制度研究、行政组织研究、中国政策试点过程研究、农保政策研究四个方面进行论述。

(一)社会福利制度研究

中国的社会福利制度研究②描述性内容多而理论分析性内容较少。目前学术界有关我国改革开放前、后社会福利制度体系变革的研究并不是很多,尽管大家都承认的一个基本事实是社会福利制度发生了巨大的变化。姚宏将这一制度调整概括为实现了三个转变:从福利型保障转变为社会保险;财政和企业从大包大揽转变为承担有限责任,相应增加了个人责任;从单位自我保障和自我管理转变为社会互济和社会化管理。③ 顾昕采用历史制度主义的

---

① Titmuss:《社会政策10讲》,江绍康译,商务印书馆,1991,第9页。
② 目前,社会福利领域内的研究内容大体可以分为四大块:第一块是以规范性研究为主要内容,比如利用"公民权"、"市民社会"等西方概念来研究中国的社会保障,或者强调社会保障的公平特性,也包括对"什么是社会政策"进行厘定,等等;第二块是贴近现实的政策模式设计,主要是借鉴国外的社会保障设计模板(template),对中国相关政策提出建议;第三块是以技术性探讨为主,比如养老、医疗保险的精算公式、转移接续办法等,对国外具体措施的借鉴性介绍也属此类;第四块是对中国社会福利制度体系的综合概述,多为教科书性质的综合著述,等等。上述研究丰富了中国社会保障研究的资料文献。
③ 姚宏:《医疗与生育保险》(第2版),中国劳动社会保障出版社,2004;中国社会保障的"社会化",指的是给付的社会化发放,主要是指养老保障方面养老金的社会化发放和养老金领取者进入社区管理(田小宝等:《中国社会保障》,五洲传播出版社,2006,第19~20页),尤其需要注意的是,中国社会保障的"社会化"同社会福利主体的产权性质无关,也即中国社会保障的社会化并不是保障提供主体的社会化。

视角，将改革开放前、后医疗保险体系的制度演变概括为由国家控制（以集体主义的嵌入性为特征）模式转向国家控制与市场导向混合型的模式，这种观点看到了宏观社会层面国家控制范围的收缩与市场力量的进入。① 同时，对中国社会福利制度的转型，日本理论界从经济体制转型的角度给予了一些关注，田多英范将从计划经济时期的保障制度转型为市场经济时期的保障制度的变迁过程称为从"生活保障制度"到"社会福利制度"的转变，认为计划经济时期的保障是"生活保障"，发生在第一次分配阶段，而市场经济时期的保障是"社会保障"，发生在再分配阶段，两者有质的不同。② 这种观点看到了中国的福利供给脱离企业、集体等组织转向社会，由第一次分配转向第二次再分配的保障制度表面形式上发生的变化。李莲花借用日本学者中兼和津次有关"经济发展"和"体制转变"之相互关系的观点，认为中国医疗保险制度改革主要是沿着"体制转变"之轴进行，其主要任务是承担"经济发展"（国有企业改革）的成本。③ 这种观点从经济发展和保险制度关系的宏观视角出发，论证了保险制度对经济体制改革的成本的吸收作用，注意到经济体制改革与保险制度之间的伴随关系。上述研究从不同的层面概括了中国改革开放前、后不同阶段社会福利制度的模式特征，增进了我们对这两个阶段社会福利制度模式的了解，但是，上述研究均忽视了社会福利制度体系本身在组织结构方面的变化，并且没有真正论及社会政策形成的路径问题以及政策更迭的过程问题。

---

① 顾昕：《走向全民医保——中国医疗保障体系的制度演变》，《中国社会保障制度建设三十周年：回顾与前瞻学术研讨会论文集》，中国知网，2007。
② 田多英範：「生活保障制度から社会保障制度へ」，載田多英範編『現代中国の社会福利制度』，流通経済大学出版会，2004，1~25頁。
③ 李蓮花：「医療保険改革—体制移行からみたその背景、特徵と限界—」，載田多英範編『現代中国の社会福利制度』，流通経済大学出版会，2004，69~104頁。

（二）行政组织研究

在"地方治理创新"主题下，有很多针对地方政府管理创新的研究。① 地方政策创新也是社会政策领域里一个非常引人注目的现象，政策的试点模式涵括地方政策创新部分，地方政策创新显然是引起政策更迭的重要因素。另外，或多或少受到利普斯基（M. Lipsky）关于基层官员"自由裁量权"对政策变形影响的观点②以及杜赞奇对国家和社会接合处经纪人（broker）分析③的影响，许多研究关注基层地方政府行为导致的政策变形。同时，刘世定等学者关注制度运作和制度变迁方式的变通现象，④ 周雪光用"基层政府共谋"这一概念来解释行政科层体系内部基层地方政府应对上级检查的现象。⑤ 上述研究跟本书旨趣有一定的相关性，故需要明晰两者之间的区别以突出本书的研究主题。本书的研究焦点是农保政策的更迭、重叠现象以及支撑政策过程的机制——试点模式以及制度变迁问题，关注社会政策的动态过程，而不是政策本身在执行过程中的变形以及基层对从上面来的政策的应对，"变通"在政策或者制度变迁中的作用也并非本书之重点所在。同时，对基层地方政府行为的研究有时候会倾向于假设政策是自上而下的、政策制定和政策执行是分开的，而这种假设暗含的前提跟农保政策过程并不相符。另外一些政策研究从资源依赖理论出发，强调资源产生的权力效应以及资源在改变行动者策略方面的

---

① 何增科、高新军、杨雪冬、赖海榕：《基层民主和地方治理创新》，中央编译出版社，2004；俞可平编《中国地方政府创新案例研究报告（2007~2008）》，北京大学出版社，2009。
② Lipsky, M. (1980). *Street-Level Bureaucracy: Dilemmas of the Individual in Public Services*. New York: Russel Sage Foundation.
③ 杜赞奇：《文化、权利与国家——1900~1942年的华北农村》，王福明译，江苏人民出版社，1994，第37~49页。
④ 制度与结构变迁研究课题组：《作为制度运作和制度变迁方式的变通》，《中国社会科学季刊》1997年冬季卷。
⑤ 周雪光：《基层政府间的"共谋现象"——一个政府行为的制度逻辑》，《社会学研究》2008年第6期。

关键作用。① 此外，巴克曼（D. Bachman）分析了中国"条块分割"的行政科层体系对"大跃进"政策出台的影响，认为在"大跃进"政策的产生过程中，新中国成立以来的一套行政科层体系造就了两大利益行动者——由计划和重工业部门组成的计划重工同盟和由财经、农业、商业和轻工业部门组成的财经同盟，两大同盟竞争的结果是计划重工同盟胜出，从而推动了偏重重工业的"大跃进"政策的出台。②

（三）中国政策试点过程研究

韩博天研究了中国经济政策中的试点模式，认为中国政策的试点模式不同于其他制度环境下的试验，而是一种独特的政策过程，③并认为该模式的特殊根源在于中国共产党成立时期形成的工作方式、产生的政策术语和方法论，即"从点到面"及"因地制宜"，④ 以这种方式发展政策会获得合法性；该模式将地方经验和国家政策结合起来，能排除利益集团的阻碍，是实现制度创新和制度转型的一种政策机制；这种模式导致制度转型并带动了经济增长。王绍光等学

---

① 杨刚：《农村养老资源的制度性建构——沿海两地三村养老保障制度实证研究》，北京大学社会学系博士学位论文，2002；马迎贤：《非对称性依赖约束下的组织运作——基于C行业联合会的研究》，北京大学社会学系博士学位论文，2009；王宗凡：《从冲突到合作：医保政策执行中医保管理机构与医院互动方式的转变》，北京大学社会学系博士学位论文，2010。

② Bachman, D. (1991). *Bureaucracy, Economy, and Leadership in China: The Institutional Origins of the Great Leap Forward*. New York: Cambridge University Press.

③ 韩博天认为，中国政策中的试点模式不同于其他制度环境下的"试点"举措，主要体现在：（1）中国政策中的"试点"不是零星的、单个发生的，而是中央指导下的产物，是"层级制下的试验"（experimentation under hierarchy）；（2）"试点"能超越渐进的修修补补，导致组织结构关系的改变从而带来制度革新和经济成长；（3）试点模式能授予政策倡导者合法性，并能用"试点"成功的经验击败反对者；等等 [Heilmann, S. (2007). Policy Experimentation in China's Economic Rise. *Studies of Comparative and Internatioanl Development*, Vol. 43, pp. 1 – 26]。

④ Heilmann, S. (2008). From Local Experiments to National Policy: The Origins of China's Distinctive Policy Process. *The China Journal*, No. 59, pp. 1 – 30.

者将试点模式视为渐进性改革的产物。① 政策研究人员对新农保政策采取试点模式的看法,也佐证了试点模式是"渐进性改革的产物"的看法,认为新农保政策采取试点模式"有三点原因:一是中国政策一般是先试点,然后再铺开;二是中国区域差别大,因此中央一般出指导性文件,再由地方具体化;第三点尤其跟新农保相关,因为新农保涉及中央财政补助,因为中央补助标准一样(东部地区补助50%),涉及财政补助资金量太大,所以更得试一试看看"②。

上述观点都从某个侧面提及试点模式的功能作用、试点模式赋予的合法性、试点模式的惯性特征等。韩博天对中国经济政策试点模式的研究准确界定了政策过程中的主要行动者——中央(高层)和地方政府(基层地方政府),③ 这跟社会政策试点模式中的行动者基本相同;同时,经济政策试点模式研究的结论突出了试点模式导致制度的内生性变迁,这一点提示笔者注意去考察社会政策试点模式是否会导致内生性制度变迁。跟经济政策试点会带来经济增长不同,社会政策试点并不会导致直接的经济资源的增长。同时,该研究并没有关于政策试点过程中行动者之间互动关系的描述,并倾向于将制度创新归结为新的行动者的出现,这一点跟农保政策的试点模式是不同的,在某种意义上,新老农保政策试点过程中并没有完全新的行动者出现。更为重要的是,该研究并没有分析政策试点的重新启动现象。

(四) 农保政策研究④

研究中国农保政策的变迁过程始终无法避开对老农保和新农

---

① 王绍光:《如何摸着石头过河——从农村医疗融资体制的变迁看中国体制的学习模式与适应能力》,载潘维编《中国模式:解读人民共和国的60年》,中央编译出版社,2009,第314~379页。
② 2011年4月对政策研究人员的访谈。
③ Heilmann, S. (2007). Policy Experimentation in China's Economic Rise. *Studies of Comparative and Internatioanl Development*, Vol. 43, pp. 1–26.
④ 本部分内容参考了笔者发表于《云南民族大学学报》(哲学社会科学版)2015年第2期的文章《资源结构与制度叠加:从老农保到新农保》。

保之间关系的探讨。社会政策界对老农保和新农保之间关系的看法主要有三种：一是政策失败论，认为老农保失败了，所以需要重新出台新农保政策；① 二是利益集团观点，认为老农保是民政部搞的，新农保是人力资源和社会保障部搞的，二者的主管部委不同；三是认为国家高层的理念发生了变化。

1. 政策失败论

老农保失败论认为，"原由民政部组织、劳动保障部接管的老农保，由于制度设计不完善，实施和管理过程存在问题，已经难以为继。特别是政府责任不到位，农村税费改革后多数集体无力补助，主要由农民个人缴费，影响了农民参保的积极性，成为不可持续发展的最大障碍"②。其遭人诟病的主要原因在于：①在制度参数上没有财政支持这一块；②地方筹集的老农保基金遭到挪用流失；③因为利率在短时间内急剧下降致使原来在制度设计时所期望领取的养老金不能兑现。但是，需要指出的是，这三个原因仔细分析起来不是老农保自身所独有的问题。首先，单纯从技术层面来看，积累式（full-reserve financing）③ 养老保险这种方式本身的一个致命缺点是因利率或通货膨胀导致的基金贬值问题，这一问题同样也困扰着新农保，根据何平、李衡柱（Hyung Ju Lee）主编的《中国农村养老

---

① 对"老农保"、"新农保"名称中"新"字的含义，笔者访谈的一名政策研究员解释说，老农保在1998年就停了，失败了，所以现在办的农保就叫新农保，就像合作医疗一样，集体经济没有后就叫新型农村合作医疗了。访谈的一位人力资源和社会保障部主管负责人解释说："后来有条件的地方都开始将财政支持加了进去……叫停老农保之后，地方人事和思路都发生了很大变化，省政府也换了几届，原来的那个思路也没人再理会了。我们重新开始做农保是在新型农村合作医疗之后搞的，所以这个（重新启动）农保也（顺势）就叫新农保了。"这是关于新、老农保之间关系的最为普遍的看法。
② 2008年6月3日上午全国政协社会和法制委员会调研组《关于对新型农村社会养老保险试点情况的调查和建议（提纲）》的座谈会会议资料。
③ 积累式指的是参保人那代人缴纳的保费，加上其基金产生的利息收入全部用于该代人的养老金的财政方式；与积累式相对的是现收现付式（pay-as-you-go financing；current-cost financing），指的是参保人那代人缴纳的保费被用来支付现在这代老人的养老金，参保人本人年老后的保障由下一代人来负担的方法，是一种代际契约。

保险制度改革与发展研究报告——可持续性分析》，国家新农保"试点方案规定，新农保缴费必须存入国有商业银行财政专户，按一年期银行利率计算，明摆着个人利益受损。尤其是在 2010 年 10 月全国通货膨胀率达到 4.4%，而随后调整的一年期银行存款利率只有 2.75% 的情况下，个人账户积累额根本做不到保值，更不用说增值"①。其次是老农保基金遭到挪用流失的问题，也不仅仅是老农保自身独有的问题，2010 年在新农保试点省份就出现了两起城镇职工养老保险基金挪用流失犯罪案件，新农保也未必会杜绝此类问题。最后，从国家政策层面②来说，老农保和新农保政策最大的不同在于政策的参数结构不同：老农保主要是"个人（储蓄）账户"，国家给予"政策扶持"；而新农保是由国家提供补助金的"基础养老金"和"个人（储蓄）账户"两部分组成。基础养老金和个人账户这两块的资金管理与资金流通渠道是分离的，在技术层面完全可以将老农保的"政策扶持"转变为实际的"财政支持"③，即"基础养老金"完全可以贴在老农保既有的"个人账户"上面，完善老农保政策即可，再加上当年推行老农保政策的自上而下的农保系统中的人现在多数接着在做新农保，因此从组织角度来说不需要另外弄一套系统出来推行新农保。换句话说，从技术层面看，这不符合效率原则；从制度层面看，也不符合制度的黏性特征。因此笔者认为，因制度参数问题而必须重新设立新农保的主张是站不住脚的。

---

① 何平、Hyung Ju Lee 主编《中国农村养老保险制度改革与发展报告——可持续性分析》，中国经济出版社，2011，第 8 页。
② 如果从地方层面来看，政策的更迭就更为惊人。某市医保局局长承认一年内发出的文件多得让下面负责操作的人都弄不清楚。
③ 新农保新在什么地方？最关键的是新在筹资模式，即由过去的个人缴费、集体补助的二元结构，改为目前的个人缴费、集体补助、政府补贴三元结构。或者说，新农保最大的新，是政府补贴、政府站位，这是新农保与老农保的本质性区别，也是新农保的最大亮点（《新农保：我国农村养老保险事业发展的新启航》，《中国劳动保障报》2009 年 6 月 26 日）；相关内容也见于 2008 年 6 月 3 日上午全国政协社会和法制委员会调研组《关于对新型农村社会养老保险试点情况的调查和建议（提纲）》的座谈会会议资料。

2. 利益集团观点

利益集团之争的观点似乎是根据对政治的经验判断最容易得出的结论，取消老农保和新设新农保两个时点之间发生了部委重组，那么，部委重组导致的部门利益（政绩）之争可以解释老农保和新农保之间的关系吗？的确，巴克曼关于中国"大跃进"政策研究的结论是中国的行政科层结构造就了两大利益集团。沿着这条分析思路，我们会想象，取消老农保和新设新农保是职能部门之间权力斗争的结果。但是，通过对叫停老农保和新设新农保之间过程、事件的梳理，可以得知，尽管存在主管权之争，① 但叫停老农保是外部金融危机触发以及政治考虑②的结果，而不是部门权力斗争的结果，③ 接管农村养老保险的劳动和社会保障部并不赞同完全取缔老农保，"2000年10月以后，劳动和社会保障部先后起草了三份《整顿和规范农村养老

---

① 1984年，中央财经领导小组决定，全民企业养老保险由劳动部门负责，集体企业养老保险由人民保险公司负责。但仅过了两年，财政部、民政部、人民保险公司都参与进这场"舆论争夺"。1991年6月26日，《国务院关于企业职工养老保险制度改革的决定》颁布，明确了劳动部和地方各级劳动部门负责管理城镇企业（包括不在城镇的全民所有制企业）职工的养老保险工作，终于让多年的主管权纷争尘埃落定（夏波光：《从配套到支柱（1986~1997）》，《中国社会保障》2009年第10期）。

② 汪泽英等认为"随着1997年亚洲金融危机的爆发和国内经济环境的变化，以及农村养老保险基金管理问题的日渐暴露，加之机构改革，农村养老保险管理职能从民政部划归劳动和社会保障部，农村养老保险工作进入了清理整顿期"（汪泽英、何平等：《建立覆盖城乡居民社会保障体系》，中国劳动社会保障出版社，2010，第13页）；王思斌认为"民政部推动的农村社会养老保险制度建设并没有变为中央政府的政策行动，而一直处于探索之中。由于起初政策设计不严密，养老保险资金的筹集存在一些困难。由于不同层级政府的利益差异，一些地方在资金管理上出现问题，这些使得中央政府对这一制度的建设存在疑虑，中央政府担心农村养老保险资金被挪用会带来严重的政治问题，于是20世纪90年代中后期对农村养老保险进行了全国性整顿，政治安全和行政管理的可靠性（这又反映为不同层级政府之间的关系）明显地影响着中央政府对农村社会福利制度的选择"（王思斌：《农村社会福利制度建设的政策过程分析》，《文史博览》2005年Z2期）。

③ 当然，对老农保与新农保的关系或者老农保失败与否的争论的区分确实有部门利益之争之嫌，但这多是叫停老农保之后的事情。

保险初步方案》……认为有条件的地区,应该继续完善规范农村养老保险制度"①,1991 年到 1998 年,农村养老保险的组织管理机构是民政系统,1998 年机构改革时由民政部归口到劳动和社会保障部。尽管发生了主管权在职能部门之间的转移,但因两个职能部门具有功能等价性,加上 1998 年机构改革时原隶属民政部的农村社会保险司②划归劳动和社会保障部,之后在各级地方政府层面都出现了这种部门、人员、编制的转移,可以说新农保继承了老农保自上而下的整套组织。也就是说,利益集团之争在那个时点上似乎并不是原因。

3. 理念变化的观点

对农保政策更迭的解释,许多研究认为叫停老农保的原因在于决策层对农村养老保险的认识出现了分歧,回归到了家庭保障和土地保障,③ 由于决策层理念(idea)的变化叫停了老农保,而在三年后又由于理念的再次变化新设了新农保。施世俊(Shih-Jiunn Shi)采用理念制度主义(ideational institutionalism)视角(即强调政治行动者所秉持的理念影响政治过程及其结果),针对老农保政策的发展过程及停滞进行了研究,将 1999 年老农保的失败——解决农民养老问题的选择从社会保险的制度形态退回到依靠土地和家庭自保及商保的状态——归结为不同政府部门间不同

---

① 人力资源和社会保障课题组:《覆盖城乡居民社会保障体系研究报告》(会议材料,未出版),2009。
② 根据国办〔1995〕51 号要求,经中办批准,在民政部内设机构中设立农村社会保险司;1998 年 3 月九届全国人大一次会议通过了《国务院机构改革方案》,决定将民政部管理的农村社会保险划入新成立的劳动和社会保障部,实行全国社会保险的统一管理;1998 年 6 月《国务院办公厅印发劳动和社会保障部职能配置内设机构和人员编制规定的通知》,再次明确职能划转,并批准内设机构,设立农村社会保险司(赵殿国:《新型农村社会养老保险推进之路》,"第四届中国社会保障论坛"材料,2010)。
③ 汪泽英等认为,导致农村社会养老保险走过不平之路的主要原因在于,决策层对农村养老保险的认识出现了分歧,特别是对家庭保障和土地保障的功能估计过高,对发展社会保险的决心不够坚定(汪泽英、何平等:《建立覆盖城乡居民社会保障体系》,中国劳动社会保障出版社,2010,第 13 页)。

理念竞争的结果。① 高层认识上的变化的确对老农保政策的命运产生了巨大影响，理念是解释政策更迭的一个重要因素，但是，仅用不同理念之间的竞争无法解释老农保在国家叫停后仍然在地方层面持续存在的基本事实，同时也无法完全说明农保政策于 2009 年在政策层面上的进一步发展，即《国务院关于开展新型农村社会养老保险试点的指导意见》（国发〔2009〕32 号，以下简称《指导意见》）的出台。老农保在 1999 年被国家勒令清理整顿、停止发展，新农保在 2009 年高调出台。从 1999 年叫停老农保到 2009 年出台《指导意见》，仅仅只有 10 年的时间。其实早在 2002 年党的十六大就明确提出"在有条件的地方探索建立农村社会养老保险制度"，于 2006 年在《关于推进社会主义新农村建设的若干意见》（中发〔2006〕1 号）中提出"探索建立与农村经济发展水平相适应、与其他保障措施相配套的农村社会养老保险制度"，并再次于 2007 年党的十七大报告中明确要"探索建立农村养老保险制度"。从 1999 年 7 月整顿老农保到 2002 年 11 月党的十六大明确提出"在有条件的地方探索建立农村社会养老保险制度"之间只有短短 3 年多时间。无论老农保还是新农保均是在中国经济体制发生大转变的改革开放之后出台的，也即叫停老农保、启动新农保这些举措所处的大的政治经济环境是相对稳定的，所以，将政策更迭的原因归结为高层政策决策者认识上的变化，认为是决策行动造成了农村社会养老保险政策/制度更迭的观点具有很强的解释力。但是，需要注意的是，这种观点体现出强烈的政治行动决定论色彩，这种高层理念变化的解释有一个潜在假设，即中国农保政策遵循行政科层体系流程，政策过程分为政策决定阶段和政策执行阶段，换句话说，就是认为政策由中央高层制定而由行政

---

① Shi, Shih-Jiunn. (2006). Left to Market and Family-Again? Ideas and the Development of the Rural Pension Policy in China. *Social Policy & Administration*, Vol. 40 No. 7, pp. 791–806.

科层体系严格执行，高层决策的变化随即会带来行政科层体系执行上的变化。但是，事实并非如此，有时候理念变化并不会随即带来社会事实上的变化，更有甚者，有时候理念变化的动因在于地方层面已经造成了既成事实或者说给其提供了政策选项。农保政策很清楚地说明了这一点。在国家叫停老农保之后，到 2002 年仍有 1800 多个县的 5400 多万人参加老农保，也就是说，在国家叫停老农保后，地方政府并没有随即取消老农保制度，该制度至今仍在运行。同时，新农保出台的一个很重要的原因是已经有一些地方在推行有财政补贴的农保。因此，本书承认理念的重要作用，但认为仅仅高层理念的变化并不能解释老农保为什么能延续下来的问题，也不能完全解释新老农保之间的更迭关系，高层理念要发挥作用还必须经过行政科层体系协调，政策过程会被深深地打上组织因素或者说制度的烙印。如果仅用政治理念的变化来解释从老农保到新农保的发展，换句话说，仅用政治理念的剧烈变化来说明农保政策的产生和停滞忽略了行政科层体系内不同层级的组织结构及其在政策过程中的卷入对政策的影响。

以上回顾了西方相关理论视角的适用性问题以及中国政策研究的相关文献，其对本书的借鉴意义体现在以下四个方面：首先，对这些理论视角在中国适用性问题的探讨同时也是进行比较的过程，可以预先排除某些因素以及可能的替代性解释；其次，尽管这些理论体系、概念之间的逻辑关联并不适用于中国的情况，但是这些理论使用的某些概念，比如权力、资源、组织关系、科层组织、国家与社会的关系等，却可以成为构建中国社会政策过程研究框架的建筑材料；再次，上述对宏观结构、微观行为以及国家能力、理念等的探讨，使我们注意到这些方面均对政策有重要影响，也同对中国农保政策过程的解释具有密切联系；最后，关于中国政策试点模式的研究以及资源在组织关系中的重要作用的研究，在经验层次上为本书的核心概念——制度和资源结构——提供了佐证。

本书是关于政策过程的研究，科尔巴奇认为，政策过程的两个维度——制度结构与行动——是难解难分地相互联系在一起：除非政策决定能够形成行动，否则就不会有制定政策的说法；除非行动能与一些既有政策声明联系在一起，否则就很难保证政策声明为行动提供支持。但是这两个维度之间互相掣肘：做出决定会对现有制度结构提出挑战，现有制度结构会限制做出选择的机会。[①] 中国农保政策研究不能避开两个重要因素：一是制度；二是行动者可资利用的资源。制度方面，首先是因为改革开放后农保政策过程的主要活动场域是行政科层体系；其次，处理政策更迭需要直面农保政策经过时间沉淀后的制度化问题；最后，试点模式本身意味着高层与基层组织两者之间的一种互动模式。资源方面，首先，老农保时期和新农保时期最不相同的背景因素是国库资源状况不同。老农保时期，城镇地区社会保障方面的负担很沉重，而新农保时期由于分税制改革国库充盈。其次，资源问题是老农保和新农保之间最大的不同，国家对老农保实行没有实质资金补贴的"政策扶持"，而对新农保则提供国家补助金——"基础养老金"。最后，资源配置结构的变化会影响行动者（甚至相同的行动者）的相对权力位置及其采取的行动策略。因此，有理由推断制度和资源对中国农保政策过程有着巨大的影响。下面将分别对制度和资源的相关理论视角进行梳理。

第二节 制度主义视角

"制度"这一术语不论在汉语语义还是在英语语义下，所指都不尽相同。根据《现代汉语词典》（修订本）关于制度的解释，制度有两层含义：一是要求大家共同遵守的办事规程或行动准则；

[①] H. K. 科尔巴奇：《政策》，张毅、韩志明译，吉林人民出版社，2005，第23~24页。

二是在一定历史条件下形成的政治、经济、文化等方面的体系。①英语中"制度"（institution）本身具有两种含义：一是指组织性实体，比如工会、政党、企业、家庭等；另一是指人类反复使用而共享的规则、规范和策略。② 皮尔逊将重要的政策亦视为重要的制度，因为这些政策比起政治制度/实体更为直接和密切地影响着普通人的生活。③ 在中国社会政策领域，"制度"这个词使用的范围很广，往往与政策混用，比如，养老保险政策、医疗保险政策往往被称为养老保险制度和医疗保险制度，有时将组织间比较稳定的联系模式亦称为制度，比如将新农保政策过程中为加强职能部委和基层地方政府沟通的联系平台称为"重点联系市县制度"，等等。本部分将对科层制以及新制度主义的相关内容进行梳理。

一 科层制

（一）科层制的定义

比瑟姆认为，科层制（bureaucracy）这一术语有四种不同的学术背景——比较政治学、组织社会学、公共行政管理学和政治经济学，科层制概念的含义也因学科不同而不同。④ 比较政治学中的用法在19世纪指的是与代议制政治体制相对应的、通常对世袭君主负责

---

① 中国社会科学院语言研究所词典编辑室编《现代汉语词典》（修订本），商务印书馆，1996，第1622页。
② 奥斯特罗姆同时还区分了规则、规范和策略。规则指的是被大家共同理解的、在特定情况下由负责监督引导和强行制裁的机构可预见性执行的共同规定（如"必须"、"不得"或"可以"条款）；规范指的是趋向于通过内部或外部强加的成本和诱导激励由参与者自身来执行的共同规定；策略指的是在由规则、规范和其他人受相应的自然和物质条件影响，而可能行为的预期等所产生的激励结构条件下，由个体制订的系统化的计划（埃莉诺·奥斯特罗姆：《制度性的理性选择：对制度分析和发展框架的评估》，载保罗·A. 萨巴蒂尔编《政策过程理论》，彭宗超等译，生活·读书·新知三联书店，2004，第48页）。
③ Pierson, P. (2004). *Politics in Time: History, Institutions, and Social Analysis*. Princeton: Princeton University Press, p. 165.
④ 戴维·比瑟姆：《官僚制》，韩志明、张毅译，吉林人民出版社，2005，"导言"第3~7页。

的、行政职位为职业文官所占据（把持）的体制。组织社会学中的科层制源自马克斯·韦伯，科层制不是指一种政府类型，而是指一种由训练有素的专业人员依据既定规则持续运作的行政（管理）体制。公共行政管理学中的科层制意味着与私人组织中的行政管理相对的公共行政管理。政治经济学将科层制定义为一个非市场的组织，与通过在市场上销售产品获得资金的组织不同，其资金来自上级拨款。从上述比瑟姆对科层制的四种定义可以看出，中国行政科层体系作为实体存在，在某种程度上同时具有四种定义所描述的特征，既具有政治体制的特征，也是韦伯意义上的控制系统，同时也是对社会进行管理的公共行政系统，还是依靠国家预算拨款的非市场组织。中国行政科层体系的"条块分割"特征使该体系充满张力，韩博天和裴宜理（J. Perry）用"政治－行政性"（political-administrative）、"游击战式政策风格"（guerrilla policy style）、"方法"（method）等关键词来描述中国的适应性治理（adaptive governance）。[①]

（二）科层制与权力、利益

韦伯从政治与行政二分的意义上论述科层制，认为科层制仅仅是实现政治决定的工具，遵循的是效率逻辑，因而并不拥有权力，仅仅是实现控制的工具——尽管他也非常担心科层制"铁笼"对目的理性空间的侵蚀。但根据上述科层制定义，中国行政科层体系既具有组织学意义上的执行功能，同时，作为具有政治体制特征的组织，又是权力的源泉。

政府行政科层制与市场领域科层制的区别，不仅仅在于政府行政科层制的资金源于上级政府的拨款，同时其还具有公共性和公益性，这是其在社会契约论的假设下具有合法性的明证。但是，需要指出的是，科层制作为组织模式，必然具有组织的某些本质

[①] Heilmann, S. and J. Perry. (2011). Embracing Uncertainty: Guerrilla Policy Style and Adaptive Governance in China. In S. Heilmann and J. Perry (eds.), *Mao's Invisible Hand: The Political Foundations of Adaptive Governance in China*. Cambridge: Harvard University Asia Center, pp. 19 - 22.

特征，比如组织自我膨胀的"帕金森定律"（Parkonson's Law），也就是说，组织具有自身的利益。同时，国家自主性理论也表明行政科层制组织具有自身的独立性，具有独立于社会的压力集团的自主性，能够追求自身的可欲目标。因此，科层制并不仅仅是在政治和行政二分法下实现政治领域目标的以效率为标准的技术工具，① 同时还拥有国家权威赋予的权力以及具有自身的利益。

（三）政党－国家科层结构及"条"、"块"分割体系

政党－国家等级组织体系是一种科层结构，尽管不是完全韦伯意义上的科层制。乔纳蒂构建了互动式政党－国家（Interactive Party-State，IPS）模型来描述这一科层结构内部的动态运行特征，揭示了政党、国家与决策者之间制度化的相互依赖性和利益提升可能性的结构背景，注重对行动者之间互动的考察。② IPS 模型尤其强调政党科层和国家科层之间的互连线所导致的科层层级的模糊不清，从而给（级别相同的）行动者带来了实质的结构性不平等，并认为由于结构模糊，导致政党与国家之间、国家与社会之间、政治与经济之间、统治精英与工人阶级之间的边界和势力（weights）难以确定。但是，可能正因为这种结构的模糊性，给行动者带来了超越科层等级的某种自由度，使得中国行政科层体系带有较强的"政治性"和强调"方法"的特性。

社会政策出台的大的制度背景即是政党－国家科层结构，这一科层结构还有另外一个鲜明特征——"条块分割"。③ "条"、

---

① 即使对科层的效率工具性方面也有诸多批评，详见公共选择学派学者塔洛克的相关论述（戈登·塔洛克：《官僚体制的政治》，柏克、郑景胜译，商务印书馆，2010，第252～253页）。
② 玛利亚·乔纳蒂：《自我耗竭式演进》，李陈华、许敏兰译，中央编译出版社，2007，第17～32页。
③ "条块分割"的特征也并非中国行政科层体系独有的特征，比如塔洛克在谈到美国国务院的组织结构时提到的"十字形体制"就与"条块分割"有类似之处，塔洛克认为十字形体制有着横跨命令链的特征，在美国国务院，除了按地域设置处室外，还有按"职能"设置的部门（戈登·塔洛克：《官僚体制的政治》，柏克、郑景胜译，商务印书馆，2010，第252～253页）。

"块"指的是两种不同的指挥体系。"条"指的是中央直属部委自上而下的一种指导体系,在社会政策领域,人社系统、民政系统、卫生系统等就是此类指导体系,其职能往往是对各级政府的相关领域进行"业务指导"。"块"是对地方行政统管的某一区域内全部的行政行为的一种描述,如各级地方政府,政府统辖该行政区域,具有行政管辖权。"条块分割"对行动者的意义在于他们必须同时接受"条"上及"块"上的上级的双重领导。

二 新制度主义①

新制度主义主要包括理性选择制度主义、社会学制度主义和历史制度主义(包括理念制度主义)三个流派,这三个流派各自有各自的起源。② 伊默古特(E. M. Immergut)认为,新制度主义是在批判行为主义和社会决定论的情况下产生的,行为主义者是后验的,因为他们更重视过程,社会决定论者是先验的,因为他们有客观的标准,而制度主义者企图在先验和后验之间"化圆为方"(square the circle)。③ 同时,跟行为主义信仰个人偏好的有效加总是实现公共利益的途径不同,制度主义传统寻求用超越性(transcendent)或支配性(overarching)规范来引导行为,然而同时又不想陷入一个政治完全实质性的观点里。表2-1归纳了新制度主义和行为主义、社会决定论的区别。

---

① 本部分内容参考了笔者发表于《中央民族大学学报》(哲学社会科学版)2015年第2期的文章《制度、行动与行动流——新制度主义与结构化理论》。
② 20世纪90年代分别出版了三本新制度主义论文集:理性选择制度主义的论文集Cook, K. S. and M. Levi. (eds.) (1990). *The Limits of Rationality*. Chicago: The University of Chicago Press; 历史制度主义的论文集Steinmo, S., K. Thelen, and F. Longstreth. (eds.) (1992). *Structuring Politics: Historical Institutionalism in Comparative Analysis*. Cambridge: Cambridge University Press; 社会学制度主义的论文集Powell, W. W. and P. J. Dimaggio. (eds.) (1991). *The New Institutionalism in Organizational Analysis*. Chicago: The University of Chicago Press。
③ Immergut, E. M. (1998). The Theoretical Core of the New Institutionalism. *Politics & Society*, Vol. 26, No. 1, pp. 5 – 34.

表 2-1 新制度主义与其他范式的比较

	自由主义取向		社会决定论/马克思主义
	制度主义	行为主义/功利主义	
利益	个人及集体利益的多样来源；制度影响人们在政治领域的接合（articulation）和表达	主观的：通过行为显示的偏好；每个人最了解自己的利益	客观的：社会集团/以阶级为基础
政治过程	聚合问题；影响质量和参与结果的过程形式	（政治、市场、利益集团市场中的）偏好有效传递的效用聚合	符合社会/阶级结构
规范	程序民主：通过正式程序的实质公正	正式民主：过程的公平保证结果的公正；市场/政治的正式开放；保护竞争	实质民主：社会和谐－有机团结/阶级剥削的终结
示例	卢梭、康德、孟德斯鸠、托克维尔、（J. S. 密尔）、韦伯、哈贝马斯、罗尔斯、西奥多·J. 洛维	边沁、詹姆斯·密尔、弥尔顿·弗里德曼、戴维·杜鲁门、罗伯特·达尔	涂尔干、马克思

资料来源：引自 Immergut, E. M. (1998). The Theoretical Core of the New Institutionalism. *Politics & Society*, Vol. 26, No. 1, pp. 5–34。

（一）制度的定义

新制度主义的三个流派对制度的定义有所不同：理性选择制度主义多从以个人为基础的偏好的均衡角度定义制度，社会学制度主义多从文化规范、认知脚本的角度定义制度，而历史制度主义则多从组织之间稳定的关系的角度定义制度，分别是计算的取向、文化的取向和权力、利益的取向。

1. 理性选择制度主义

赖克（W. H. Riker）认为在解释政治结果时需要将人的价值观（偏好）和制度同时考虑进去，制度最好被定义为凝固的偏好，即偏好的均衡可谓制度。[①] 诺斯将制度定义为一个社会的游戏规则，它们是为决定人们之间的相互关系而人为设定的一些制约；

---

① Riker, W. H. (1980). Implications from the Disequilibrium of Majority Rule for the Study of Institutions. *The American Political Science Review*, Vol. 74, No. 2, pp. 432–446.

制度确定和限制了人们的选择集合，它们由正规的成文规则和那些被视为正规规则的基础与补充的典型非成文行为准则组成；制度在一个社会中的主要作用是通过建立一个人们相互作用的稳定的（但不一定是有效的）结构来减少不确定性。① 同时，诺斯将制度与组织区分开来，对组织（和它们的企业家）的关注主要集中于它们所发挥的制度变迁代理人的功能上，并且将策略和制度做了区分，认为行动者的策略不属于制度，制度不一定就意味着有效率，历史上很多时候制度是无效率的。② 另外，诺斯还区分了制度/规则与制度/规则的执行。③ 奥斯特罗姆将制度定义为人类反复使用而共享的规则、规范和策略，并且有时具有"不可见性"，因为"有时它们是作为隐含知识而不是以明确的和书面的形式而存在"。④ 总的来说，理性选择制度主义并不将实体性组织本身视为制度。理性选择制度主义视制度为选择均衡（凝固的偏好），并往往将个人效用作为判断政治制度及其结果的标准。

2. 社会学制度主义

社会学制度主义发端于组织理论，杰普森认为制度是社会地建构的、习惯性地再生产的程序或规则系统，它们作为一种制约性环境中相对固定的设置而运行，并附带着被人们视为当然而接受的行动说明。⑤ 同时，社会学制度主义之制度往往同"制度化"

---

① 道格拉斯·C. 诺斯：《制度、制度变迁与经济绩效》，刘守英译，上海三联书店，1994，第3~4页。
② 道格拉斯·C. 诺斯：《制度、制度变迁与经济绩效》，刘守英译，上海三联书店，1994，第5~6、9~10页。
③ North, D. C. (1989). Institutions and Economic Growth: An Historical Introduction. *World Development*, Vol. 17, No. 9, pp. 1319–1332.
④ 埃莉诺·奥斯特罗姆：《制度性的理性选择：对制度分析和发展框架的评估》，载保罗·A. 萨巴蒂尔编《政策过程理论》，彭宗超等译，生活·读书·新知三联书店，2004，第49~50页。
⑤ 罗纳尔德·L. 杰普森：《制度、制度影响与制度主义》，载沃尔特·W. 鲍威尔、保罗·J. 迪马吉奥编《组织分析的新制度主义》，姚伟译，上海人民出版社，2008，第162页。

联系在一起，杰普森将制度化界定为一系列特殊的社会再生产过程，以及防止"去制度化"或"制度变迁"的过程。① 迪马吉奥等学者认为，社会学制度主义强调文化的解释，但拒斥文化强烈的情感色彩，而是在常人方法学者加芬克尔区分价值和规范的基础上，对价值、规范和规则做出了区分，在某种程度上不是将文化视为规范和价值，而是视若当然而接受的脚本、规则和分类，由强调价值内化转向强调认知。② 用认知取代价值这一做法将理性带入理论建构中，期望消除组织学中"理性"和"文化"的分歧。③ 社会学制度主义认为制度不仅仅是一种制约结构，所有的制度既是一种控制同时也是一种授权，制度表现出制约与解放（freedom）的二重性。④ 马奇（J. G. March）奥尔森（J. P. Olsen）这两位社会学制度主义学者认为政策一旦被采纳就会嵌入制度之中，通过影响政治参与者的注意和意愿来影响其未来的行为。⑤ 社会学制度主义倾向于将组织和制度视为可互换的实体。马奇和奥尔森认为，组织具有两面性，即制度的一面以及作为行动者的一面。其制度的一面表现为操作程序和结构的集合，其行动者的一面在于具有自己的利益并能捍卫自己的利益。⑥

---

① 罗纳尔德·L. 杰普森：《制度、制度影响与制度主义》，载沃尔特·W. 鲍威尔、保罗·J. 迪马吉奥编《组织分析的新制度主义》，姚伟译，上海人民出版社，2008，第156页。
② 保罗·J. 迪马吉奥、沃尔特·W. 鲍威尔：《导言》，载沃尔特·W. 鲍威尔、保罗·J. 迪马吉奥编《组织分析的新制度主义》，姚伟译，上海人民出版社，2008，第23~31页。
③ Hall, P. A. and R. C. R. Taylor. (1996). Political Science and the Three New Institutionalisms. *Political Studies*, XLIV, pp. 936-957.
④ Fararo & Skvotez, 1986, 转引自罗纳尔德·L. 杰普森《制度、制度影响与制度主义》，载沃尔特·W. 鲍威尔、保罗·J. 迪马吉奥编《组织分析的新制度主义》，姚伟译，上海人民出版社，2008，第159页。
⑤ March, J. G. and J. P. Olsen. (1984). The New Institutionalism: Organizational Factors in Political Life. *The American Political Science Review*, Vol. 78, No. 3, pp. 734-749.
⑥ March, J. G. and J. P. Olsen. (1984). The New Institutionalism: Organizational Factors in Political Life. *The American Political Science Review*, Vol. 78, No. 3, pp. 734-749.

3. 历史制度主义

在历史制度主义①学派中，霍尔认为制度指的是那些使存在于政体和经济体中的个体（或组织）间关系结构化的正式规则、规范程序以及标准操作惯例，强调把国家各部分联合在一起并构成社会关系的制度关系（包括正式的和常规的），被强调的是制度的组织性质，认为制度的关系特征是构建个体相互作用关系的途径，强调制度将个体间关系结构化的方式。② 在霍尔看来，制度有两方面的基本作用：一方面，决策的组织结构影响了行动者对政策结果的影响力（因为不同组织在制度结构中的不同位置意味着拥有不同的权力）；另一方面，组织的位置赋予行动者相应的职责和关系从而影响行动者对自身利益的界定。③ 利伯曼（E. S. Lieberman）将制度定义为正式的组织和非正式但被广泛接受的构成决策过程或政治过程的行为规则/规范。④ 斯考切波将制度视为各种制度和各种组织之间交流联络与行动的实际类型。⑤ 艾肯贝利则将霍尔意义上的制度进一步细分为三个层次：从最为狭义的层次看，制度结构就是指行政机构、立法机构、司法机构内部的权力分配方式及其所制定的调解冲突的管制性规则和程序；在第二个层次上，制度结构是指纵向上的中央与地方之间，横向上的立法、行

---

① 历史制度主义源于20世纪七八十年代两个源流的发展：一是比较政治社会学家对国家的兴趣；另一是制度安排解释行为和政策选择的努力。历史制度主义反对社会中心论和国家中心论而提出制度中心论的视角，始于对20世纪70年代西方各国为应对石油/经济危机而采取不同政策方式的觉察，强调制度在解释西方公共政策的系统性差异方面的作用。
② 彼得·霍尔：《驾驭经济：英国与法国国家干预的政治学》，刘骥、刘娟凤、叶静译，江苏人民出版社，2008，第22~23页。
③ 彼得·霍尔：《驾驭经济：英国与法国国家干预的政治学》，刘骥、刘娟凤、叶静译，江苏人民出版社，2008，第23页。
④ Lieberman, E. S. (2001). Causal Inference in Historical Institutional Analysis: A Specification of Periodization Strategies. Comparative Political Studies, Vol. 34, No. 9, pp. 1011 – 1035.
⑤ Skocpol, T. (1995). Why I Am an Historical Institutionalist. Polity, Vol. 28, No. 1, pp. 103 – 106.

政与司法机构之间的权力关系,这种制度结构规定了立法机构与执行机构和中央与地方之间能力和资源的分配,以及官僚机构的一致性行动能力;在第三个层次上,制度结构是指规定国家与社会间关系的一些规范,这种制度结构界定了国家与社会之间的行动限度和联结方式。① 卡普西亚(G. Capoccia)和凯莱门(R. D. Kelemen)认为历史制度主义之制度包括单独的组织、组织间结构化的互动关系/系统、公共政策以及整体的政治体制。②

(二)制度与行动的关系③

霍尔(P. A. Hall)和泰勒(R. C. Taylor)认为制度和行动之间的关系问题是任何制度主义都必须解答的两个基础性问题之一。④

---

① 转引自何俊志《结构、历史与行为——历史制度主义对政治科学的重构》,复旦大学出版社,2004,第167~168页。

② Capoccia, G. and R. D. Kelemen. (2007). The Study of Critical Junctures: Theory, Narrative, and Counterfactuals in Historical Institutionalism. *World Politics*, Vol. 59, pp. 341 – 369.

③ 以行动者为基点的理论,如理性选择学派认为,行动者的偏好是外生的,是其固有的。行动学派的某些学者试图利用政策网的观点拉近制度和行动之间的关系,政策网的理论基础是早期的利益集团政治包括多元主义、次政府以及合作主义的研究传统,比如布洛姆·汉森试图引入(经济学)制度主义理论将作为行动者的政策网转化为制度,来解决在原来的理论框架下无法回答的问题,即网络为何出现、网络为何变化以及网络为何能持续下去等问题〔Blom-Hansen, J. (1997). A "New Institutional" Perspective on Policy Networks. *Public Administration*, Vol. 75, pp. 669 – 693.〕。问题网络或者政策共同体在科尔巴奇看来都是一种网络形式。问题网络是当有什么事情出现的时候,人们会创造同相关者的联系,这种网络不能被看作是一个组织:参与者知道网络中与他们接近的人,但参与者并不是在网络整体的意义上行动;而政策共同体则显示出亲密和信任,强调的是稳定的集体行动与相互了解之间的关联度。在科尔巴奇那里,问题网络或者说政策共同体是在"行动的构建"(structuring of action)的意义上扮演参与者的角色,即将其作为行动者(H. K. 科尔巴奇:《政策》,张毅、韩志明译,吉林人民出版社,2005,第31~38页)。对政策网络和政策共同体两者之间的关系,黑尧认为,网络可以凝聚成为共同体,共同体也可能分解成网络(米切尔·黑尧:《现代国家的政策过程》,赵成根译,中国青年出版社,2004,第66~69页)。

④ Hall, P. A. and R. C. Taylor. (1996). Political Science and the Three New Institutionalisms. *Political Studies*, XLIV, pp. 936 – 957.

1. 理性选择制度主义中制度与行动的关系

理性选择制度主义的理论来源是功利主义、新古典经济学以及博弈论,认为人的理性行为会演绎出制度安排来得到其可欲的结果,这一逻辑体现在如罗尔斯、布坎南和塔洛克的理论中。总的来说,理性选择制度主义认为制度的产生和制度变化是人们选择的结果。① 但同时也认为制度虽然不会总是直接决定行动者的选择,但却是行动的基础参数,从而限制其行动;通过引入有限信息和交易成本的概念来增强其制度的解释力。例如,赖克认为政治结果受到行动者偏好(tastes)、制度及政治行动者政治技巧的影响,即政治结果同时受到行动选择和制度的影响。②

2. 社会学制度主义中制度与行动的关系

与理性选择制度主义不同,社会学制度主义和历史制度主义均认为,行动者的偏好是内生的,是由制度塑造的。③ 社会学制度主义关于制度与行动之间关系的观点走得更远,杰普森认为制度不是被"行动"——具体来说即社会习惯性的集体干预——再生产的;相反,是惯例性的再生产程序支持和维系着这种模式,并促进了它的再生产——除非集体行动阻碍了这种再生产过程,或

---

① Levi, M., K. S. Cook, J. A. O'Brien, and H. Faye. (1990). Introduction: The Limits of Rationality. In K. S. Cook and M. Levi (eds.), *The Limits of Rationality*. Chicago: The University of Chicago Press.

② Riker, W. H. (1980). Implications from the Disequilibrium of Majority Rule for the Study of Institutions. *The American Political Science Review*, Vol. 74, No. 2, pp. 432-446.

③ 行动主义者认为将个人偏好集合为集体偏好是可能的,将个人偏好转变为集体偏好的机制是有效率的。制度主义却质疑集合(aggregation)本身,认为集合机制是重塑个人偏好而不是总和(sum)个人偏好;同时,历史制度主义继承的是相同的社会学传统,尤其是韦伯的研究。尽管组织理论家强调理性的认知局限以及组织规则和程序调和独立个人的行动的方式,但历史制度主义更直接关注权力和利益的主体。[Immergut, E. M. (1998). The Theoretical Core of the New Institutionalism. *Politics & Society*, Vol. 26, No. 1, pp. 5-34.]

者环境动荡破坏了这种再生产过程。① 具体来说，如果一个人习惯性地参与一种高度制度化的社会模式，如习惯性地介入某种程序、进行某种陈述等，则意味着他实际上并没有采取行动，比如如果握手是一种制度化的问候方式，则一个人只有通过不伸出自己的手与他人握手，才算采取了行动。②

3. 历史制度主义中制度与行动的关系

霍尔认为，"组织性因素既影响了行动者对政策的压力程度，还限定了这种压力的可能方向"③。制度往往被作为媒介变量影响公共政策结果，④ 大量国别比较研究⑤往往是将行动者定性为同类作为比较基础，从而凸显制度对不同政策结果的调节作用，但这一制度的决定论色彩受到许多学者的批评。这也引起历史制度主义者自身的反省，将制度决定论倾向的原因归于注重国别间的静

---

① 罗纳尔德·L. 杰普森：《制度、制度影响与制度主义》，载沃尔特·W. 鲍威尔、保罗·J. 迪马吉奥编《组织分析的新制度主义》，姚伟译，上海人民出版社，2008，第157页。
② 罗纳尔德·L. 杰普森：《制度、制度影响与制度主义》，载沃尔特·W. 鲍威尔、保罗·J. 迪马吉奥编《组织分析的新制度主义》，姚伟译，上海人民出版社，2008，第162页。
③ 彼得·霍尔：《驾驭经济：英国与法国国家干预的政治学》，刘骥、刘娟凤、叶静译，江苏人民出版社，2008，第23页。
④ 利伯曼认为历史制度主义分析的一个核心目标是评估/判断制度形式和构成的变化对一个特定结果或一组特定结果的影响，认为制度不会作为一个单独的自变量引致结果变化，而只是通过调节其他压力来影响结果 [Lieberman, E. S. (2001). Causal Inference in Historical Institutional Analysis: A Specification of Periodization Strategies. *Comparative Political Studies*, Vol. 34, No. 9, pp. 1011–1035]。
⑤ 此类国别比较的文献非常多。比如伊默古特在分析法国、瑞士及瑞典健康政策的出台时，通过指出三国医疗卫生政策领域博弈规则链条之中否决点位置的不同，很好地解释了三国医疗保险政策的不同 [Immergut, E. M. (1992). The Rules of the Game: The Logic of Health Policy-making in France, Switzerland, and Sweden. In S. Steinmo, K. Thelen, and F. Longstreth (eds.), *Structuring Politics: Historical Institutionalism in Comparative Analysis*. Cambridge: Cambridge University Press]。又如皮尔逊在比较英美两国撒切尔和里根时代同时致力于福利收缩其结果却不相同时，分析了两国制度发挥的作用（保罗·皮尔逊：《拆分福利国家——里根、撒切尔和紧缩政治学》，舒绍福译，吉林出版集团，2007）。

态比较以及制度形成和变化方面的理论不够完善。① 最近,比起宏观结构变量的影响,许多学者开始注意行动,尤其是政治行动对制度创生的影响。伯曼(S. Benman)认为,为了揭示理念、规范和文化的影响,必须挖掘有关政治行为的问题,因为理念变量不会直接影响结果,它们只有通过影响人的时候才会成为原因,因此揭示理念、规范和文化与承载上述内容的政治行动者之间的连接尤为重要,理念有时候通过被行动者内化发挥作用,有时候被行动者(在没有被内化的情况下)策略性地使用。② 伊默古特认为"制度发挥双重作用:限制和破坏人的行为,同时提供从社会束缚中获得自由的手段"③。总的来说,历史制度主义者在确定制度和行动的关系时往往采取折中主义的观点,这一点也是批评者认为历史制度主义理论不完善的主要论据之一。海(C. Hay)和温科特(D. Wincott)提出用吉登斯的结构化理论来化解历史制度主义在制度与行动之间存在的逻辑张力。④

表 2 - 2　新制度主义的类型:异同点

	理性选择制度主义	社会学制度主义*	历史制度主义
利益	策略因素导致理性行动者选择次优均衡(如囚徒困境、公地悲剧)	行动者不知道他们的利益,有限的实践和信息导致他们依靠程序和其他过程性规则(有限理性)	行动者对其利益的解释由其自身历史的集体组织和制度塑造

---

① Thelen, K. and S. Steinmo. (1992). Histotical Institutionalism in Comparative Politics. In S. Steinmo, K. Thelen, and F. Longstreth (eds.), *Structuring Politics: Historical Institutionalism in Comparative Analysis*. Cambridge: Cambridge University Press, p. 14.

② Berman, S. (2001). Ideas, Norms, and Culture in Political Analysis. *Comparative Politics*, Vol. 33, No. 2, pp. 231 – 250.

③ Immergut, E. M. (1998). The Theoretical Core of the New Institutionalism. *Politics & Society*, Vol. 26, No. 1, pp. 5 – 34.

④ Hay, C. and D. Wincott. (1998). Structure, Agency and Historical Institutionalism. *Political Studies*, XLVI, pp. 951 – 957.

续表

	理性选择制度主义	社会学制度主义*	历史制度主义
政治过程	没有秩序、规则就不能形成公共利益；国会投票程序规则、划分管辖权等影响的结果	组织间和组织内过程塑造结果，如垃圾桶模型，努力实现行政再组织和政策执行	政治过程由宪法和政治制度、国家结构、国家-利益集团关系、政策网络、时点的权变结构化
规范	埃尔斯特：没有正式理性手段的实质理性目的无效 布坎南和塔洛克：通过一致同意规则和获取选票来最大化效率 帕克尔：大众意志深不可测，民主由三权分立约束	佩罗：科层权力和有限理性的含义	洛维：强化以国会为基础的司法民主，对规则而不是特定结果进行审议，需要公共哲学
行动者	理性的	认知局限的	自我反思的（社会文化和历史规范，但是革新传统）
权力	单方行动的能力	取决于在组织等级中的位置	取决于国家承认、参与决策、政治代表和心智结构（mental constructs）
制度机制	依靠规则（依赖有争议的规范）进行选择	通过程序、常规、脚本和框架（包括规范）来组织选择和计算利益	通过规则、机构、规范和理念来进行选择、计算利益和形成目标

* 原文是组织理论，社会学制度主义源自组织理论领域，所以社会学制度主义也被称为组织制度主义。为了与上下行文一致，此处将原文的组织理论改成了社会学制度主义。

资料来源：引自 Immergut, E. M. (1998). The Theoretical Core of the New Institutionalism. *Politics & Society*, Vol. 26, No. 1, pp. 5 - 34。

（三）制度变迁理论

霍尔和泰勒认为如何解释制度产生或变化的过程是任何制度主义必须揭示的第二个基础性问题。[①] 目前对制度变迁的解释大体

---

① Hall, P. A. and R. C. Taylor. (1996). Political Science and the Three New Institutionalisms. *Political Studies*, XLIV, pp. 936 - 957.

可分为两类：一类是政治经济学的解释；另一类是新制度主义的解释。政治经济学的解释主要包括强调行动的利益集团理论以及以阶级关系为基调的相关理论。利益集团理论能充分揭示政策变迁背后的动力，却无法解释制度的黏性特征；阶级关系理论缺失集体行动何以可能的微观解释。对制度主义而言，"如果制度只是根据社会中的权力平衡来变化，那么制度就是附带现象，我们就应该研究影响它们的力量，故制度的黏性（stickiness）很重要"①。无论是理性选择制度主义、社会学制度主义还是历史制度主义都强调制度的黏性、惰性、稳定性或路径依赖的特征。制度主义擅长解释制度的黏性，却难以解释制度的变迁。因此，政治经济学及新制度主义这两类解释在理论上均会面对行动和制度之间难以调和的张力，两派学者也都试图突破制度和行动两者之间的困境。行动学派的学者试图利用政策网络的观点拉近制度和行动之间的关系，比如布洛姆·汉森（J. Blom-Hansen）试图引入（经济学）制度主义理论将具有能动作用的政策网络转化为制度，来解决在原来的利益集团框架下无法回答的问题。②

1. 理性选择制度主义的制度变迁观点

赖克认为制度是凝固的偏好，如果偏好没有达到均衡，则制度（除了短期情况）也不会稳定。他认为在某些情况下，如在公地悲剧这一囚徒困境中，政府组织能通过引入私人产权来改变这一囚徒困境均衡，但是在军备竞赛等困境中改变其均衡就非常难，可能需要绝大部分参加者改变其偏好才有可能。③ 诺斯认为规则典

---

① Thelen, K. and S. Steinmo. (1992). Histotical Institutionalism in Comparative Politics. In S. Steinmo, K. Thelen, and F. Longstreth (eds.), *Structuring Politics: Historical Institutionalism in Comparative Analysis*. Cambridge: Cambridge University Press.
② Blom-Hansen, J. (1997). A "New Institutional" Perspective on Policy Networks. *Public Administration*, Vol. 75, pp. 669–693.
③ Riker, W. H. (1980). Implications from the Disequilibrium of Majority Rule for the Study of Institutions. *The American Political Science Review*, Vol. 74, No. 2, pp. 432–446.

型地嵌套在制度等级结构中，因此每个规则的改变的成本都很高，因为行为规范已经成了人们惯性行为的内在构成部分。① 诺斯强调了制度变化的演进特征，认为虽然存在如革命这样的巨变，但总体来说经济史的制度变迁是一种边际性的渐进演进过程，因为即便正式制度发生了改变，但是作为影响行动者主观模型建构的非正式制度使得制度变迁呈现为一种边际变迁，并认为渐进性制度变迁来自政治和经济组织中企业家的如下感知：他们认为在某些边际上改变现存的制度框架会使他们的境况更好，故强调制度的路径依赖特征，认为规模经济、学习效应、协作效应、适应性预期会带来制度的边际效益递增进而导致制度的自我强化。② 但同时，诺斯认为，相对价格的基本变化肯定会导致制度变迁，历史上相对价格变化的最重要的一个根源是人口的变化，尽管技术变化（尤其是军事技术的变化）和信息成本的变化也是主要的根源。③ 诺斯将制度变迁的过程程式化为如下表述：相对价格变化的结果使交易的一方或双方觉察到如果他（们）改变协议将会做得更好，根据他（们）的相对议价能力，作为相对价格改变的结果，他（们）将重新谈判协议，但是协议嵌套在规则等级制中，如果重新谈判涉及更为基础性规则的改变，他（们）将会动员资源去改变该规则，或者该规则或习惯会逐渐被忽视和/或失效。④ 利瓦伊（M. Levi）提出议价理论（bargaining theory）来解释制度的产生和变迁，她强调社会互动和权力关系形成制度，制度依赖行动者之间持续的议价过程，

---

① North, D. C. (1989). Institutions and Economic Growth: An Historical Introduction. *World Development*, Vol. 17, No. 9, pp. 1319 – 1332.
② 道格拉斯·C. 诺斯：《制度、制度变迁与经济绩效》，刘守英译，上海三联书店，1994，第 112~122 页。
③ North, D. C. (1989). Institutions and Economic Growth: An Historical Introduction. *World Development*, Vol. 17, No. 9, pp. 1319 – 1332.
④ North, D. C. (1989). Institutions and Economic Growth: An Historical Introduction. *World Development*, Vol. 17, No. 9, pp. 1319 – 1332.

行动者制定、执行并遵守规则,但他们之间的合作是有条件的,一个行动者是否履行制度责任取决于其他行动者的行为。她认为社会议价谈判的破裂能导致行动者撤回合意或拒绝服从,从而改变制度负载的权力资源的分布,最终促成制度变迁。①

2. 社会学制度主义的制度变迁观点

社会学制度主义认为,回答制度如何发生变迁的问题有两条进路:一是研究某种制度框架内部的制度变迁根源;二是从那些尚未制度化的过程中研究制度变迁的根源。前者如"制度矛盾"的概念,弗利南德和阿尔弗德认为,资本主义市场、科层制政府、民主、核心家庭和基督教等现代西方资本主义的核心制度影响和形塑了个人的偏好与组织的利益,以及个人用以获得他们的利益或实现偏好的传统知识储备与技艺,这些制度之间存在潜在的矛盾,因此对个人和组织而言存在多重逻辑,个人和组织通过探索和解决这些矛盾而改变、转换这些制度之间的关系。② 后者如杰普森认为集体行动作为一种单独的因果机制,可能侵蚀或剔除制度;③ 斯科特和鲍威尔强调制度制约总是会给由利益因素驱动的表演和实践意识下的即兴创作留下空间。④ 另外,组织学习也被认为是该学派解释制度变迁的有潜力的概念。不同于个人学习,莱维特(B. Levitt)和马奇认为组织学习往往是借助惯例、集体记忆等途经从组织的历史经验中找出各种

---

① Levi, M., K. S. Cook, J. A. O'Brien, and H. Faye. (1990). Introduction: The Limits of Rationality. In K. S. Cook and M. Levi (eds.), *The Limits of Rationality*. Chicago: The University of Chicago Press, p. 14.

② 罗格尔·弗利南德、罗伯特·R. 阿尔弗德:《把社会因素重新纳入研究之中:符号、实践与制度矛盾》,载沃尔特·W. 鲍威尔、保罗·J. 迪马吉奥编《组织分析的新制度主义》,姚伟译,上海人民出版社,2008,第 270~275 页。

③ 罗纳尔德·L. 杰普森:《制度、制度影响与制度主义》,载沃尔特·W. 鲍威尔、保罗·J. 迪马吉奥编《组织分析的新制度主义》,姚伟译,上海人民出版社,2008,第 165~167 页。

④ W. 理查德·斯科特:《制度理论剖析》、沃尔特·W. 鲍威尔:《拓展制度分析的范围》,载沃尔特·W. 鲍威尔、保罗·J. 迪马吉奥编《组织分析的新制度主义》,姚伟译,上海人民出版社,2008。

要素重新修正或组合起来来应对环境的变化，同时，组织学习还包括组织间的学习，主要指的是组织通过强迫性（coercive）机制、模仿（mimetic）机制和社会规范（normative）机制来学习其他组织的模式。① 他们认为组织学习并不完全是一种积极的组织行为，常常会遇到"能力陷阱"、"迷信型学习"等问题。

3. 历史制度主义的制度变迁观点

历史制度主义早期认为制度会结构化行动者的利益、会形塑偏好进而影响其行为，从而突出制度的决定性作用。皮尔逊在论述路径依赖机制时认为，路径依赖现象在一组组织和制度在长时段内一起发展时最为普遍，两者通过互相调试和竞争性选择来相互加强，这种过程导致不同国家非常不同的型构（configuration）的出现，制度和组织会产生相互依赖，导致发展中的自我加强过程，而这一过程改变了行动者的聚合以及行动者的偏好。② 总而言之，制度结构化行动者的利益，使制度进入路径依赖进程。③ 制度通过结构化行动者的利益和行为来影响政治结果，故意味着很难解释制度的变化。为了处理制度变迁问题，历史制度主义者承认制度作为历史的产物，能诱致独特的行动，但也认为制度作为人类的产物，又能被政治所改变。④ 历史制度主义者先利用间断－平衡理论来解释制度生成/变迁和制度稳定，认为重大社会经济的变迁会使既有制度中断，这一中断期对行动者而言又是形成

---

① Levitt, B. and J. G. March. (1988). Organizational Learning. *Annual Review of Sociology*, Vol. 14, pp. 319–340.

② Pierson, P. (2004). *Politics in Time: History, Institutions, and Social Analysis*. Princeton: Princeton University Press, p. 24.

③ 皮尔逊将产生路径依赖进程的机制归结为经济学中的"积极反馈"（positive feedback）和"收益递增"（increasing return）等理论［Pierson, P. (2004). *Politics in Time: History, Institutions, and Social Analysis*. Princeton: Princeton University Press, pp. 20–30］。

④ Immergut, E. M. (1998). The Theoretical Core of the New Institutionalism. *Politics & Society*, Vol. 26, No. 1, pp. 5–34.

新制度的关键节点（critical juncture）。① 霍尔在国家理论②的基础上提出了社会学习（social learning）的概念，认为社会学习会使政策发生一阶、二阶、三阶变化。社会学习被定义为根据过去的经验和新的信息，深思熟虑地试图调整政策的目标或技术。政策的三阶变化指的是特定领域引导/指导政策总目标的变化，二阶变化指的是实现这些目标的技术或政策工具的变化，一阶变化指的是这些工具的精确设计（precise setting），而当政策发生三阶变化的时候意味着政策范式③发生了变化。④ 后来历史制度主义又在批判间断－平衡理论⑤的基础上形成了置换（displacement）⑥、转换（conversion）⑦、叠加（layering）⑧、漂移（drift）⑨等制度变迁

---

① Collier, R. B. and D. Collier. (2002). *Shaping the Political Arena: Critical Junctures, the Labor Movement, and Regime Dynamics in Latin America*. Indiana: University of Notre Dame Press, pp. 29 – 31.

② 霍尔认为国家理论可以分为两类：一类可被描述为国家中心的（state-centric），强调国家自主性，认为政策是由公共官僚指定的，有独立于利益集团和政党的自主性；另一类可被表述为国家结构的（state-structural），强调国家结构和行动对政策的影响，但不太倾向于坚持独立于社会压力的国家自主性，相反，它们强调利益集团、政党和其他行动者在政策过程中的重要作用，其主要论点是国家结构和过去的活动常常影响这些行动者联结（articulate）的需求的本质或力量 [Hall, P. A. (1993). Policy Paradigms, Social Learning, and the State: The Case of Economic Policymaking in Britain. *Comparative Politics*, Vol. 25, No. 3, pp. 275 – 296].

③ 政策范式指的是一个理念和标准的框架，它不仅明确了政策的目标和实现目标的工具种类，而且明确了打算要解决的问题的本质。伯兰德认为内容中包含技术与意识形态的范式构成了官僚、政策专家和选任政治家的实用的"世界观" [Be'land, D. (2005). Ideas and Social Policy: An Institutional Perspective. *Social Policy & Administration*, Vol. 39, No. 1, pp. 1 – 18].

④ Hall, P. A. (1993). Policy Paradigms, Social Learning, and the State: The Case of Economic Policymaking in Britain. *Comparative Politics*, Vol. 25, No. 3, pp. 275 – 296.

⑤ 对间断－平衡理论的批评是制度在平衡期是自变量，在间断期是因变量，因为制度同时是自变量又是因变量，故制度在什么也解释不了的同时能解释一切。

⑥ 意指废止既有制度，引入新制度。

⑦ 意指既有制度依然得以保留但是被行动者用于不同目的。

⑧ 意指不触动既有制度，但是引入新的制度，使得两者同时存在。

⑨ 意指由于环境变化，既有制度的作用减弱。

路径。① 此外，理念（idea）和话语（discourse）在制度变迁中的作用开始凸显，伯曼认为理念研究可以在过度结构的和过度能动中心的解释视角之间走一条中间道路，对历史制度主义而言，理念概念可以使其从过于结构的及过于行为主义的政治解释的不便中解脱出来，提供一个在创造历史的人和环境创造历史之间架起一座理论桥梁；理念经过制度化会变成自变量，像真正的自变量一样发挥作用。② 利伯曼认为理念方法可以克服制度分析的三大缺点，即归纳主义，倾向于将利益和目标设定为既定，强调结构、集合的组织或行为规则并将之视为政治行为背后的主要引导力量。③ 布莱斯（M. Blyth）认为制度变迁包括制度设计（institutional design）、制度竞争（institutional contestation）和制度强化（institutional reinforcement）三个阶段，而理念在这三个阶段分别作为制度蓝图（as institutional blueprints）、武器（as weapons）和认知锁定（as cognitive locks）发挥作用，并强调理念在降低不确定性、赋予利益以内容和使制度建构成为可能方面的作用。④ 伯兰德（D. Be'land）将政策理念定义为特别的政策选项（如个人储蓄账户）以及组织性原则和因果信念（如新自由主义）等，并借鉴金通（J. W. Kingdon）的政策制定三源流理论赋予历史制度主义更多

---

① Mahoney, J. and K. Thelen. (2010). A Theory of Gradual Institutional Change. In J. Mahoney and K. Thelen (eds.), *Explaining Institutional Change: Ambiguity, Agency, and Power*. New York: Cambridge University Press, pp. 15 – 16.
② 伯曼认为社会科学家常用两种主要的方法来研究理念的制度化和规范及文化的形成：一种是聚焦于理念变量如何嵌入像科层制和政党这样的有形的制度；另一种是聚焦于理念如何嵌入社会规范、话语模式、集体认同这样的以主体间性理解和共享信仰系统为特征的无形制度［Berman, S. (2001). Ideas, Norms, and Culture in Political Analysis. *Comparative Politics*, Vol. 33, No. 2, pp. 231 – 250］。
③ Lieberman, E. S. (2001). Causal Inference in Historical Institutional Analysis: A Specification of Periodization Strategies. *Comparative Political Studies*, Vol. 34, No. 9, pp. 1011 – 1035.
④ Blyth, M. (2001). The Transformation of the Swedish Model: Economic Ideas, Distributional Confilict, and Institutional Change. *World Politics*, Vol. 54, No. 1, pp. 1 – 26.

的能动特征。① 施密特等学者借鉴哈贝马斯的语用学理论，提出了话语制度主义（discursive institutionalism），即采用话语（discourse）② 概念，将话语作为理念的沟通方式，强调能动的、具有反思性的行动者在话语沟通过程中传递理念进而达成共识的过程。③

事实上，新制度主义的上述制度变迁路径只是放弃了行动和制度之间非此即彼的决定论倾向，试图在行动和制度之间建立某种缓冲或桥梁，或通过宣称制度会作为媒介调节而不是直接决定行动，④ 或通过主张密集的制度矩阵会产生冲突的偏好，⑤ 或通过建立制度层次关系，⑥ 或通过制度形成后仍需要行动者持续支持及某些局部领域的行动者也会通过对制度的再解释（reinterpretation）、背离

---

① Be'land, D. (2005). Ideas and Social Policy: An Institutional Perspective. *Social Policy & Administration*, Vol. 39, No. 1, pp. 1 – 18.

② 话语（discourse，也译作商谈）是关于交流的交流，是在行动的情境下对未达成的共识的一种反思性交流，其功能在于更新或修复未达成的共识，并重新建立社会秩序的理性基础。同时，哈贝马斯认为意义是关乎主体间的，而非一种客观事物。哈贝马斯借鉴了德国语言学理论家卡尔·比勒的理论，比勒将语言定义为人们交流关于这个世界的知识的工具，比勒赋予语言三种功能，分别对应第一、第二、第三人称视角，这三种功能是：代表事态的"认知"功能、向听话人提出要求的"诉求"功能、描述说话人经历的"表达"功能（芬利森：《哈贝马斯》，邵志军译，译林出版社，2010，第 30～40 页）。

③ Schmidt, V. A. (2010). Taking Ideas and Discourse Seriously: Explaining Change through Discursive Institutionalism as the Fouth "New Institutionalism". *European Political Science Review*, Vol. 2, No. 1, pp. 1 – 25.

④ Lieberman, E. S. (2001). Causal Inference in Historical Institutional Analysis: A Specification of Periodization Strategies. *Comparative Political Studies*, Vol. 34, No. 9, pp. 1011 – 1035.

⑤ Thelen, K. and S. Steinmo. (1992). Histotical Institutionalism in Comparative Politics. In S. Steinmo, K. Thelen, and F. Longstreth (eds.), *Structuring Politics: Historical Institutionalism in Comparative Analysis*. Cambridge: Cambridge University Press, p. 8.

⑥ Williamson, O. (2000). The New Institutional Economics: Taking Stock, Looking Ahead. *Journal of Economic Literature*, Vol. 38, No. 3, pp. 595 – 613；埃莉诺·奥斯特罗姆：《制度性的理性选择：对制度分析和发展框架的评估》，载保罗·A. 萨巴蒂尔编《政策过程理论》，彭宗超等译，生活·读书·新知三联书店，2004，第 48 页。

(defection)来改变局部制度,① 或通过引入理念,从而试图将行动分析带入制度变迁分析中来。但是,新制度主义视角本身内在的制度和行动之间的张力问题并没有得到很好的解决。如果这一问题不能得到很好的解决,则论述就会陷入制度决定论或行动决定论的窠臼,进而不能很好地把握社会政策过程。本书在通过引入吉登斯的结构化理论来消解新制度主义中行动和制度之间张力问题的基础上,借鉴新制度主义中的制度、制度化、制度叠加等概念来展开社会政策的过程研究。

第三节 资源理论研究

政策首先是"重要资源的结构化承诺"②,政策行动者改变或者需要超越"条块分割"的格局,形成联盟来推进政策,这就涉及资源配置的结构问题。关于资源的理论主要有社会福利学中的权力资源理论、社会运动领域的资源动员理论、组织管理领域的资源依赖理论、市场营销学中的资源优势理论、社会学中的社会资源理论、社会学制度主义中有关资源的观点、乔纳蒂关于资源对制度结构的影响以及吉登斯关于资源的观点等。

一 资源对行动者的意义

资源的重要性不言而喻,往往是其他学术概念(如权力、交换等)的基础,但研究者却多将其视为生产要素,仅强调对行动者而言资源所具有的工具重要性,并多将其视为是可流动的。资源有时以其他概念的形式出现,如资本、权威、能力等。但仍然存在以资源为核心概念命名的理论,如权力资源理论(Power Re-

---

① Hall, P. A. and K. Thelen. (2009). Institutional Change in Varieties of Capitalism. *Socio-Economic Review*, Vol. 7, pp. 7 – 34.
② Schaffer, 转引自 H. K. 科尔巴奇《政策》,张毅、韩志明译,吉林人民出版社,2005,第 21、22、100 页。

sources Theory)、资源动员理论（Resource Mobilization Theory）、资源依赖理论（Resource Dependence Theory）、资源优势理论（Resource Advantage Theory）以及社会资源理论（Social Resource Theory）等。

（一）权力资源理论

源于北欧的权力资源理论在20世纪七八十年代比较盛行。这种理论认为福利制度是资本主义国家中工人阶级在政治民主体制内斗争的产物，与拥有经济资源的资本家相比，工人阶级凭借一人一票形成民主体制内的政治多数，可以与资产阶级相抗衡，① 其中资源主要指的是经济资源和政治资源，具体来说，资本家控制经济资源，而社会民主党、工党等工人阶级组织拥有一人一票的政治资源。

（二）资源动员理论

社会运动理论中的资源动员理论一般将资源分为物质资源和非物质资源两种形式，包括资金、组织设置、劳动力、通信工具、合法性、忠诚度、权威、道德承诺、团结等。② 该理论认为社会失序所导致的怨恨或被剥夺感不能自动地或轻易地转化为社会运动，只有在这些怀有怨恨或被剥夺感的群体能组织、动员资源的情况下社会运动才会发生，强调社会运动的核心组织在资源积累、维持、结构化、使用及配置方面的关键作用。③

---

① Korpi, W. (1983). *The Democratic Class Struggle*. London: Routledge & Kegan Paul.
② Canel, E. (1992). New Social Movement Theory and Resource Mobilization Theory: The Need For Integration. In W. K. Caroll (ed.), *Organizing Dissent*. Canada: Garamond Press, pp. 22 – 51.
③ McCarthy, J. D. and M. N. Zald. (1973). *The Trend of Social Movements in America: Professionalization and Resource Mobilization*. Morristown, New Jersey, NJ: General Learning Press; McCarthy, J. D. and M. N. Zald. (1977). Resource Mobilization and Social Movements: A Partial Theory. *American Journal of Sociology*, Vol. 82, No. 6, pp. 1212 – 1241.

(三) 资源依赖理论

组织管理领域的资源依赖理论认为组织存在于由其他组织组成的环境之中，组织生存的关键是获取和维持资源的能力，它们由于需要资源而对其他组织具有依赖性，而且环境中资源的供给或多或少都有稀缺性，这样对资源的需求就构成了组织对外部的依赖；但是该理论强调，环境中的限制因素并不是预先确定的，组织的社会环境本身就是社会参与者行动的结果，限制因素是可以被清除的，管理的一项重要职能就是影响这些参与者，并作为设定自己环境的手段。[①]

(四) 资源优势理论

市场营销学中的资源优势理论中的资源概念指的是对公司而言有用的有形和无形的实体，使公司可以有效率或有成效地生产细分市场 (marketing segments) 所需的市场供给物。资源不仅包括土地、劳动力和资本，还可以被类型化为金融的（如现金资源、金融市场的可及性）、物质的（如厂房、设备）、法律的（如商标、许可证）、人力的（如雇员的知识和技术）、组织的（如能力、控制、政策、文化）、信息的（如从消费者和竞争性信息机构处获得的知识）和关系的（如跟供方和消费者的关系）资源。资源优势理论认为同一行业内部不同公司的资源禀赋很多是异质的、非流动性的，而在细分市场中公司所具有的资源优势决定了其在市场中的地位。该理论被认为结合了对公司行为而言属于外部环境的异质需求理论，以及决定公司行为能力的资源基础理论。[②]

[①] 杰弗里·菲佛、杰勒尔德·R. 萨兰基克:《组织的外部控制：对组织性资源依赖的分析》，闫蕊译，东方出版社，2006，第 2～7、21～22 页。

[②] Hunt, S. D. and D. B. Arnett. (2003). Resource-Advantage Theory and Embeddedness: Explaining R-A Theory's Explanatory Success. *Journal of Marketing Theory and Practice*, Vol. 11, No. 1, pp. 1–17.

(五) 社会资源理论

社会资源理论认为资源是社会中一致确定的有价值的物品，林南将资源分为个人资源和社会资源。个人资源由个体占有，个体能够自由地使用和处理它们而不会过多地考虑补偿。社会资源是个体通过直接和间接的社会网络联系可以接触到的资源，对这些资源的接触和使用是暂时的、借来的。例如，一个朋友（或朋友的朋友）的职业地位或权威地位可以成为个体自我的社会资源。后来，林南将社会资源理论纳入对社会资本理论的讨论中。[①]

社会资本理论可以追溯到布迪厄（P. Bourdieu）和科尔曼（J. S. Coleman）对社会资本的讨论。布迪厄将资本分为四类：经济资本、文化资本、社会资本和符号资本。[②] 其中，社会资本是实际的或潜在的资源的集合，资源与某种程度上制度化的、由相互熟悉或承认而结成的对关系网络的占有有关。[③] 科尔曼认为，与物质资本和人力资本不同，社会资本本质上存在于行动者之间或行动者之中的关系结构，会促进结构中行动者的某种行动，并区分了三种形式的社会资本：义务与期望（obligations and expectations）、信息渠道（information channels）和社会规范（social norms）。[④] 总的来说，社会资本理论认为社会资本是社会结构或社会网络的嵌入性（embeddedness）的产物，强调社会性（sociality）

---

① 林南：《社会网络与地位获得》，俞弘强译，《马克思主义与现实》2003 年第 2 期。
② 皮埃尔·布迪厄、华康德：《实践与反思——反思社会学导引》，李猛、李康译，中央编译出版社，1998，第 161、219 页。
③ Bourdieu, P. (1986). The Forms of Capital. In J. Richardson (ed.), *Handbook of Theory and Research for the Sociology of Education*. New York: Greenwood, pp. 241-258.
④ Coleman, J. S. (1988). Social Capital in the Creation of Human Capital. *The American Journal of Sociology*, Vol. 94, Supplement: Organizations and Institutions: Sociological and Economic Approaches to the Analysis of Social Structure, s95-s120.

赋予行动者的能力，行动者可以据此来影响稀缺资源的获得和分配。①

上述理论均突出了资源的属性特征，资源在某种意义上是权力、能力的根源，资源会影响行动者/组织的权力行使以及行动能力，但同时，资源的分布状态也意味着一种客观存在的结构关系，比如资源依赖理论、资源优势理论甚至资源动员理论都强调了资源的不易流动特征，尽管这一客观结构关系并非恒定不变。

二 制度与资源之间的关系

关于制度与资源之间关系的论述，主要有社会学制度主义关于资源的观点以及乔纳蒂关于资源对制度结构的影响的观点。社会学制度主义认为组织多样性的根源之一在于资源环境不同。② 乔纳蒂在关于中国"自我撤离型"体制改革的论述中，突出了网络内资源的吸引或攫取、网络（制度结构关系）收缩与网络外的资源增长之间的关系，认为中国改革之所以能避免"自我耗竭式演进"的路径，其原因在于中国制度结构的分权特征，使得政府可以通过网络的自我收缩/自我撤退（制度收缩）来刺激经济增长（网络外资源）。乔纳蒂关于制度外的资源对制度维持作用的论述

---

① Portes, A. (1995). Economic Sociology and the Sociology of Immigration: A Conceptual Overview. In Alejandro Portes (ed.), *The Economic Sociology of Immigration: Essays on Networks, Ethnicity, and Entrepreneurship*. New York: Russeu Sage Foundation, pp. 6 – 16.

② 沃尔特·W. 鲍威尔：《拓展制度分析的范围》，载沃尔特·W. 鲍威尔、保罗·J. 迪马吉奥编《组织分析的新制度主义》，姚伟译，上海人民出版社，2008，第196页；资源依赖理论跟社会学制度主义之不同还在于在追求稳定（stability）和合法性（legitimacy）的过程中关于权力与控制的想法不同，在资源依赖那里，正式的控制系统在本质上不仅仅是技术性和中性的，其本身即构成权力［Helmig, B., M. Jegers, and L. Lapsley. (2004). Challenges in Managing Nonprofit Organizations: A Research Overview. *International Journal of Voluntary and Nonprofit Organizations*, Vol. 15, No. 2, pp. 101 – 116］。

凸显了资源对制度的重要性。①

第四节 结构化理论

一 新制度主义的二元矛盾：制度和行动

制度和行动对政策过程研究而言都是不可或缺的维度，没有行动就谈不上政策（制定）过程，没有制度就意味着政策结果的随机性和偶发性，这显然不符合实际。而在既有的新制度主义文献中，常常将制度和行动看作两相区分的本体性概念，往往落入制度决定论或行动决定论的窠臼。历史制度主义常常采取折中的权宜之策，即有时采用理性选择制度主义的"计算方法"（calculus approach），有时采用社会学制度主义的"文化方法"（cultural approach），往往从制度失效（如置换、漂移、转换）或制度留白处（如叠加）看到行动的作用，霍尔将理念引入也被批评为工具性使用。② 同时，受到解析性转向（interpretative turn）的影响，为修正制度决定论倾向，历史制度主义开始加入更多的建构主义或后现代的因素，试图将人的能动性更好地整合进结构因素中，比如理念被赋予更大的权重。海和温科特认为上述折中方法会造成历史制度主义的"社会本体论"（social ontology）混乱，由此提出用吉登斯的二重性（duality）来取代二元论（dualism），以弥补历史制度主义的不足。③

制度和行动对政策过程研究至为重要，但在新制度主义框架内还不能说有很好的消解两者之间张力的办法，故本书将引入吉登斯的结构化理论以及吉登斯关于资源的观点来弥补新制度主义

---

① 玛利亚·乔纳蒂:《自我耗竭式演进》，李陈华、许敏兰译，中央编译出版社，2007，第75~77页。

② Carstensen, M. B. (2011). Ideas Are Not as Stable as Political Scientists Want Them to Be: A Theory of Incremental Ideational Change. *Political Studies*, Vol. 59, pp. 596–615.

③ Hay, C. and D. Wincott. (1998). Structure, Agency and Historical Institutionalism. *Political Studies*, XLVI, pp. 951–957.

的不足。需要指出的是，在本书中，结构化理论并不是对新制度主义的取代，而是将结构化理论结合进新制度主义的视角中，为其提供更为坚实的本体论和方法论基础。

二 结构化理论：用二重性取代二元论①

吉登斯在批判强调客体的结构主义和强调行动者能动性的解释社会学的基础上提出了自己的结构化理论。吉登斯结构化理论的主要论著包括《社会学方法的新规则：一种对解释社会学的建设性批判》和《社会的构成：结构化理论大纲》，这两本书都对能动行为（agency）、结构和社会转型（social transformation）问题进行了阐述。本书将从关于行动和结构的观点、资源的观点以及变迁的观点三方面来阐明该理论对新制度主义所做的补充。

（一）关于行动和结构的观点

与三种新制度主义不同，结构化理论认为社会科学研究的主要领域既不是个体行动者的经验，也不是任何形式的社会总体的存在，而是在时空向度上得到有序安排的各种社会实践，并将时空中的社会实践视为结构化理论的本体论。②将社会实践或者说行动流视为本体论本身就取代了制度和行动二分的二元论（dualism），结构化理论持二重性（duality）观点，认为行动流同时具有结构性特征和能动性。并不是行动流本身外在地呈现结构性特征，而是结构性特征表现在人对自己之前的行为并且也期待他人如此行动的反思性监控中。因此，吉登斯强调"实践意识"③或者说"意义框架"④的

---

① 本部分内容参考了笔者发表于《中央民族大学学报》（哲学社会科学版）2015年第2期的文章《制度、行动与行动流——新制度主义与结构化理论》。
② 安东尼·吉登斯：《社会的构成：结构化理论大纲》，李康、李猛译，生活·读书·新知三联书店，1998，第61~63页。
③ 安东尼·吉登斯：《社会的构成：结构化理论大纲》，李康、李猛译，生活·读书·新知三联书店，1998，第67页。
④ 安东尼·吉登斯：《社会学方法的新规则：一种对解释社会学的建设性批判》，田佑中、刘江涛译，社会科学文献出版社，2003，第167页。

重要性，认为一个社会中某种共享的意义框架是解决主体间性（或者说如何理解他人）问题的重要媒介，因此将理解构想为人类社会的本体论条件。① 吉登斯认为在日常生活中，我们倾向于遵循这样一个等式："能动行为" = "道德责任"（moral responsibility） = "道德正当性的情景"。② 正当性的社会情景通过语言转化为他人的理解，③ 即通过共享语言的表达来解决主体间性问题。④ 从上述逻辑链条中可以看出，社会生活是由人们具有反思性监控的社会实践或者说行动流构成的，其中结构作为记忆痕迹内在于人的活动，既是活动的中介又是活动的结果，⑤ 并且兼具使动性和制约性（enabling and constraining）。⑥

吉登斯认为制度化实践是指在时空之中最深刻地积淀下来的那些实践活动。⑦ 他把在社会总体再生产中包含的最根深蒂固的结构性特征称为结构性原则，而将在社会总体再生产中时空伸延程度最大的那些实践活动称为制度，⑧ 所以制度这一概念是包含于结构中的。因此，结构化理论关于结构和行动之间关系的论述也同样适用于制度和行动之间的关系。

---

① 安东尼·吉登斯：《社会学方法的新规则：一种对解释社会学的建设性批判》，田佑中、刘江涛译，社会科学文献出版社，2003，第219页。
② 安东尼·吉登斯：《社会学方法的新规则：一种对解释社会学的建设性批判》，田佑中、刘江涛译，社会科学文献出版社，2003，第158页。
③ 安东尼·吉登斯：《社会学方法的新规则：一种对解释社会学的建设性批判》，田佑中、刘江涛译，社会科学文献出版社，2003，第148页。
④ 安东尼·吉登斯：《社会学方法的新规则：一种对解释社会学的建设性批判》，田佑中、刘江涛译，社会科学文献出版社，2003，第135、142页。
⑤ 安东尼·吉登斯：《社会的构成：结构化理论大纲》，李康、李猛译，生活·读书·新知三联书店，1998，第263页。
⑥ 安东尼·吉登斯：《社会的构成：结构化理论大纲》，李康、李猛译，生活·读书·新知三联书店，1998，第263页。
⑦ 安东尼·吉登斯：《社会的构成：结构化理论大纲》，李康、李猛译，生活·读书·新知三联书店，1998，第85页。
⑧ 安东尼·吉登斯：《社会的构成：结构化理论大纲》，李康、李猛译，生活·读书·新知三联书店，1998，第79~80页。

(二) 关于资源的观点

结构化理论关于资源的观点是与其行动者的观点联系在一起的。结构化理论认为行动者具有能动性。能动性不仅是指人们在做事情时所具有的意图,而且首先指他们做这些事情时所拥有的能力,[①] 并认为个体有能力"改变"既定事态或事件进程,这种能力正是行动的基础,[②] 而能力自然包括制度中被反复使用的规则和资源。[③] 资源是社会系统的结构化特征,吉登斯将资源分成两类:一类是配置性资源,指对物体、商品或物质现象产生控制的能力,或者更准确地说,指各种形式的转换能力;二是权威性资源,指对人或者行动者产生控制的各种转换能力。吉登斯强调配置性资源和权威性资源是社会变迁的"杠杆",并认为资源只有存在于结构化过程中才有意义。[④] 个体使自己与规则和资源"保持距离",策略性地接近这些规则和资源。[⑤]

(三) 关于变迁的观点

结构化理论关于变迁的观点主要有两个层面:一是"有意图举动的未预期后果"(unintended consequences of intended acts)[⑥];另一是一种传统或文化对自身的超越以及两种文化之间的对话。[⑦] 吉登斯借鉴了语言学理论,认为语言首先是一种符号或符号系统,但它不只是甚至不主要是一种"可能性描述"的结构,它还是实

[①] 安东尼·吉登斯:《社会的构成:结构化理论大纲》,李康、李猛译,生活·读书·新知三联书店,1998,第69页。
[②] 安东尼·吉登斯:《社会的构成:结构化理论大纲》,李康、李猛译,生活·读书·新知三联书店,1998,第76页。
[③] 安东尼·吉登斯:《社会的构成:结构化理论大纲》,李康、李猛译,生活·读书·新知三联书店,1998,第77~78页。
[④] 安东尼·吉登斯:《社会的构成:结构化理论大纲》,李康、李猛译,生活·读书·新知三联书店,1998,第98~99、378~380页。
[⑤] 安东尼·吉登斯:《社会学方法的新规则:一种对解释社会学的建设性批判》,田佑中、刘江涛译,社会科学文献出版社,2003,第55页。
[⑥] 安东尼·吉登斯:《社会学方法的新规则:一种对解释社会学的建设性批判》,田佑中、刘江涛译,社会科学文献出版社,2003,第165页。
[⑦] 安东尼·吉登斯:《社会学方法的新规则:一种对解释社会学的建设性批判》,田佑中、刘江涛译,社会科学文献出版社,2003,第138页。

践社会活动的中介,① 通过将语言学（共享语言）作为中介,自我理解和理解他人成为可能。② 经过深思熟虑的语言不仅仅是言说行动产生和对话达成的条件,也是言说和对话达成的无意识后果。③

到此为止,本章回顾了西方相关理论视角的适用性以及中国社会政策研究的相关文献、制度主义理论视角、与资源相关的理论观点以及吉登斯的结构化理论,上述文献对本书的贡献有四点：一是韩博天关于中国政策试点的研究以及中国政策风格的相关论述能够跟农保政策过程中的试点模式结合起来；二是制度的视角以及资源相关理论对政策过程研究的重要性,政策过程是在一定制度的约束和使能下展开的行动,各类资源的分布状况会影响行动者之间的互动过程；三是对科层制的梳理使得作为政策过程的主要活动场域的中国行政科层体系的特点凸显出来,使之成为政策过程展开的背景和基调；四是用吉登斯的结构化理论来消解新制度主义中制度和行动之间的张力问题。本书将在借鉴上述文献贡献的基础上,通过引入吉登斯的结构化理论为（历史）制度主义提供更为坚实的本体论基础,并借鉴新制度主义中有关制度、制度化、制度叠加、制度变迁等概念来展开社会政策的过程研究,研究框架及研究方法详见下一节。

第五节 研究框架

一 理论视角与中国社会政策过程研究的适切性

（一）主要理论视角

本书主要借鉴了吉登斯的结构化理论和其关于资源的观点以

---

① 安东尼·吉登斯：《社会学方法的新规则：一种对解释社会学的建设性批判》,田佑中、刘江涛译,社会科学文献出版社,2003,第81页。
② 安东尼·吉登斯：《社会学方法的新规则：一种对解释社会学的建设性批判》,田佑中、刘江涛译,社会科学文献出版社,2003,第129、135、142页。
③ 安东尼·吉登斯：《社会学方法的新规则：一种对解释社会学的建设性批判》,田佑中、刘江涛译,社会科学文献出版社,2003,第232页。

及新制度主义视角。结构化理论强调行动者反思性监控下的行动流的二重性特征,即行动者的能动性以及作为行动者的记忆痕迹或者意义框架而存在的制度,消解了新制度主义中制度和行动的二分法,使得制度和行动同时被整合进行动者的行动流中,从而使政策过程分析可以避开非此即彼的决定论倾向。同时,结构化理论强调资源对行动者能力的构成性作用,呼应了笔者对现实政策过程中资源重要性的观察。结构化理论将行动者的能动性以及制度的局限性和使能性同时纳入政策过程中来,由此可以考察行动者之间的互动模式来理解政策过程。另外,尽管结构化理论本身具有制度和制度变迁等的相关内容,但是,具体到政策过程领域,仍需要借鉴新制度主义视角和概念来分析政策过程。

(二) 理论视角与政策过程研究的适切性

韩博天和裴宜理强调了中国政策风格的政治－行政性以及独特方法等特征。[1] 这一总结事实上体现了中国政策风格同时兼具行动面向和制度面向,两者体现在政策过程中行动者互动的行动流中。因此,结合了结构化理论的新制度主义具有分析中国社会政策过程的适切性。政策的行动面向首先在于政策决策权的弥散性和工作方法的灵活性。政策决策权是弥散的并多局限于"条块分割"的行政科层体系内,很多层级和系统具有决策权,政策的产生及推行往往又有独特的行动性方法,比如"大众动员"、"派驻工作组"、"政策试点"等,这些方法同行政科层体系上传下达的行政执行方式有很大区别,具有很强的运动性(行动面向)。但同时,政策又表现出很强的模式化特征,比如,政策往往采取常规工作方法如试点模式进行,同时,政策结果往往形成"制度叠加",即使一个省份内部也可能同时存在一种政策的三个不同版本,各版本最终成为

---

[1] Heilmann, S. and J. Perry. (2011). Embracing Uncertainty: Guerrilla Policy Style and Adaptive Governance in China. In S. Heilmann and J. Perry (eds.), *Mao's Invisible Hand: The Political Foundations of Adaptive Governance in China*. Cambridge: Harvard University Asia Center, pp. 19–22.

悬浮在基层的一个个"飞地",而试点模式以及制度叠加会作为制度影响行动者的意义框架进而影响其行动。可见,制度和行动是中国社会政策过程的显性构成因素,因此,用结构化理论以及将其进一步具体化的新制度主义相关概念来分析政策过程是适切的。

二 研究框架

根据上述理论视角的相关论述,本书的研究框架如图 2 – 1 所示。

```
┌─────────────┐    ┌─────────────────────────────────────────────┐
│ "条块分割"的 │    │                                             │
│ 基础制度环境 │    │ 试点模式下行动    政策型构                  │
│ ┌─────────┐ │───→│ 者之间的互动过程 → (configuration) → 制度化 │
│ │ 资源结构 │ │    │                                             │
│ └─────────┘ │    │                                             │
└─────────────┘    └─────────────────────────────────────────────┘
       ↑                           │
       └───────────────────────────┘
```

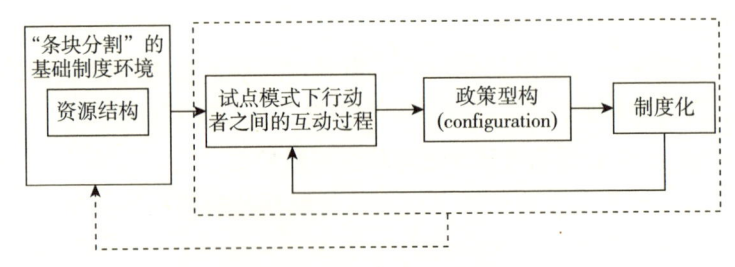

图 2 – 1 政策过程分析框架

政策过程分析框架中的基础制度环境指的是政党 – 国家组织结构中"条块分割"的行政科层体系。资源结构指的是凝结在制度结构中并可以被行动者利用的各种属性的资源(主要包括权威性资源、组织性资源和资金等配置性资源)的分布状态。政策型构指的是农保政策的措施组合结构,是行动者利用资源来实现其意图的互动过程的产物,而这一措施组合会随着时间的流逝在试点地区沉淀固化或者说制度化,同时,政策的制度化反过来又会影响政策试点模式下行动者之间的互动过程。从图 2 – 1 可以看出,基础制度环境和资源结构属于外生变量,这两个外生变量会直接影响农保政策过程中行动者之间的互动过程。具体来说,资源结构会直接影响行动者互动过程中"条"、"块"之间的力量对比关系进而影响政策型构,经过时间的沉淀,政策型构会跟组织、社会相嵌而进一步稳定化、制度化,从而进入自我强化的发展路径。一段时间后,有改变意向的行动者会评估既有政策的制度化情况、可资利用的资源情况以及地方现阶段的经验（先行经验），进而决定是否重新启动新一轮的政策试点模式过程。基础制度环境是行动者采用试点模式推进政策的环境脉络，行动者试图改变但却无法轻易改变这一基础制度环境，但从更长的时间来看，政策试点过程必将会影响到基础制度环境及其资源结构（虚线箭头）。本书涉及的主要时间跨度是从 1986 年到 2014 年，是一个比较长的过程，图 2-1 各部分之间是一种因果链条关系。①

三 相关概念界定

本部分将对本书中重要的相关概念（即政策过程、制度、资源结构）进行界定。

（一）政策过程的界定

根据施拉格的看法，"过程"一词可以被理解为行动、事件和决策的进行，因此，对政策制定过程的解释，其重点放在行动、事件和决策的进行上，而非权威性的决策本身。② 吉尔伯特（N. Gilbert）和特勒尔（P. Terrell）认为，过程研究最关心的问题是社会政治组织、政府以及利益团体的相互关系和相互作用是如何对政策制定产生影响的，形式上通常是对决策中的政治和技术投入的个案研究，过程研究随时间轴和分析层面的变化而变化。③ 此外，需要特别指出的是，政策过程也是观察内生性制度变迁的一个窗口。皮尔逊认为政策研究将是制度变迁研究的前沿，提出

---

① 皮尔逊认为，我们往往将因果关系想象成一种直接的连接，即 "x 直接产生 y"（x directly yields y），但是在许多情况下因果关系被表述为因果链条（causal chains），即 "x 启动 a、b、c 序列/结果，其后产生 y"（x initiates the sequence a, b, c, which yields y）。[Pierson, P. (2004). *Politics in Time: History, Institutions, and Social Analysis.* Princeton: Princeton University Press, p. 87.]

② 埃德拉·施拉格：《政策过程的框架、理论和模型比较》，载保罗·A. 萨巴蒂尔编《政策过程理论》，彭宗超等译，生活·读书·新知三联书店，2004，第 313 页。

③ N. Gilbert、P. Terrell：《社会福利政策导论》，黄晨曦、周烨、刘红译，华东理工大学出版社，2003，第 22~23 页。

"从制度发展到政策发展"。① 英格拉姆（H. Ingram）、施耐德（A. L. Schneider）和德利翁（P. Deleon）是少数几个注意到政策在制度黏性和制度变迁中的作用的学者，她们借用社会学、人类学和心理学关于社会建构的观点，认为政策设计会将多元主义和制度主义联结为协同（synergy），会再生产既有制度，也会离开既有路径发生变化。② 因此，政策过程研究对观察制度变迁——制度黏性或者说路径依赖以及制度的内生、外生性变化——而言是一个非常好的场域。

在本书中，"政策过程"是指在不同层面的制度约束和使能的情况下，行动者之间的相互关系和相互作用影响政策从酝酿到出台、执行、反馈、萎缩再到重新开始酝酿、出台、执行、反馈等一系列相关过程。

（二）制度的界定

政策过程涉及多个层面的制度，③ 本书为分析所需将在三个层次上定义制度。首先，政策过程展开的主要场域——"条块分割"的行政科层体系——是基础性制度结构，是所有行动者互动依托的基础制度环境；其次是在"制度化"的意义上使用制度这一术语，认为政策型构（政策的措施组合）经"制度化"后会成为制度；最后，采用历史制度主义对制度的定义，将第三个层次的制度定义为"组织间结构化的互动关系"，政策试点模式中的主要行动者——职能部委和基层地方政府——之间稳定的组织间结构化

---

① Pierson, P. (2004). *Politics in Time: History, Institutions, and Social Analysis*. Princeton: Princeton University Press, pp. 165 – 166.
② Ingram, H., A. L. Schneider, and P. Deleon. (2007). Social Construction and Policy Design. In P. A. Sabatier (ed.), *Theories of the Policy Process*. Cambridge: Westview Press.
③ 关于制度的多层面分析，可详见埃莉诺·奥斯特罗姆《制度性的理性选择：对制度分析和发展框架的评估》，载保罗·A. 萨巴蒂尔编《政策过程理论》，彭宗超等译，生活·读书·新知三联书店，2004，第 80 ~ 83 页，以及 Williamson, O. (2000). The New Institutional Economics: Taking Stock, Looking Ahead. *Journal of Economic Literature*, Vol. 38, No. 3, pp. 595 – 613。

的互动关系即可谓制度。这三个层次制度定义的共享部分在于认为制度体现了组织之间稳定的结构化关系。需要指出的是，第三个层次的制度——组织间结构化的互动关系——同时具有制度性和行动性的特征，这一层次的制度典型地体现了政策过程中既有制度又有行动的特点，可以说也非常契合吉登斯行动流概念的二重性特征，而这也跟既有文献揭示的中国政策风格的政治 - 行政性以及独特方法等特征相契合。

需要说明的是，上述农保政策三个层次的制度之间的关系并不是并列的，而是类似于一种嵌套关系。一般来说，最为原则性的、最深层次上的制度变迁更难以实现，成本也更高。

（三）资源结构的界定

从前面有关资源的理论论述中可以看出，资源所指广泛，涵盖知识、时间、团结感、经济资源、政治资源（权力）、社会资本、制度资本、配置性资源、权威性资源等。

本书在借鉴结构化理论等关于资源的观点的基础上，将资源具体分成三类，即权威性资源、组织性资源和配置性资源，并将三者的不同组合类型称为资源结构，如在权威性资源和组织性资源的关系中，配置性资源跟两者的不同结合形成的资源结构类型是不同的。在政策试点过程中，职能部委具有事实上的政策动议权，同时在业务方面具有自上而下的业务指导权限，具有权威性资源；基层地方政府拥有覆盖行政区域的组织实体及管辖网络，具有直接动员、组织社会的能力，即组织性资源。除此两者之外，配置性资源主要是以行动者可以带入政策过程中或依据政策从社会中抽取的资金为主。本文使用"资源结构"作为解释政策过程及制度变迁的核心概念之一，认为资源结构是行动者维持或变更政策的能力来源。

四 研究方法

（一）文献法

本书收集了社保领域的相关国家政策文件，地方出台的政策文件，对农保政策的各种官方宣传资料、相关新闻报道及其他相关历史文献资料，另外，社会政策领域内的其他资料也会被作为二手材料使用。

（二）深度访谈法

笔者曾于 2009 年至 2010 年，对中西部三个省的三个市县做了实地调研，对相关负责人及当地农民做了深度访谈。本书在涉及具体的省、市、区、县、乡、镇、村以及访谈对象时均进行了匿名化处理，省、市、区、县、乡、镇、村名均用英文字母来替代，访谈对象则用某负责人、某政策研究员等称谓指代。具体调研情况是：2009 年秋笔者去中西部 C 省 c 市做社保政策城乡一体化方面的调研，2010 年春去中西部 A 省 a 市和 B 省 b 县做有关新农保试点情况的调研。调研期间，通过实地参与社保政策调研会议（会议参与者有社会政策研究员、社保系统自上而下各层级的相关负责人以及其他相关部门的部分人员）、深度访谈等来收集资料，之后又通过电子邮件、电话等进一步访谈相关政策负责人，了解社保政策的制度结构以及新农保试点政策出台、实施方面的情况，并观察职能部委和 a 市相关部门领导就新农保问题展开的互动。对实施新农保试点的 A 省 a 市和 B 省 b 县 10 个村庄的农村居民进行了问卷调查①和深度访谈，访谈采取的方式为半结构式访谈和开放式访谈。在 2010 年春进行的调研中，笔者亲自做的问卷调查有 33 份、深度访谈的农村居民有 14 名、深度访谈的各级负责人以及农保协理员有 5 名。另外，还收集了大量当地出台的相关政策文件、相关新闻报道和媒体对 a 市社会保障局多位领导的访谈等资料。除此之外，还对参与社会政策研究的 9 名资深研究员进行过十几次开放式访谈。

黄宗智提出的"表述性结构"和"客观性结构"之间的龃龉

---

① 因本次问卷调查的填写质量问题，本研究放弃了对调查问卷进行统计分析。

问题,① 在农保政策资料收集过程中也体现得很明显,比如新农保政策的宣传结构与政策参与者的实践结构之间存在许多偏离,同时人们对老农保政策和新农保政策之间关系的看法也大相径庭。这不仅仅是由新闻报道人员所处的较低的、外围的政策梯次位置决定的,在访谈中笔者发现的一个重要现象是:即便是高层的、深谙农保政策来龙去脉的参与者也在很自然地建构着不同于实践结构的表述结构。因此,为避免基于报道资料、访谈内容、政策文件等资料的研究陷入"用事实表达的虚构故事"② 这一陷阱,需要不断在各种不同资料(实地调研获取的资料、宣传报道、对资深研究员的访谈、参与观察获取的资料)之间进行资料对比,并需要不断反省自身的主观倾向,同时更重要的一点是通过资料与理论之间的对话来分析资料,这样会尽可能地避免观点矛盾的资料带来的大部分困扰。

(三) 比较研究法

除了文献法、深度访谈法之外,本书使用的主要方法还有比较研究法。比较研究法不是对事实内容进行罗列的方法,也不是一种价值关涉判断,而首先是一种因果推理探究。在案例比较研究中,基本的比较方法是密尔(Mill)的归纳逻辑下的求同法(the method of agreement)和求异法(the indirect method of difference)。图 2-2 是对求同法和求异法的总结。③

---

① 黄宗智:《经验与理论:中国社会、经济与法律的实践历史研究》,中国人民大学出版社,2007,第 92~93 页。
② 彼得·伯克:《历史学与社会理论》(第二版),姚朋、周玉鹏、胡秋红、吴修申译,上海人民出版社,2010,第 135~136 页。
③ 对以密尔求同法、求异法为主要方法的小样本案例研究的批判可见 Lieberson, S. (1992). Small N's and Big Conclusions: An Examnination of the Reasoning in Comparative Studies Based on a Small Number of Cases. In C. C. Ragin and H. Becker (eds.), What Is a Case: Exploring The Foundations of Social Inquiry. Cambridge: Cambridge University Press, pp. 105-118。对利伯森的质疑的解释可见拉金著作的第三章 [Ragin, C. C. (1987). The Comparative Method: Moving Beyond Qualitative and Quantitative Strategies. Berkeley: University of California Press]。

- 在比较历史研究中，关键问题是应用密尔的"求同法"和"求异法"
- 上面的表展示的是求同法逻辑；下面的表展示的是求异法逻辑
- 求同法：a－i 完全的不同
  x、y 关键的类似
- 求异法：a－c 完全的类似
  x、y 关键的不同
- x = 偶然性的变量；
  y = 需要解释的现象

事件1	事件2	事件n
a	d	g
b	e	h
c	f	i
x	x	x
y	y	y

正面事件	负面事件
a	a
b	b
c	c
x	not x
y	not y

图 2－2　密尔的求同法与求异法

资料来源：西达·斯考切波《历史社会学的视野与方法》，封积文等译，上海人民出版社，2007，第 400 页。

密尔的求同法和求异法是在归纳逻辑下推究因果关系的比较研究方法，在小样本（small-N）案例研究中常常用来发现因果关联。应用这一方法的著作可见摩尔及其学生斯考切波的著作，而拉金对该方法的应用做了非常深刻的总结。[①] 本书多处使用了比较研究法，但并非处处用求同法和求异法来推究因果关系，有时仅是对背景因素做出比较，突出新老农保阶段可能有不同的影响因素，有时仅对新老农保政策措施做出对比，为新老农保政策型构图式提供证据；本书在分析老农保政策过程时应用了密尔的求异法。

---

① Moore, B. Jr. (1966). *Social Origins of Dictatorship and Democracy*. Boston: Beacon Press；西达·斯考切波：《国家与社会革命：对法国、俄国和中国的比较分析》，何俊志、王学东译，上海人民出版社，2007；Ragin, C. C. (1987). *The Comparative Method: Moving Beyond Qualitative and Quantitative Strategies*. Berkeley: University of California Press.

第三章　农保政策的制度环境及试点模式

本章试图回答本书开头提出的第一个方面研究问题，即：政策试点模式过程究竟是如何展开的？本章由四部分组成：首先，回顾农保政策的历史；其次，分析改革开放前、后社会福利制度组织结构模式的变化；再次，描述农保政策制度环境的"条块分割"格局特征及其稳定性；最后论述农保政策的试点模式。主要论点是"条块分割"的行政科层体系作为基本的制度，对行动者而言，是非常难以改变的，而这也造成政策制定者试图利用这一"条块分割"的特点及分布于其中的资源，采用试点的方式来出台政策。

第一节　农保政策概况

一　老农保政策的历史概况

老农保经历了酝酿、出台部级文件、调研发现问题以及被国务院要求清理整顿一系列过程。1986年4月，第六届全国人大第四次会议通过"七五"计划，提出了建立健全社会保险制度的任务，并且强调抓紧研究建立农村社会保险制度。为落实这一要求，再加上1991年1月，国务院指示民政部选择一批有条件的县进行县级农村社会养老保险试点，民政部即组织有关部门，在高等院校、科研单位的共同参与下进行农村社会福利制度改革探索。① 具体的政策制定过程如下：

  1992年2月，民政部设立农村社会养老保险事业管理办公室，负责全国试点部署和政策方案的制定。该办公室首先深入基层调研，邀请部分省市民政部门进行讨论，总结以往试点经验和研究成果，提出了制定农村社会养老保险政策的一些基本原则。根据这些基本原则，由该办公室拟出政策基本方案的初稿。1991年6月，民政部在山东省牟平等县（市）进行《县级农村社会养老保险基本方案》（以下简称《基本方案》）的实施试点，在地方政府有关部门的参与下，对《基本方案》进行修订。1991年7月，召开农村社会养老保险理论研讨会，就《基本方案》征求一些专家学者的意见。至此，政策方案制定工作基本完成。由上述过程可见，民政部的专门机构是政策制定的主持者，各级地方政府部门（主要是试点地区的民政部门）参与了政策的修订，部分专家、学者扮演了政策咨询者的角色。②

但是，老农保在实际运作过程中出现了一些问题。

---

① 1986年10月，民政部在江苏省沙洲县（现为张家港市）召开了由全国民政厅局长参加的农村基层社会保障工作座谈会（简称沙洲会议）；1987年5月民政部社会保障报社和湖南省民政厅在湖南省岳阳市共同举办了全国农村基层社会保障研讨会（简称岳阳会议）；此后又于1987年11月在河北省石家庄市召开了部分省市农村基层社会保障试点工作座谈会（简称石家庄会议）。这三次会议奠定了我国农村社会保障研究的基础（程为敏：《中国农村社会保障模式研究》，北京大学社会学系博士学位论文，1990）。

② 刘从龙：《农村社会养老保险政策研究》，北京大学社会学系硕士学位论文，1992。

后来在实践中出现了一些问题。一是这种做法是要从农民的腰包里往外拿钱，农民不愿意拿，另外，有的地方不管条件怎样，一哄而上，这样出现了不符合规范的事情。（中央）之所以不同意农村搞社会保障，是因为城镇社会保障体制改革这块，政府已经投入了上万亿，背上了巨大的包袱。领导者考虑到国家财力有限，怕农村这块重蹈城市制度转型的覆辙。①

于是，在1998年政府换届、政府机构改革后，老农保问题引起了高层注意。

1998年机构改革时农保司划归劳动保障部……划的过程中就开始审计了，审计中发现安徽、福建老农保的管理甚至政策方面有问题，所以，一级一级反映到国务院。当届政府"抓大放小"，抓国有企业改革，"重城市，轻农村"、"重国家，轻地方"，并且在社保方面主要是关注下岗职工问题，而对于农村养老保险的意见则是有高层指示"农民参加商保"。②

最终导致老农保在1999年被国家勒令清理整顿，1999年国务院发布《国务院批转整顿保险业工作小组〈保险业整顿与改革方案〉的通知》（国发〔1999〕14号文件）③，指出："目前我国农村尚不具备普遍实行社会保险的条件。对民政系统原来开展的'农村社会养老保险'，要进行清理整顿，停止接受新业务，区别

---

① 2001年4月对劳动和社会保障部农村社会保险司工作人员的访谈（杨刚：《农村养老资源的制度性建构——沿海两地三村养老保障制度实证研究》，北京大学社会学系博士学位论文，2002）。
② 2010年5月对A省相关负责人的访谈。
③ 叫停老农保距离发布《国务院办公厅转发民政部关于进一步做好农村社会养老保险工作意见的通知》（国办发〔1995〕51号）仅4年时间。

情况，妥善处理，有条件的可以逐步将其过渡为商业保险。"① 由此，老农保进入清理整顿期。据统计，到 1998 年底，全国有 2123 个县 65% 的乡（镇）开展了这项工作，参保人数达到 8025 万人；② 但是在清理整顿期间，全国有 300 多个县取消了农保制度，剩下的县的农保工作也大都陷入低谷，总参保人数下降至 5000 多万人。③ 上述数字至少说明了两个问题：一是政府清理整顿的要求的确对老农保造成了冲击，约 1/7 的县、40% 的参保人退保；二是政府的命令也没能完全消解已经制度化了的老农保，仍然有 6/7 的县保留了老农保。

二 新农保政策"先行先试"的基本情况

2009 年 9 月 1 日国务院发布《国务院关于开展新型农村社会养老保险试点的指导意见》（国发〔2009〕32 号），从国家政策层面正式启动新型农村社会养老保险政策。新农保政策的任务目标是"探索建立个人缴费、集体补助、政府补贴相结合的新农保制度……与家庭养老、土地保障、社会救助等其他社会保障政策措施相配套，保障农村居民老年基本生活"；跟其他社会保险一样，

---

① "但是这一想法也有失偏颇。因为设计的农村方案是弹性责任，缴费机制是灵活的，不会赖账，不会造成沉重负担。农保不是（城镇保险）那回事儿，两种不同的方法，可能会导致截然不同的后果，不能不顾客观实际。商业保险的运作是富人区原理，政府搞的这个保险是想为大部分农民建立起一种基本的养老保险制度。所以说无论从政策上还是经济上都没有条件向商业保险过渡。现在，我们考虑，贫困地区的就给退保算了，可是一些富裕地区，有的已经积累了几个亿的资金了，农民自己也愿意搞，也有缴费能力，难道也不能再搞吗？政府现在需要很冷静、客观地分析，提出方案来。"（2001 年 4 月对劳动和社会保障部农村社会保险司工作人员的访谈，见杨刚《农村养老资源的制度性建构——沿海两地三村养老保障制度实证研究》，北京大学社会学系博士学位论文，2002。）

② 《新农保：我国农村养老保险事业发展的新启航》，《中国劳动保障报》2009 年 6 月 26 日。

③ 汪泽英、何平等：《建立覆盖城乡居民社会保障体系》，中国劳动社会保障出版社，2010，第 13 页。

由各级人力资源和社会保障部门作为行政主管部门；采取政府主导和农民自愿相结合，引导农村居民普遍参保；养老金由基础养老金和个人账户养老金组成。

其实，在国家新农保政策出台前，从 2003 年开始，北京、江苏、陕西等 25 个省、自治区、直辖市的 300 多个县（市、区、旗）就自行开展了由政府财政补贴的新型农村社会养老保险试点。① 截至 2008 年底，全国自行开展新农保试点的县（市、区）达到 500 个。② 地方开展的新农保在模式上分为三类：一是基础养老金与个人账户相结合模式，采用此类模式的代表地区有北京市和 a 市；二是社会统筹与个人账户相结合模式，即财政和集体补助计入统筹账户，个人缴费计入个人账户，到 2008 年底，江苏省 36 个试点县中有 29 个县及浙江省的慈溪市选择了这种模式；三是个人账户模式，该模式仍沿袭老农保的个人账户形式，但是将新增加的财政补贴、集体补助与个人缴费一起计入个人账户，进行本息滚存，山东烟台、安徽马鞍山等地选择了这种模式。《国务院关于开展新型农村社会养老保险试点的指导意见》（国发〔2009〕32号）这一文件的蓝本即 A 省 a 市的新农保政策。A 省 a 市实施新农保政策的过程如下：

调研员：咱们省怎么想起来要弄个新农保试点出来的？大体的背景和经过是怎样的？

A 省某负责人：1998～2002 年是老农保的清理整顿时期，在 2002 年下岗告一段落（2002 年下岗优惠政策出台），2002

---

① 青连斌：《建立新型农村养老保险制度的有益尝试》，《理论视野》2009 年第 6 期，http://www.doc88.com/p-7925944567982.html，最后访问日期：2014 年 8 月 9 日。
② 何平、武玉宁：《中国农村养老保险可持续发展报告》，载人力资源和社会保障部项目研究小组编《中国农村养老保险制度改革与发展研究报告》（内部资料），2010。

年政策转变，十六届一中全会中提出探索试点。农保司一直在推这件事，向中央反映"政府承担责任"。1998~2002年间计划转（部门），推得慢，2003~2004年、2004~2005年，十六届三中全会后开始三方筹资。部里农保司2005年8月在新疆开会（关于新农保的会议），农保司制定了相关框架性文件，农保司在2004~2005年出了征求意见稿，但由于阻力大没有推出。A省2005年成立农保处，2006年组织调研，十六大一中全会文件中要求探索试点。A省a市用部里的意见稿，具体思路学苏州。①

2009年末，全国共有27个省、自治区的320个县（区）和4个直辖市的部分县（区）作为国家首批新农保试点县（超过10%的县）启动了试点。2010年国家进一步扩大了新农保的试点范围，其中既有重点扩面，又有普遍扩面。重点扩面指在西藏全区和四川、云南、甘肃、青海4个省的藏区县，新疆南疆3个地州及其边境县、国家级扶贫县开展新农保试点，上述地区共有177个县（区）被纳入扩大试点范围，于2010年7月1日开始启动试点。普遍扩面指的是全国其他地区按10%的县（区）比例开展第二批新农保试点，于2010年10月1日启动。另外，各地有300~400个县因为暂时没有被列入国家试点范围而继续实行地方新农保，或者自费开展新农保试点；还有1000多个县要么是老农保处于停滞状态或者退出状态，要么根本就没有开展农保工作。② 从2012年7月开始在全国所有县级行政区全面推开新农保。③ 2014年国务

---

① 2010年5月对A省某负责人的访谈。
② 何平、武玉宁：《中国农村养老保险可持续发展报告》，载何平、Hyung Ju Lee主编《中国农村养老保险制度改革与发展研究报告——可持续性分析》，中国经济出版社，2011。
③ 温家宝：《在全国新型农村和城镇居民社会养老保险工作总结表彰大会上的讲话》，http://news.xinhuanet.com/politics/2012-10/12/c_113355163.htm，最后访问日期：2012年10月12日。

院决定合并新型农村社会养老保险和城镇居民社会养老保险,建立全国统一的城乡居民基本养老保险制度。①

第二节　社会福利制度的组织结构模式变化②

为对农保政策的背景了解得更为清晰,本节将对改革开放这一重大历史分期前、后的社会福利制度的组织结构进行比较分析,并将其类型化来凸显两者的区别。关于福利制度模式的研究,最典型的著作当属考斯塔·艾斯平·安德森的《福利资本主义的三个世界》,模式研究的重要意义在于使我们对各类福利制度的本质特征了解得更为清晰。本节试图从社会福利制度组织结构(organizational structure)之间关系的角度对改革开放前和改革开放后这两个阶段的社会福利制度进行比较分析。从宽泛的角度看,支撑社会福利制度体系的主体主要有四类,即国家、负载政策的组织联结结构、社会以及个人。③ 在社会福利制度领域,国家可以被具体化为行政科层体系内的职能部门,社会可以被具体化为生产系统

---

① 《国务院决定合并新农保和城镇居民养老保险　或将加快城镇化》,2014 年 2 月 8 日,http://news.xinhuanet.com/house/hk/2014-02-08/c_119235758.htm#,最后访问日期:2014 年 3 月 30 日。
② 该节部分内容来自笔者发表于《华东理工大学学报》(社会科学版)2011 年第 1 期的文章《改革开放前后医疗保障制度组织结构比较研究》。
③ 国家-组织连接结构-社会这种制度组织安排的表述体现了国家和社会具有相对自主性。华尔德对工厂与政治不分的描写使人怀疑改革开放前中国社会保障体系中国家和社会是否具有相对自主性(华尔德:《共产党社会的新传统主义:中国工业中的工作环境和权力结构》,龚小夏译,香港:牛津大学出版社,1996)。对于这一疑问,需要做出的解释是,本书论述的改革开放前的社会福利制度模式指的是 1951 年颁布的《劳动保险条例》。由于新中国刚刚成立,在《劳动保险条例》实施之后到"文化大革命"前的社会保障体系制度内的国家和社会仍可以说具有相对自主性,同时,正如华尔德在该书的"中文版序言"中所说,该书"描绘的那种工厂生活状况在很大程度上是'文化大革命'时期的政治气氛的产物",两者在时间上前后错位。另外,改革开放之后的中国由于政企分开等施政措施,可以说国家与社会也具有相对的自主性。

内的诸多企业,同时,社会福利政策关乎参保人个人的直接利益。

社会福利制度是国家和社会之间的体系连接结构,是一种强大的、对社会具有决定性影响的社会机制,是将行动者网结于其中的结构性力量。国家公意、社会私意均要通过这一连接结构实现制度化表达,体现为一种权力和资源的结构化,不同的体系结构安排关涉不同利益相关者或者说不同行动者之间的结构关系。① 因此对福利制度结构的调整就不仅仅意味着对社会问题的矫正,同时还意味着制度的实质性变迁。20世纪70年代②末开始的社会经济转型过程引发了一系列对福利制度结构的调整,尤其体现在组织结构的变化方面。改革开放之前的社会福利制度是根据1951年公布的《中华人民共和国劳动保险条例》创设而来。其间,虽然也有过制度调整,比如1969年财政部发文将原在劳动保险金开支的劳保费用改为营业外列支,但总的来说制度结构特征在相当长的时间内比较稳定。改革开放之后,中国经济体制改革的力量极大地撼动了原来的制度组织结构关系,为制度的组织间出现新的多种可能组合提供了机会。经过二三十年的发展,在社会福利领域,社会福利制度组织结构的典型特征也逐渐趋于稳定,并集

---

① 西方学术界对从凯恩斯干预主义(国有化)向新保守主义(私有化)转型过程中发生的福利制度的变化,多从利益相关者(stakeholders)之间的关系结构的角度来分析,比如针对官僚主义作风的去集权化(decentralizing)、福利三角(welfare triangle)、购买服务合同(purchase of service contracting)、从福利国家到福利社会(from welfare state to welfare society)等的讨论。同时,制度主义者关注"各种制度和各种组织之间的交流联络与行动的实际类型"对公共政策的影响。[Skocpol, T. (1995). Why I am an Historical Institutionalist. *Polity*, Vol. 28, No. 1, pp. 103 – 106.]

② 20世纪70年代发生的石油危机及之后的经济全球化引发了大量对福利国家危机的研究,引起了学者对福利国家福利制度结构调整状态的高度关注〔Mishra, R. (1984). *The Welfare State in Crisis: Social Thought and Social Change*. Sussey: Harvester Press, pp. 101 – 102;保罗·皮尔逊:《拆分福利国家——里根、撒切尔和紧缩政治学》,舒绍福译,吉林出版集团,2007;弗兰茨-克萨维尔·考夫曼:《社会福利国家面临的挑战》,王学东译,2004,商务印书馆〕。

中体现在 1998 年 6 月发布的《国务院关于实行企业职工基本养老保险省级统筹和行业统筹移交地方管理有关问题的通知》(国发〔1998〕28 号)、1998 年出台的《国务院关于建立城镇职工基本医疗保险制度的决定》(国发〔1998〕44 号) 等社保文件中。

从社会福利制度的实际组织形态来看，改革开放前、后两个阶段社会福利的提供主体发生了明显变化。改革开放前主要由工会和企业在国家政策的指导下负责组织实施社会保险，改革开放后主要由人员的编制、薪资及升迁均依靠地方政府的职能机构（主要是社保局、医保局等）来组织实施，社会福利制度组织结构关系经历了从"社会分散化模式"到"行政集中化模式"的转变。

一 改革开放前社会福利制度的组织结构

这一阶段连接国家与社会的组织结构渠道是工会系统，工会虽然是社会/群众团体性质，但是在国家正式建制中承担部分"公"的国家职能，同时，又有"私"的利益，具有追逐自我利益的行动者角色，①"公"、"私"在工会系统中均具有制度化表达；同时，工会系统有自身的组织网络体系，对国家或者社会来说，其组织网络本身就是一种可资利用的制度资本。

该阶段的社会福利制度是根据 1951 年 2 月 26 日由政务院颁布的《中华人民共和国劳动保险条例》创设而来。根据 1954 年 6 月 15 日劳动部、中华全国总工会印发《关于劳动保险业务移交工会统一管理的联合通知》，劳动保险业务移交给全国总工会统一管理，由各级工会统管全部劳动保险工作。《劳动保险条例》规定，保险费占工资总额的 3%，保险费总额的 70% 由企业的基层工会管理，形成劳动保险基金，用于支付职工的劳动保险费用，剩下的

---

① 李立三曾对工会的这两种利益做过区分。李立三"在全国范围内提出'工会代表工人，行政代表国家'的说法，强调工会要保护工人阶级'私'的利益"（鸿剑：《立三其人》，《中国社会保障》2009 年第 10 期）。

30%由全国总工会将其作为全国范围内的调剂基金使用。劳动保险基金每月结算一次,余额全部转入省市工会组织或产业工会全国委员会,作为劳动保险调剂金,用于基层工会组织收不抵支时的补助或举办集体劳动保险事业,全国总工会对此有统筹调用的权力。省市工会组织或产业工会的劳动保险调剂金不足时,可以向全国总工会申请调拨调剂金。各基层工会负责具体业务工作,各级政府的劳动行政机关负责监督。郑秉文等学者认为,改革开放前的社保体系事实上是一种由工会系统主导的制度,主要体现在工会对保险资金的分级管理和使用上。① 这一阶段支撑社会福利制度的组织形态如图3-1所示。

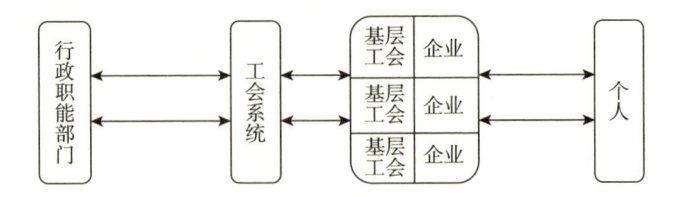

图3-1 改革开放前社会保险组织结构图

因为这一阶段的社会保障主要由工会系统负责实施,全国总工会总括全国各级工会,其下有省、市等各级工会以及产业工会,各级工会之下又有各个企业的工会,并且由这些基层工会负责具体业务的办理,上级的各级工会具有统筹部分资金的功能。这样一来,整个工会系统在组织上与各个企业的联系更为紧密,距离更近。同时,事实上,基层工会系统也对企业按时缴纳保险费负有监督职责,因此,对企业而言,工会又成为可资利用的某种制度资本。但是在整个社会保障体系内,工会是社会/群众团体。尽管工会主导整个社会保障的组织办理工作,但是,作为承担国家部分职能的机构,跟行政科层体系之间在大政方针上又必须具备

---

① 郑秉文、高庆波、于环:《60年回顾:社保理论与社保制度的互动》,《中国社会保障》2009年第10期。

一定的共识，跟现阶段的社会保险经办机构与行政科层体系之间的关系相比，其共识程度相对较低。在个人层面上，个人与自己隶属的企业之间在福利方面的共识区别度和组织区别度①都很低，因为个人能直接通过企业工会反馈自己的福利意见，因此，单位化/组织化的个人就不单单是福利政策的被动受体。从整个社会保障体系来看，这一阶段的社会福利制度结构的主要特征表现为社会福利制度与社会生产系统的结构性融合，② 即无论城市还是农村的社会福利制度均依托于各自领域的生产系统，城市地区的社会福利制度依托于各种类型的企业，与社会之间的区别度较低。因此，本书将该阶段社会福利的制度类型称为社会分散化模式。

二 改革开放后社会福利制度的组织结构

对现阶段社会福利制度的论述始于《国务院关于企业职工养老保险制度改革的决定》（国发〔1991〕33号）、《国务院关于实

---

① 本部分充分借鉴了始自卡岑斯坦的国内结构路径中国家和社会关系思路中的"区别度"（degree of differentiation）概念，区别度意指国家和社会的联系是否紧密；同时也借鉴了里斯·卡彭（T. Risse-Kappen）在卡氏概念的基础上进一步对政策网络中规范的区分——将规范区分为共识（consensual）规范和极化（polarized）规范〔彼得·J. 卡岑斯坦：《权利与财富之间》，陈刚译，吉林出版集团有限责任公司，2007，第378页；Risse-Kappen, T. (ed.) (1995). *Bringing Transnational Relations Back in: Non-State Actors, Domestic Structure and International Institutions.* Cambridge: Cambridge University Press, pp. 22 - 23〕。

② 米什拉将西方福利国家经历石油危机前后两个阶段的福利制度分别称为 Differentiated Welfare State (DWS) 以及 Integrated Welfare State (IWS) 阶段。DWS 阶段即凯恩斯-贝弗里奇阶段，基本上将社会福利政策视为一个自在的领域；而 IWS 阶段即后凯恩斯阶段，基本上将社会福利政策视为一个跟经济政策纠结在一起的领域。虽然从表面上看，西方 IWS 阶段的福利制度跟中国社会福利政策与经济政策的关系很相似，但实际上两者并不相同。同时，需要特别指出的是，跟 IWS 阶段体现的社会福利政策的经济性目的不同，此处强调的中国"社会福利制度跟社会生产系统的结构性融合"是一种制度/组织实态，跟 IWS 这一概念有质的不同。〔Mishra, R. (1984). *The Welfare State in Crisis: Social Thought and Social Change.* Sussey: Harvester Press, pp. 102 - 103.〕

行企业职工基本养老保险省级统筹和行业统筹移交地方管理有关问题的通知》（国发〔1998〕28号）以及《国务院关于建立城镇职工基本医疗保险制度的决定》（国发〔1998〕44号）[①]等文件。上述文件是2010年10月28日出台《中华人民共和国社会保险法》（主席令第35号）之前社会福利政策中制定级别层次最高、规定最为详尽的标志性基本制度框架，该框架结构也成为其后各地方陆续实施的各种社保制度的蓝本，具有事实上的制度结构稳定特征。根据《国务院关于企业职工养老保险制度改革的决定》（国发〔1991〕33号）第9条的规定，劳动部门所属的社会保险管理机构，是非营利性的事业单位，经办基本养老保险和企业补充养老保险的具体业务。1998年行业养老保险统筹移交地方，同时医疗保险的经办管理也明确规定"属地管理"。上述规定在事实上显然将地方政府作为社会福利制度最主要的管理主体纳入社会福利体系中来，各地方政府实施了一系列以城镇职工基本养老保险制度为基本模本的各种类型的保险制度，各地区之间的情况虽然并不完全相同，但大致情况比较类似，主要有城镇职工基本养老保险、城镇居民基本养老保险、农民工养老保险、新型农村社会养老保险四种类型，[②] 分别覆盖城镇职工、城镇居民、改革开放后的新生群体——农民工、农民等群体。由此，改革开放后的福利制度在组织结构体系层面发生了重大变化，其结构关系大体如图3-2（仅以面向城镇职工的社会保险为例）所示。

[①] 该文件明确规定医疗保险制度"实行属地管理"原则，规定"基本医疗保险原则上以地级以上行政区（包括地、市、州、盟）为统筹单位，也可以县（市）为统筹单位"。在组织领导方面要求"各级人民政府要切实加强领导"、"各省、自治区、直辖市人民政府要按照本决定的要求，制定医疗保险制度改革的总体规划"，并由"社会保险经办机构负责基本医疗保险基金的筹集、管理和支付"。据统计，目前在2620个基本医疗保险统筹地区中，大约有85%是区县级统筹地区（王宗凡：《城乡医疗保障体系建设的目标和政策思路》，《社会保障研究》2009年第6期）。

[②] 医疗方面主要有城镇职工基本医疗保险、城镇居民基本医疗保险、农民工医疗保险、新型农村合作医疗4种类型。

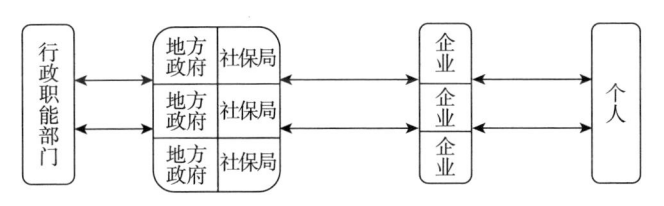

图 3-2　改革开放后社会保险组织结构图

从图 3-2 可以看出，这一阶段社会保险制度的显著特征是"属地管理原则"、地方政府在社会福利领域主体地位的确立、社会保险经办机构隶属行政科层体系。在行政职能部门和企业之间作为联结通道的社会保险经办机构，因为直接隶属地方政府和行政职能部门，其人事编制、薪资、职务评定等均由地方政府决定。同时，由于企业工会社保职能和组织力量的萎缩，企业内部没有约束监督企业缴纳保费的力量存在，同时个人也缺乏应手的制度资本捍卫自己的福利权益，企业和个人之间在社会保障方面的共识以及个人对企业的约束越来越弱化，区别度越来越高，企业变成逐利的经济体，个人由组织化（工会化或单位化）的个人变成了原子化的个人。从此，地方政府成为社会福利制度领域一个主要的行动者。同时，地方政府在组织结构上跟企业之间越来越高的区别度，可能意味着企业在社会福利方面越来越不合作的倾向。根据上述分析，本书将现阶段社会福利制度的类型概括为行政集中化模式。

通过对改革开放前、后两个阶段社会福利制度组织结构的分析可以发现，改革开放导致的原有制度组织结构的松动并没有导致不可预测的多变状态，社会福利制度是沿着一条清晰的路线在调整。改革开放前的典型特征是社会福利制度与生产系统等社会基本结构融合在一起，比如社会福利制度原来附着在企业或集体经济组织体上，即无论城市还是农村的社会福利制度均主要依托各自领域的生产系统。具体而言，城市地区的社会福利制度依托各种类型的企业（主要是国有企业和集体企业），① 由工会系统管理；农村地区的社会福利制度依托原有的集体经济组织——人民公社或生产大队等。改革开放后逐渐成型的社会福利制度的典型特征是"属地原则、地方管理"，社会福利制度安排逐渐依附行政科层体系。社保职能从工会系统转移到地方行政系统，经办权限由一个一个的企业转移到各级政府，缺失了既有制度下原有的众多企业所具有的组织性分权机制，从而造成在社会福利领域内行政力量的内生性增强，其制度结构的行政化色彩越来越浓。同时，由于企业跟社会保险经办机构无论在共识方面还是在组织联系方面的区别度越来越高，造成社会福利制度组织结构跟社会的关联度降低，导致企业在社会福利制度体系内主体地位的弱化以及对社会福利提供的消极倾向，而这对个人与企业之间的社会福利关系也造成了损害。

　　本节从中国社会福利制度60多年的发展历程中截取两个具有相对稳定结构特征的时间段，利用组织结构关系视角对这两个阶段制度的组织结构特征进行了分析，结论是：改革开放前社会福利制度的特征具有工会主导、跟社会生产系统连接紧密的特点；而改革开放之后社会福利制度的组织结构特征跟前一阶段相比，跟行政科层体系的区别度降低了。本书将这两个阶段社会福利制度的类型分别概括为"社会分散化模式"和"行政集中化模式"。选取这两个历史阶段进行分析，并不意味着这两种典型的制度组织结构可以体现社会福利制度的整个历史变迁轨迹，比如，1969年财政部印发《关于国营企业财务工作中几项制度的改革意见（草案）》，② 规定国营

---

① 国家机关及事业单位的福利制度虽然不直接附着于生产组织系统，但其福利的提供仍然附着在单位上。
② 财政部因为管理国家资金，所以在资金方面有监管职能。在"文化大革命"期间，财政部认为商业保险公司（属国有性质）的资金稳定靠国家维持，意思是在保险公司没钱时，国家财政也得拿钱，故认为是将国家的钱分为左口袋和右口袋的钱，将全总组织办理的社保也等同于当时的商业保险，故觉得没必要存在，就将该体系废弃，使劳保变成了企业保险。（上述内容来自2011年春对某政策研究员的访谈）

企业一律停止提取劳动保险金，原在劳动保险金开支的劳保费用，改在营业外列支。这一文件彻底改变了劳动保险的社会统筹形式，使其蜕变为企业保险，① 因此这一文件使工会组织系统内的统筹功能受到侵蚀。1998 年国务院发布的 28 号文件《关于实行企业职工基本养老保险省级统筹和行业统筹移交地方管理有关问题的通知》，第一次明确提出社会保险的"属地原则"，将铁道部、交通部等 11 个行业系统组织②的基本养老保险行业统筹移交地方管理，这使得社会保险制度组织结构更为行政化。③

本书将改革开放这一时点视为重要的历史分隔点，是因为社会政策的根本变革是伴随着中国经济体制改革而来的，改革开放前、后经济社会发生了根本转型是一个基本共识。因此，比较改革开放前、后社会福利制度领域内相对稳定阶段的组织结构关系就变得非常必要，不仅可以作为参照系来关照较长时间段内支撑农保政策的制度变迁情况，而且可以凸显老农保政策和新农保政策所共享的基本制度结构环境，即新老农保政策的出台均是在改革开放后形成的"行政集中化模式"时期。

三　行政科层体系内部权力的集中趋势

上一部分从组织结构的角度比较了改革开放前、后社会福利制度组织结构的变化，说明权力从原来分散于社会到现在集中于

---

① 田春润：《养老保险制度流变》，《中国社会保障》2009 年第 10 期。
② 11 个行业系统组织分别是铁道部、交通部、信息产业部（原邮电部部分）、水利部、民航总局、煤炭局（原煤炭部）、有色金属局（原中国有色金属工业总公司）、国家电力公司（原电力部）、中国石油天然气集团公司和中国石油化工集团公司（原石油天然气总公司部分）、银行系统（工商银行、农业银行、中国银行、建设银行、交通银行、中保集团）、中国建筑工程总公司。
③ 本书并不认为从前一结构转型到后一结构的驱动力量的出现仅仅是偶然因素，从上述文件可以看到两种典型制度结构转型过程中的些许轨迹，但是，对由"社会分散化模式"转变为"行政集中化模式""关键节点"的动力结构问题，需要更多的材料支持和进一步的研究，而这一点并不是本书的研究主题。

行政科层体系，同时，笔者根据调研经验发现，即便在行政科层体系内部，社会福利领域的权力仍有逐渐向上集中的趋势。权力的这种向上集中体现在两方面：一是地方政府"块"上向上级政府的集中；二是试图将权力从地方政府剥离、使之向"条"内的集中。

首先来看"块"方面的集中。各地区社会福利领域内开展的重要政策活动是"城乡统筹"或者说"城乡一体化"和"福利制度之间的关系转移接续"，无论"城乡统筹"、"城乡一体化"还是"福利制度之间的关系转移接续"，一般采用的主要手段是"提高统筹层次"。比如 c 市将城镇居民基本医疗保险和新农合合并，制定"城乡居民医疗保险政策"（试点政策），实现 c 市（该市是地级市）市级统筹。下面是笔者在调研中了解到的相关情况。

> **调研员**：现在基本市级统筹了，政策的制定权基本在市一级，区县一级的劳动保障部门将来制定政策的职能就越来越少了。有没有可能未来区县没有劳动局，没有政策制定权，就是执行？
>
> **某社保领导**：中间还有很多县级统筹，权限就大得多。①
>
> **某处长**：现在定点医疗机构的管理、政策的制定权在我们（市级）这里。主城区定点医疗机构由 c 市劳动保障局审批，区县劳动保障局审批辖区之内的定点医疗机构，但是我们互相认可，每年审批的数量和时间都是由市劳动保障局统一确定，他们（区县）的权力就是按照规定的数量合理布局。②

---

① 2009 年 10 月在 c 市的调研访谈。
② 2009 年 10 月在 c 市的调研访谈。

同时，在基金结算方面，c 市开始将原来沉淀在县（区）级的基金大部分实行市级统筹，这是该市的创新之处，"慢慢（地）结算权力都集中在市本级"①。从上述访谈内容可以看出，尽管在 c 市现在还有一部分基金沉淀在县级政府，但社保政策的政策制定权、基金管理权逐渐集中于市级（地区级）却是一个不争的事实。

其次来看"条"方面的集权。新农保通过社保管理技术逐渐将社保权力从地方政府剥离，使社保权力归聚到纵向系统。这一点从 a 市推行新农保的过程中可以看出来。a 市面临的操作上的困难是，乡上、村里国有商业银行网点很少甚至没有，地方政府希望在保险费征收过程中借助更贴近农村社会的金融系统——农村信用合作社的网点，但是在跟部委交流过程中被告知不行，理由是农村信用合作社是区域性金融组织，没有全国层面的机构。据此，我们可以推测，如果用农村信用合作社的话，由于其组织的地域特点，新农保统筹层次的提高会受到限制。

这一节分析的关键之处在于，对改革开放前、后社会福利制度所做的模式区分为中国农村社会养老保险政策的研究提供了长时段背景，并且其结论，即社会福利领域内行政力量的内生性增强以及社会福利制度组织结构跟社会的关联度降低，限定了之后社会政策过程分析的主要领域，由此，中国社会政策过程同行政科层体系密切相关，同时，即便在行政科层体系内部，由于社保的技术性等原因，社保权力仍处于一个向上集中的过程，这一集中过程表现为"条"、"块"之间的角力关系。

---

① 2009 年 10 月在 c 市的调研访谈。

第三节 农保政策的制度环境

一 业务指导与地方政府管理型的层级管控结构

与西方联邦制、议会制、市民社会不同,中国目前的政府体制在农村地区是"中央—省—市—县(区)—乡(镇)—村"五级政府,村级自治。但在"行政主导"体系之外,还有与之并行的非常关键的"业务指导"体系。拿农村社会养老保险制度来说,其具体组织体系如图3-3所示。

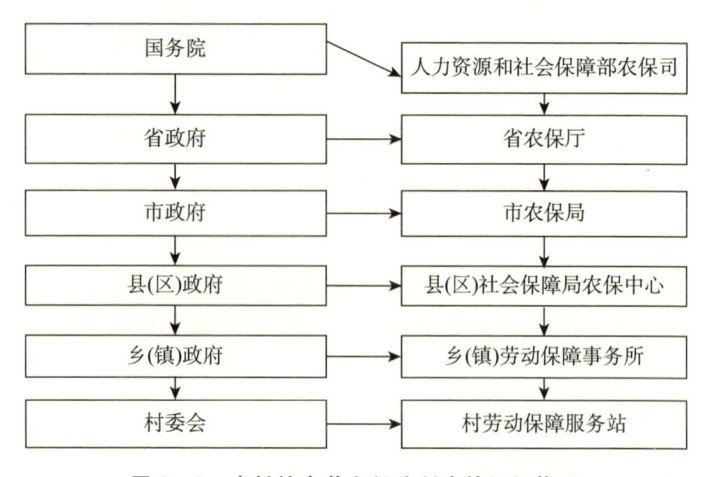

```
国务院 ──→ 人力资源和社会保障部农保司
省政府 ──→ 省农保厅
市政府 ──→ 市农保局
县(区)政府 ──→ 县(区)社会保障局农保中心
乡(镇)政府 ──→ 乡(镇)劳动保障事务所
村委会 ──→ 村劳动保障服务站
```

图3-3 农村社会养老保险制度的组织体系

图3-3是中国现今主管农村社会养老保险制度的组织体系简图,这一组织体系的构成属于"可见的"或者说"实的"制度。实际上,这一组织体系并不是固定不变的。在改革开放之后,由于分散风险的技术需要以及"企业减负"的要求,社保权力逐渐归到行政科层体系。1991~1998年,农村社会养老保险的组织管理机构是民政系统,1998年机构改革时农村社会养老保险由民政部归口到劳动和社会保障部。尽管发生了主管权在职能部委之间的再分配,但两个职能部委在农村社会养老保险问题上具有功能

等价性，支撑农保政策的基本制度组织结构是类似的。

从图 3-3 的组织结构层次来看，这一组织结构符合科层制特征，而科层制之目的-工具理性特征也是人们对行政科层体系的期待和想象，希望通过科层制管理技术，实现法理性统治。但中国行政科层体系的特点是"条块分割"，"块"指的是横截面上的各级地方政府，"条"指的是纵向上的业务指导系统。"条"和"块"之间通过人员组织配备上的紧密结合编织成一个稳定的组织结构，意指隶属业务指导系统的各层级业务指导部门同时也隶属该层级的政府。具体来说，业务指导系统的各层级业务指导部门的人员编制及薪资福利均由该层级政府负责，并且同级政府的不同业务部门之间的关系并不是由各业务部门通过讨价还价进行协调，一般来说是由该级党委政府统一安排，[①] 这加强了"块"的整体性特征。这种组织隶属关系上结合紧密的行政格局在功能上却呈现为"条块分割"。

二 制度组织结构的稳定性

农保政策正是在地方政府主导与业务部门指导这种双重的、层级的管控结构中施行的，行动者推行政策就必须改变这种"条块分割"的制度组织结构，或者克服这种制度组织结构带来的障碍。事实上，克服这种制度组织结构带来的障碍并不困难，但是试图改变这种制度组织结构却难上加难。

C 省 c 市曾试图改变制度的组织结构。c 市是国务院 2003 年批准的统筹城乡发展的试点市，作为其社保统筹计划的一部分，c 市试图在区域范围内将组织结构整合，曾将原主管权限隶属卫生系统的新农合归口到劳动保障口，又计划将民政系统主管的困难救助归并到劳动保障口。

---

① 2009 年 10 月在 c 市的调研访谈。

调研员：新农合归到劳动保障口，卫生口那边愿意吗？

某负责人：不愿意。包括省卫生厅对这个事情还有意见，因为这个事情我们做得比较早，市长一定三天就交了，卫生部门还没有来得及给上面报告。前段时间市长准备把困难救助交给我们劳动局做，要把民政局的人员编制划过来，会上定了……（后来因为顺着系统方面）过来的补助就不给你了，迫于这个压力就把事情停下来了。实际上这里有问题……新型农村合作医疗也有这种情况，现在两条线，整合以后出现问题了，城镇居民的补助资金、新农合补助资金是从不同的部门过来，数据的报送就很恼火。

调研员：资金从卫生部门来，卫生部门不可以从上面一条线直接拨到劳动保障部门吗？

某负责人：不，卫生部门只能把农村居民的参保基金拨到 C 省卫生厅，不能拨到 C 省人民政府，不能到 c 市，只能到 C 省卫生厅，卫生厅再往下拨，进入财政专户。

调研员：当时之所以迅速移交的原因是人事编制都是人民政府管吗？

某负责人：对。上面不合下边就合不动，这种情况就是这样。①

从上面的访谈可以看出，作为一个人口及所辖地域面积均占全国1%左右的大城市，c 市的权限应该说是很大的，并且作为国务院统筹城乡发展的试点城市，地方政府有驱动力去设计城乡一体化的组织蓝图。同时，由于 c 市卫生局、民政局是嵌在地方政府这一"块"上的，其人事编制、工资福利均由地方政府负责，其直接的行政上级是地方政府，因此，地方政府能够在管辖范围内对部门进行组织结构上的调整，职能部门也不能因地方政府进行

---

① 2009 年 10 月在 c 市的调研访谈。

组织结构调整而提出反对意见。但是，配置性资源（如补助金）是通过系统而不是通过政府逐级流动，这使得职能部门能在这场博弈中占据优势，故能使c市办公会决议成为一纸空文。而即使在组织机构在"面"上整合成功的新农合的情况中，配置性资源仍顽强地沿着"系统"的渠道流动，导致"数据的报送就很恼火"。在上面的访谈里，是职能垂直系统通过配置性资源（资金流）携带的能力抑制了"块"／"面"整合组织机构的规划。即便在"块"上组织机构整合成功的情况下，经过一段时间后，"块"上整合的组织机构在纵向系统的分离拉力下，恢复原状的可能性很大，比如S市p区的情况就是如此。

这种职能系统对地方政府的约束作用，在新农保政策过程中也以另一种面目出现了。新农保以基础养老金名目拨付的国家补助金是通过财政系统往下流动的，财政系统会监管资金的流动情况。

> **B省某负责人：**你那个县政府的实施办法出来了吗？
> **县某负责人：**出了，出来了。
> **B省某负责人：**回头你给我一份。最近人家那个财政专员下来查这个东西了，你比如x县，它搞得比较早、比较好，但它那个文就没下，人家就说你凭什么就把我们部门给的钱发了，后来说这个，人家的意思是你拿出实施意见来，你县里面就没有……①

同时，制度组织结构之间的互相牵制还涉及职能系统之间功能上的分割状况，职能系统和职能系统之间彼此是相对独立和封闭的，边界比较明显。职能系统和职能系统之间的这种相对独立性反映在农保相关负责人对农保政策条文内容的意见中。

---

① 2010年5月在b市的调研访谈。

> **a 市劳动局人员**：建议不要将人群划分得太细。你比如说国家 30 号文件，要求帮助中重度残疾人参保，但是到了地方，低保户加进来了，有的计划生育户也加进来了。低保户大量出现，给劳动部门带来压力，因为低保户的资格由民政部门确定。①

既然"面"上的整合受到业务系统的抑制，那么，从上往下的整合努力又如何呢？1998 年国家对职能部门进行了机构重组，农村社会养老保险事业由民政部划归到劳动和社会保障部，原民政部农保司也被归并进劳动和社会保障部。从组织结构关系的角度来看，这不仅涉及纵向职能系统之间的调整，还涉及各个等级序列层面上组织部门之间的调整。根据 2009 年人力资源和社会保障课题组《覆盖城乡居民社会保障体系研究报告》，2001 年 5 月对农村社会养老保险基金的状况进行调研时发现，在农村社会养老保险管理体制方面，理顺的进程很缓慢。在省、市、县三级政府中移交的进程是不一致的，相比较而言，县以下的移交更加困难一些。大多数地、县两级农村社会养老保险还在民政部门等待移交，对乡级农村社会养老保险的管理尚待明确。甚至到 2010 年，有些地方的农保部门仍在民政部系统编制内。② 由此可见，即便是高层行动者对职能系统的调节也会遇到"面"上的拖延。

为了试点的顺利推进，国家是否会对试点地区有某些直接授权呢？通过访谈笔者发现，国家正式决定的下达以及配置性资源的流动仍会严格遵循部委—省—市这一等级序列，而不会跳过省直接对地级市进行授权，并且资源也不会跳过省直接到达地级市。

---

① 2010 年 5 月对 a 市劳动局人员的调研访谈。
② 人力资源和社会保障部课题组：《覆盖城乡居民社会保障体系研究报告》（会议材料，未出版），2009。

调研员：国家对综合改革配套实验区有一些授权，这一块有吗？

c 市某责任人：全部没有，最后落实下来一看没有一条授权，都要通过省上。c 市试点方案不是批给 c 市的，是批给 C 省的，要省和部里三方联动支持试验区建设。①

由上述与"授权"相关的访谈可以发现，国家作为最高的权力集聚点，并不会为国家级试点而绕开行政科层体系进行制度结构外的单独授权，而是严格遵循制度的层级结构，并要求省、部、c 市三方联动，这在事实上进一步强化了纵向系统的力量，增强了制度结构"条块分割"的特性。

通过上述分析可以看出，支撑农保政策的制度组织结构是多头管理的层级管控结构，也即所谓的"条块分割"的结构，并且这种结构本身并不会轻易变化。在这一制度组织结构中，试图改变这一制度组织结构的努力，即使只是在一个层面上，也是非常困难的，而同时，处于这种结构中的行动者必须在正式行文和权力的行使方面遵循这种层级结构关系，因此并不是这种制度组织结构本身的变化导致农保政策的更迭。但是，正是由于这种基础制度在组织结构上的稳定性和功能上的"条块分割"特征，促使有意推进新政策的行动者倾向于采取有操作空间的政策试点模式。

第四节　农保政策的试点模式

一　政策出台的路径

（一）政策过程阶段模型

一般来说，公共政策教科书中都会介绍政策过程阶段模型，

---

① 2009 年 10 月在 c 市的调研访谈。

并认为该模型仍具有生命力,因为这一模型有助于我们将政策过程的思路结构化。[1] 政策过程阶段模型往往将政策过程分为6个阶段:提出问题、设立议题、选择政策措施、立法、执行、评估然后再到提出问题的循环过程。

问题 → 设立议题 → 选择 → 立法 → 执行 → 评估

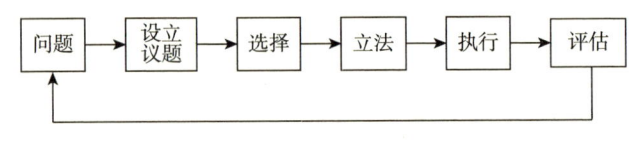

图3-4 政策过程阶段模型

一般来说,中国出台政策常常采用的试点模式的流程跟这个阶段模型很不一样,不能将试点过程生搬硬套纳入这一模型。试点模式跟阶段模型的不同主要表现在两个方面:首先,阶段模型中政策制定和政策执行是严格分开的,政策制定往往属于政治范畴,而政策执行属于行政范畴,参与政策制定的人和执行政策的人也往往是具有不同资质的人。但是,试点模式中政策执行人往往首先是(地方性)政策的制定者。其次,从国家层面来看,试点模式首先开始的阶段是地方试验性的"执行阶段",也就是图3-4中的第5个阶段,然后进入第三个阶段——选择政策选项阶段(政策选项集合由不同地方版本的政策构成),之后是第二个阶段——进入中央政府议程,之后是第四个阶段——出台国家级(或部级)政策。由此可以看出,试点模式与适用于西方国家的阶段模型有很大的不同,可以说是一种独特的政策过程。

试点模式也是社会福利领域里一个极需关注的现象,无论老农保还是新农保,均采用了政策试点模式,同时,新农保政策过程中还表现出"先行先试"的特征。"先行先试"的主要意思是指先行出台、实施某项地方性政策的地区可以优先作为国家级试点运作这项政策。社会福利政策的出台并不仅仅是高层决策的产物,

---

[1] Birkland, T. A. (2001). *An Introduction to the Policy Process: Theories, Concepts, and Models of Public Policy Making*. New York: M. E. Sharpe.

同时也是同地方层次的决策、经验紧密纠缠在一起的过程,即国家级社会福利政策是行政科层体系内部的高层和基层行政部门之间通过互动过程"做"出来的,也可以说政策是在组织结构中产生的。在国家某项政策①出台之前,某些地方政府已经出台、实施了该项政策(的地方版本)。由资料、文献可以得知,中国社会福利政策的出台一般来说有两条基本路径:一是国家级社会福利政策出台的路径;二是地方贡献经验的路径。

(二) 国家级社会福利政策出台的路径

国家级社会福利政策出台的路径可以从《国务院关于开展城镇居民基本医疗保险试点的指导意见》(国发〔2007〕20号,以下简称《指导意见》)的出台路径中总结出来。在《指导意见》中首先提到制定城镇居民基本医疗保险的基本原因是"目前没有医疗保障制度安排的主要是城镇非从业居民。为实现基本建立覆盖城乡全体居民的医疗保障体系的目标,国务院决定,从今年起开展城镇居民基本医疗保险试点"。《指导意见》的发布日期是2007年7月10日。在《指导意见》发布之前的5月9日发布了

---

① 自1991年国务院发布《国务院关于企业职工养老保险制度改革的决定》(国发〔1991〕33号)以来,中国社会福利领域逐渐进入一个社会福利政策兴盛期,国家级社会政策纷纷出台。在社会养老保险政策方面,国务院根据1993年十四届三中全会通过的《中共中央关于建立社会主义市场经济体制若干问题的决定》于1995年3月发布了《关于深化企业职工养老保险制度改革的通知》(国发〔1995〕6号),1997年7月,国务院为解决个人账户范围和规模的统一问题,发布了《关于建立统一的企业职工基本养老保险制度的决定》(国发〔1997〕26号),1998年6月,发布了《国务院关于实行企业职工基本养老保险省级统筹和行业统筹移交地方管理有关问题的通知》(国发〔1998〕28号),2009年发布了《国务院关于开展新型农村社会养老保险试点的指导意见》(国发〔2009〕32号);在医疗保险方面,国务院于1998年12月发布了《国务院关于建立城镇职工基本医疗保险制度的决定》(国发〔1998〕44号),2003年发布了《国务院办公厅转发卫生部等部门关于建立新型农村合作医疗制度意见的通知》(国办发〔2003〕3号),2007年发布了《国务院关于开展城镇居民基本医疗保险试点的指导意见》(国发〔2007〕20号)。围绕上述作为主干的国家社会福利政策,又分别出台了一系列相关辅助的政策。这些主干及辅助的社保政策,构建起中国社会福利领域的制度组织结构。

《国务院办公厅关于成立国务院城镇居民基本医疗保险部际联席会议的通知》(国办发〔2007〕33号),成立了部际联席会议,组长由国务院副总理担任,副组长由劳动和社会保障部部长及国务院副秘书长担任,成员是相关部委的副手。2007年6月8日国务院发文《国务院城镇居民基本医疗保险部际联席会议工作规则》及《国务院城镇居民基本医疗保险部际联席会议2007年工作计划》(以下简称《工作计划》),《工作计划》提出"分东、中、西部地区召开三个片会,并召开部分先行探索城市的座谈会,征求地方对《指导意见》的意见",同时,"指导试点城市制定试点方案"并且"部署启动城镇居民基本医疗保险试点工作","组织新闻媒体在适当时机报道试点工作进展情况与成效"。之后,劳动和社会保障部于7月19日发布《关于认定2007年城镇居民基本医疗保险试点城市名单的批复》(劳社部函〔2007〕174号),10月24日发布《关于印发城镇居民基本医疗保险试点评估方案和专家组名单的通知》(劳社厅函〔2007〕412号)。由上述城镇居民基本医疗保险试点的相关政策文件可以总结出国家级社会福利政策的出台路径(见图3-5)。

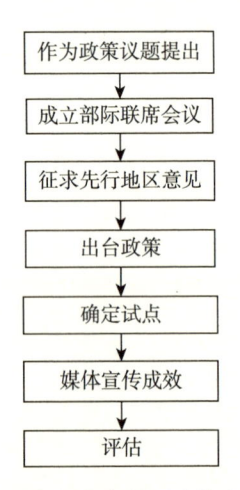

作为政策议题提出
↓
成立部际联席会议
↓
征求先行地区意见
↓
出台政策
↓
确定试点
↓
媒体宣传成效
↓
评估

图3-5 国家级社会福利政策出台的路径

正如上述路径链条中征求先行地区意见所表述的那样，在国家相关政策出台之前，某些地方政府已经出台、实施了地方版的相关政策。一般在国家某项试点政策出台之前，都会经过一个由地方政府积极"试点"的试验阶段，国家希望通过试验、试错过程出台比较放心的政策。李培林认为"试错"是一种改革成本的分期支付逻辑。①

（三）地方贡献经验的路径

改革开放后，社会福利政策规定中一般都有"属地管理原则"的条款，这一条款在事实上显然将地方政府作为社会福利最主要的提供主体纳入社会福利制度体系。在这一条款下，地方政府作为地方性社会政策的制定者，也出台了许多地方社会福利政策。在地方区域内，社会福利政策的制定、扩面、改革、创新尝试等主要由各级地方政府层层从上往下（一般是从县（区）到乡（镇）、村）驱动。需要注意的是，其中许多地方的社会福利政策的出台并不是以国家相关政策为依据，具体细化为地方政策的一个文本细化、扩充的过程，而是在"地方创新"的旗号下先于国家政策的出台而出台的，具有所谓的"超前性"。分析一下 C 省 c 市政府制定的政策文件就可以看出，在国家出台相关政策文件之前，该市已先行出台农民工综合保险、c 市新型农村社会养老保险等政策。一般来说，这些先行地区在国家级相关政策出台之后，都会想办法将其现行政策与国家级相关政策靠拢，尽量与国家级相关政策保持一致。实际上在社会福利领域，先行制定某类社保政策的各级地方政府不在少数，仅新农保一项，在国家政策出台前，东（如北京、江苏）、中（安徽）、西部地区（四川、山西、陕西）有不少省份的市、县出台了地方性新农保政策。② 试点模式

---

① 李培林：《中国社会结构转型——经济体制改革的社会学分析》，黑龙江人民出版社，1995，第 65~69 页。
② 青连斌：《建立新型农村养老保险制度的有益尝试》，《理论视野》2009 年第 6 期，http://www.doc88.com/p-7925944567982.html，最后访问日期：2014 年 8 月 9 日。

是行政科层体系内部职能部委和基层地方政府之间的结构化互动关系,所以这一模式具有通道作用,这些政策先行者均有借助这一通道将地方政策上升为国家政策的意图。但只有少数某些地方政策会通过某种选优途径进入国家级政策制定的参考视野,经过对其核心内容的吸收、修订,最后作为国家政策出台。一般来说,可将这种由地方贡献经验的路径总结为图3-6。一般来说,这一路径是地方政府政策创新后进入国家政策制定过程的必由路径。①

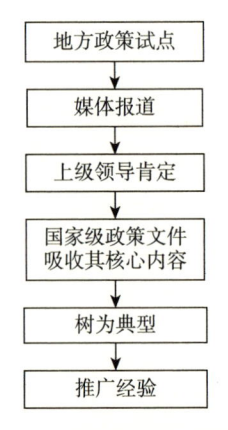

```
地方政策试点
    ↓
 媒体报道
    ↓
上级领导肯定
    ↓
国家级政策文件
吸收其核心内容
    ↓
  树为典型
    ↓
  推广经验
```

图3-6 地方贡献经验的路径

尽管从路径表述的字面意思来看,政策制定的两个层面——国家层面和地方政府层面——各自具有相对独立的特征,即国家级社会福利政策出台路径的原动力体现了国家的意志力及目标,其驱动力是国家的政策设计和推行能力;而地方贡献经验路径的原动力是地方实践,其核心内容进入国家视野后成为国家制度性

---

① 本路径的表述参考了何增科在关于农村村级直选的《农村治理转型与制度创新——河北省武安市"一制三化"经验的调查与思考》一文中"媒体报道—上级领导肯定—树为典型—党政发文总结推广经验—法律法规或政策性文件吸收其核心内容从而在更高的层次上加以制度化,是中国地方政府创新在更大范围内加以推广必经的5个阶段"的相关内容。(何增科:《农村治理转型与制度创新——河北省武安市"一制三化"经验的调查与思考》,载何增科、高新军、杨雪冬、赖海榕《基层民主和地方治理创新》,中央编译出版社,2004,第17页。)

政策，而其推行仍然保留了依靠"典型"力量带动的特点，整个过程具有一种地方政策"移植、扩散"的特点。但是，在实际上，两条路径并不像文字表述的那样不同，两者在实际运作中因试点模式这一政策制定、执行机制而纠结在一起，特别体现在新农保政策过程中的"先行先试"试点模式中。"先行先试"这四个字同时破坏了这两条路径的纯粹性。"先行先试"打破了高层决策这一自上而下的教科书式的政策策源地模式，"先行"的地方经验的切入颠覆了国家级社会福利政策出台路径的政治理性设计的特征；同时，"先试"这一国家力量的注入又颠覆了地方贡献经验路径的社会实践特征。但是，若从思辨的角度来看，"先行先试"仿佛是国家理性和地方实践的有机结合，将社会政策的制定权限从国家层次降低至国家和地方相结合的层次，仿佛是社会政策制定权限区位方面的革新。但是实际上，这四个字两个词的结合并非关乎"地方分权"和"权力下移"，而是基层和高层关系的一种表达式。因为从最务实的角度来看，如果地方不"先行"，国家就可能不会给予"先试"的机会。"先行先试"以及试点模式不仅意味着中国农保政策不能仅仅被视为高层决策者在不同政策选项间做出的选择，同时也表达了中国社会福利政策过程的一个核心特点，即纵向的越级的组织间互动形成的稳定的结构化关系。

二 政策试点模式

政策从制定到执行这一流程涉及中央政府、职能部委和地方政府，三者之间的关系从表面上看起来很简单：国家级政策出自中央政府、职能部委进行业务指导、地方政府仅是或最好仅是执行力量。这种看法非常普遍，但是这种判断并不适用于农保政策过程，甚至可以说并不适用于其他领域政策的试点模式。中国社会福利政策的"属地原则、地方管理"与"业务指导"并行的原则也符合"条块分割"的制度结构。"属地原则、地方管理"是所谓的横向的"块"，而"业务指导"是纵向的职能系统——

"条"。对政策的出台、推行来说,这种"条块分割"的行政科层体系并不是一种有效率的行动工具,对职能部委来说,单凭职能系统负载的业务指导权力很难调动省级"块"上的组织力量。但是,政策的试点模式能克服这种制度环境——"条块分割"——的桎梏,推进政策过程的展开。在实际的政策实践中,农保政策的出台并未严格遵循行政科层序列,即由高层制定政策然后经由行政科层序列逐级执行。实际情况是:具有政策动议权的职能部委往往不遵循科层序列,而是采取在基层进行"试点"的方式,即不是选择离本层级最近的地方政府,而往往是选择市、县等基层地方政府进行政策试点。从试点模式的实践经验来看,政策制定流程一般是在促进性环境(比如国家的大政方针有倾向性意见)中,职能部委将国家的倾向性意见具体化为某种政策意见,或者将从社会中收集到的敏感信息模式化,然后在某个基层进行试点(往往是选择该项政策的原发地)、总结经验,之后再出台政策(有可能上升为国家政策),然后逐年增加试点、逐步扩面。在此过程中,政策出台和政策执行实际上是交织在一起的。

为推行某项社会福利政策,就必须克服"条块分割"带来的功能上的桎梏,实现"以线带面"(即以"条"带"块")的管理,政策试点模式恰好就是一种有效的方法。从实际经验来看,新老农保政策的推行均采用了试点模式,在科层序列上均跨越了省,这并不是偶然现象。对此,我们推测理由可能有四个:第一,试点是国家在出台新政策时通常采用的方法,通过试点来检验思路、发现问题、总结成效,符合"摸着石头过河"、"实践是检验真理的唯一标准"等政治意识形态的要求,具有合法性。第二,是试点本身的要求。因为是试点,要求规模小,因此从客观上需要以市、县〔甚至行政范围更小的乡(镇)〕为单位。但是,需要注意的是,无论老农保还是新农保,试点并不具有代表性(老农保从富裕的地区开始,新农保从贫困的地区开始)和系统性(新农保政策出得急,操作性条件跟不上),试点政策在某种程度上是有限的行动者和有限的想法以及有限的经验促成的。第三是因为跟省博弈的成本太高。如果由省代替市、县来与职能部委合作实施农保政策，那么职能部委对政策进程的控制力（无论权力上还是资源上）会弱得多，而选择市、县就比选择更高层的行政单位在实现对政策的领导权、控制权方面更为容易，成本更低。第四，试点方法也是一种减震机制，政策创新与政治风险往往成正比关系，行动者在追求政策创新的同时，减少政治风险也是这一行政科层体系内的行动者在采取策略时极为关注的目标。最初试点一般都是在行政科层序列最底层（比如乡、村）实施，在新农保政策过程中以及近几年出现的"以土地换保障"试点项目中都体现出这种逻辑。试点方法可以将政治风险控制在社会最底层，而不会降低收益。从纵向的组织关系来说，试点往往处于底层，与权力核心的距离远，其失败带来的政治震动小，（万一）出现问题则很容易从上面掐断；从横向关系上来说，因为每个试点的行政边界比较清晰，同横向的其他试点在资源和权力方面的交换很少，可以说是一个闭锁系统，其失败带来的社会风险和经济风险相对可以控制。对进行"业务指导"的职能部委来说，试点成本低而收益大；对地方政府来说，"创新"成本低而收益①大。

（一）农保政策过程的主要行动者

1. 职能部委和基层地方政府

一项政策从出台到实施会涉及许多行动者，如政府行政机关与政府职能部门、中央政府与地方政府、政府与其他社会组织、政府与民众等，他们的行动体现了各自的角色及他们的权力和利益关系，② 同时，他们之间的互动也是一个彼此沟通、解释、理解

---

① 需要特别指出的是，"收益"这个词在这里是中性的，不仅包括所谓的"政绩指向"、"壮大组织力量"，还包括从事农村社会养老保险制度建设的参与者的努力。

② 刘从龙：《农村社会养老保险政策研究》，北京大学社会学系硕士学位论文，1992。

和建构的过程。在行政科层体系内部，农保政策更迭和试点模式主要涉及的行动者是职能部委和基层地方政府，新老农保政策均是如此。韩博天将这一试点过程中中央－地方之间经由互动产生政策的模式称为层级制下的试验。① 国家职能部委，也即业务指导部委在政策过程中具有影响全局的关键作用，职能部委往往是政策动议者，是政策领域内一个极为重要的行动者，可谓具有权威性资源。在承认国家权力的前提下，处于制度结构底层的基层地方政府，比如市、县级政府，也具有作为行动者的相对主体性，而并不仅仅是上传下达执行政策的工具。地方政府的这一相对主体性也引起政策制定官员的注意，刘从龙强调，即使中央政府有明确的政令，地方政府在执行中央政府政令与维护地方政府利益之间选择时，也有可能向地方利益倾斜，地方利益成为其决策时考虑的一个重要方面。② 地方政府对政策的态度，更直接地决定政策能否得到贯彻执行。同时，无论老农保还是新农保，农保政策分层管理（城镇职工社会养老保险是垂直管理）的方式同地方政府的权力和利益紧密纠结在一起，因此，基层地方政府（主要指市、县级政府）在农保政策过程中是一个重要的行动者。另外，在老农保和新农保实施期间，都有保险公司参与竞争，但保险公司的参与层次及角色位置是不同的。在老农保实施期间，保险公司的角色位置处于行政科层体系内基层地方政府的"块"上；而在新农保实施期间，保险公司从行政科层体系场域下降到社会层面。③ 尽管在新老农保政策实施期间均有保险公司参与，但是对农保政策过程而言，保险公司更多的是充当配置性资源的角色，而

---

① Heilmann, S. (2007). Policy Experimentation in China's Economic Rise. *Studies of Comparative and Internatioanl Development*, Vol. 43, pp. 1 – 26.
② 刘从龙：《农村社会养老保险政策研究》，北京大学社会学系硕士学位论文，1992。
③ 保险公司在中国社会福利领域的角色位置因地域及制度领域的不同而不同，比如在中部某地，保险公司参与到新农合政策的执行中。

不是行动者角色,关于这一点将于第四章第二节资源结构与老农保的政策过程部分详细论述。

2. 新老农保主管职能系统的功能等价性

由于新老农保政策各自的主管职能部委发生了变动,因此需要探讨主管职能部委变动这一事件对农保政策过程是否有实质影响。老农保的主管职能部委是民政部,新农保的主管职能部委是人力资源和社会保障部①。尽管新老农保的主管职能部委名称并不相同,但是,首先,两者作为业务指导部门从组织性质上来说并无不同,在农保政策过程中发挥的业务指导作用也没有质的不同,在农保政策过程中均处于政策动议者的位置;其次,1998 年机构改革时原隶属民政部的农村社会保险司②整体划归劳动和社会保障部,之后在各级地方政府层面上都出现了这种部门、人员、编制的转移,可以说新农保继承了老农保自上而下的整套组织系统。成为国家新农保政策蓝本来源的 a 市也是如此。

> 早在 1992 年 a 市就成立了农村社会管理处,2006 年由民政部门移交到劳动保障部门。虽然老农保工作历经整顿、停滞,但机构和人员并没有散,"农民的养老问题国家早晚要解决,老农保的机构和队伍为新农保的经办工作打下了基础"。③

---

① 2008 年劳动和社会保障部、人事部合并成立人力资源和社会保障部。
② 根据国办〔1995〕51 号要求,经中编办批准,在民政部内设机构中设立农村社会保险司;1998 年 3 月九届全国人大一次会议通过了《国务院机构改革方案》,决定将民政部管理的农村社会保险划入新成立的劳动和社会保障部,实行全国社会保险的统一管理;1998 年 6 月《国务院办公厅印发劳动和社会保障部职能配置内设机构和人员编制规定的通知》,再次明确职能划转,并批准在内设机构中设立农村社会保险司。(赵殿国:《新型农村社会养老保险推进之路》,"第四届中国社会保障论坛"材料,2010。)
③ 夏育文:《a 市:农民热捧新农保》,《中国社会保障》2010 年第 1 期。

也就是说，现在推行新农保的人员及机构大部分还是当时推行老农保的人员及机构。因此可以说，老农保时期的民政部和新农保时期的人力资源和社会保障部在农保政策领域具有功能等价性（functional equivalence）。在地方，负责新农保的人员也同时在负责老农保，比如 a 市和 c 市，a 市某区的农保负责人同时在维持老农保的运作和进行国家新农保的管理，① c 市主管农保的处长既负责维持管理老农保，也在推行 2003 年制定的 c 市新农保政策（地方创新的产物）。②

（二）职能部委和基层地方政府之间结构化的互动关系

上面对中国农保政策过程中的行动者做了说明，主要的行动者是国家职能部委和基层地方政府。但是，这两者之间的关系并不是偶然的，两者之间是一种相互依赖的结构化的互动关系，具体表现在两者具有不同的资源禀赋。职能部委具有权威性资源，而基层地方政府具有组织性资源。也就是说，职能部委和基层地方政府利用彼此互补性的资源禀赋实施了试点模式。在政策试点模式中，除了权威性资源和组织性资源之外，还往往伴随着一种配置性资源，比如资金、物资等。资源在某种意义上是能力（包括权力）的根源，资源会影响行动者的行动能力，因此，政策试点模式不仅意味着组织之间稳定的结构化的互动关系——制度，也意味着资源的组合状态，即资源结构。资源结构决定了政策试点模式中行动者的行动能力，会严重影响行动者之间的互动关系。因此，资源结构对政策试点模式具体展开的过程而言就变得至为重要。

1. 权威性资源：政策动议权

在政策试点模式中，启动试点模式的行动者往往是职能部委，即职能部委具有事实上的政策动议权。刘从龙认为，政策问题被

---

① 2010 年 5 月对 a 市某区的调研。
② 2009 年 10 月 c 市相关负责人谈话。

列入政府议程的主要原因在于政府行政机关和政府职能部委的互动。政府行政机关首先就解决某方面问题发出号召或下达任务，然后由有关政府职能部委对某一具体问题进行深入研究探索，主要研究方式是试点和实地调查，在获得较深刻的认识和较多的经验后，再向行政机关提出关于解决政策问题的建议。① 由此可见，具体问题是否被列入政府议程，不仅取决于问题本身的紧迫性，而且受到有关职能部委的行为影响，其最关键之处是点明了政策中的动议权问题，即政策主要的动议者是谁的问题。政策或者更精确地说，被列入政府议程的政策的动议者往往是相关职能部委，比如新农合由卫生部倡导，老农保由当时主管农保政策的民政部倡导，新农保由人力资源和劳动保障部倡导，等等。

动议权在职能部委的看法与时下流行的试点中的"地方创新"现象看起来是矛盾的，"地方创新"这个词从时间上来说主要出现在新农保阶段。实际上，地方创新根本没有脱离基层地方政府与职能部委的频繁互动，地方创新这个词是在基层地方政府与职能部委的互动过程中建构出来的术语。在政策试点模式中，职能部委具有关键的政策试点启动作用，其依据有二。

首先，职能部委担负着政策组织者和促进者的角色。比如，在老农保阶段，民政部扮演积极的促进者和主要组织者的角色。职能部委具有纵向业务系统，这一系统是联结职能部委、各级地方政府、社会的一条神经线，职能部委可以通过这条线收集到社会以及各级地方政府中的敏感信息。在老农保阶段，农民对社会保障的需求大多通过民政系统反映到政府议程之中，② 民政部具有组织和业务关联上的优势。

其次，地方创新现象是基层地方政府和职能部委之间互动的

---

① 刘从龙：《农村社会养老保险政策研究》，北京大学社会学系硕士学位论文，1992。
② 刘从龙：《农村社会养老保险政策研究》，北京大学社会学系硕士学位论文，1992。

产物，地方创新现象背后是各级地方政府的动作严格遵循行政科层体系的等级的事实。在新农保政策过程中，从表象来看，政策着力点落在市县（地级市）一级，从新闻报道和市县地方官员的措辞来看，新农保是市县自发、主动的政策创新。但是，如果将新农保政策过程中涉及的关键行动者的活动以及调查收集到的有限内部文件按时间先后排列一下顺序，就会发现表面上的地方创新以及自主独创性就会消失，地方创新实际上是职能部委和基层地方政府之间互动合作的产物。

表3-1是根据收集到的资料整理出来的关于a市新农保政策行政科层体系内部的一些文件。这些内部行政文件最为有力地描述了新农保政策的出台遵循职能系统内的科层关系路径，从这些行政文件可以看出，a市新农保政策的出台绝不单单是地方层面地方创新的产物。尽管被表述为地方创新，但这一创新过程仍严格遵循行政科层体系的层级结构关系，严格符合行政层级间的公文报批程序，即a市新农保政策的出台、推行过程自始至终没有脱离"条"上职能系统各级部门的程序性控制。

表3-1 有关新农保政策的各级内部行政文件

日期	组织机构	行动者	重要文件
2007	a市劳动和社会保障局	a市劳动和社会保障局	《关于将a市列入新型农村社会养老保险试点城市的请示》（a市劳社字〔2007〕43号）
2007-05-23	A省劳动和社会保障厅	A省劳动和社会保障厅	《关于同意a市为我省新型农村社会养老保险试点城市的批复》（A劳社函〔2007〕282号）
2007-6-26	a市政府	a市政府	《a市新型农村社会养老保险试行办法》（a市政发〔2007〕36号）
2007-11-19	劳动和社会保障部	农村社会保险司	《关于同意将A省a市列为新型农村社会养老保险试点城市的函》（劳社农司函〔2007〕29号）

续表

日期	组织机构	行动者	重要文件
2008-01-09	A省人民政府	A省办公厅	《关于开展新型农村社会养老保险试点工作的指导意见》（A政办发〔2008〕4号）

从 A 省劳动和社会保障厅与 a 市劳动和社会保障局之间的行文《关于将 a 市列入新型农村社会养老保险试点城市的请示》（a 市劳社字〔2007〕43 号）与《关于同意 a 市为我省新型农村社会养老保险试点城市的批复》（A 劳社函〔2007〕282 号）来看，a 市新农保政策的出台是遵循行政层级间的公文报批程序的，其动作受到"条"的过滤和控制。a 市新农保政策出台的时间是 2007 年 6 月 26 日，晚于 A 省劳动和社会保障厅批准其为该省试点的 5 月 23 日。相关访谈资料以及官方报道也证实了这一点。

> 2006 年 A 省发调研报告，a 市政府领导方向看得明白、重视，当时中央强调民生财政、民生政府、服务型政府。当时 A 省想学习，问农保司，说江苏、安徽搞得可以，就学习经验，跟本地结合，出了文件，文件也经反复修改，农保司也指导，文件报到省里，成为省试点，报到部里成为国家试点。①

> 2007 年三四月间，省厅同 a 市劳动保障局一起，赴江苏、浙江、福建等地区进行考察学习。今年（2007 年）5 月，省厅将 a 市列为全省新型农村社会养老保险试点城市。②

---

① 2010 年 5 月对 A 省某负责人的访谈。
② A 省劳动和社会保障厅厅长 2007 年 10 月 31 日在全省农村社会保险工作座谈会上的讲话摘要《以科学发展观为统领　积极稳妥推进农村社会养老保险试点工作》。

经过四个月的试点,我市已初步具备在全市全面推广的条件。为此,建议省上批准我市从 2008 年起在 12 个县区全面推行新型农村社会养老保险制度……①

从上述资料可以看出,a 市新农保政策的出台并没有脱离职能系统内省—地级市这一行政序列,始终处于"条"的掌控之中。政策创新流程经由行政科层等级序列,使 a 市获得了采取行动的合法性,降低了创新所引发的政治风险。新农保政策的出台符合行政科层流程规定这一深层事实破解了基层地方政府在财力匮乏情况下进行政策创新的迷思。正如上述内容所示,地方创新并非某一级地方政府的独立行为,而是同"条"上的业务指导系统紧密胶着在一起。职能部委和基层地方政府之间这种结构化的互动关系是政策试点模式中行动者互动的主要特点。

如果地方创新没有遵从这种与职能系统之间的互动模式(即通过遵循行政科层流程获得职能部委赋予的合法性),就很可能面临巨大的政治风险,这方面的一个典型反例就是"神木医改"。"神木医改"可谓真正意义上的"地方创新",没有遵循试点模式中与职能部委的互动模式,按照"神木医改"推手——神木县委书记郭宝成的话说,是"悄悄干起来的"。

记者:为什么要悄悄地干呢?

郭宝成:担心阻力。你想,在中国官场,这么一个县,突然报上来全民免费医疗方案,领导是同意还是不同意?同意了,其他县怎么办?不同意,我这不就白忙活了?②

---

① a 市劳动和社会保障局:《推行农村社会养老保险 加快和谐社会建设步伐》,2007 年 10 月 31 日。

② 《解密神木医改》,http://finance.sina.com.cn/g/20100917/17328677437.shtml,最后访问日期:2011 年 4 月 8 日。

在许多媒体报道后，尤其是央视节目播出后，上级部门对"神木医改"这一"地方创新"予以否定。

郭宝成：领导认为我给他捅了娄子。

经省委常委会研究了，决定免去你（郭宝成）神木县委书记的职务，建议任命为榆林市人大（常委会）副主任。①

尽管当时"神木医改"在媒体上被炒得沸沸扬扬，但因为它是"悄悄干起来的"，它的创新点、政策内容等都没有经过纵向职能系统的过滤；再加上"神木医改"提出的"全民免费医疗"的措施跟医改主流趋势过于相悖，所以，这一"地方创新"自一开始就没有跟纵向职能系统形成交接点，也就不会有进入上升到国家政策层面通道的可能。

从上述对农保政策试点模式的总结可以看出，职能部委的政策动议权发挥着关键的政策试点启动作用，而基层地方政府则往往处于呼应的位置。一个基本事实是进行政策创新的地方政府很多，并且地方创新的政策种类也很多，但是，这些地方创新能否进入国家政策试点模式取决于具有政策动议权的职能部委。

2. 组织性资源：基层地方政府的社会统辖能力

从上述对中国农保政策试点模式中行动者之间结构化互动关系的论述可以看出，试点模式中行动者之间的关系并不是对等的，职能部委往往具有更大的主动权，这不仅体现在职能部委占据的能将国家倾向性意见具体化为政策的关键位置，还体现在其在地方创新跃升为国家政策的过程中发挥的过滤性作用。但是，这并不意味着基层地方政府在试点模式中只能顺应职能部委的意见，因为对职能部委来说，基层地方政府在政策试点模式中并不是一

---

① 《解密神木医改》，http://finance.sina.com.cn/g/20100917/17328677437.shtml，最后访问日期：2011年4月8日。

个可有可无的对象。对职能部委而言,开展试点必须要有组织性资源,但是其下属部门即具体操作的经办机构直接隶属地方政府,其人事编制、薪资福利、职务评定等均由该级地方政府决定,同时在地方推行政策又需要地方政府领导及各个职能部门的配合,其业务活动的开展也必须获得该级政府的许可,因此,地方政府具有相对的主体地位。基层地方政府可谓一个"麻雀虽小,五脏俱全"的综合体,具备组织性资源来动员开展试点所需要的一定的人力、物力,比如组织"神木医改"的神木县即有在县域范围内动员人力、物力进行政策创新的组织能力。因此,组织性资源或者说行动者的组织能力是一个很重要的因素,在选择试点时往往就会自然而然地选择"组织基础较好"的地方进行试点,而所谓"组织基础较好"的实际内涵往往是上一级的政府官员曾在该地方任职,对试点过程中需要的人力、物力具有较强的组织动员能力。比如 B 省的某个乡进入国家试点范围就是因为对上级而言这个乡具有好的组织基础或者说组织性资源。

调研员:为什么选择这个乡作为试点呢?

某乡长:因为县社保局长原来在这里当乡长,跟乡各方面都熟,是他的"根据地"。这个乡不到 5000 人,参保率达到应参保人口的 98%。[①]

同时,基层地方政府主管区域社会,这一社会空间具有行政上清晰的边界,将政策试点放在行政边界清晰的基层地方政府,可以将地方试点(万一)失败造成的不良影响控制在底层小范围内,随时可以从纵向上掐断,而不致引起高层及大范围的震动。深圳特区的主要拓荒者吴南生曾在省委常委会议上提议将汕头划出一块搞试验,其提出的理由之一即为"汕头地处粤东,偏于一

---

① 2010 年 5 月在 B 省 b 县做的访谈。

隅，万一办不成，失败了，也不会影响太大"①。另一方面，对基层地方政府而言，与职能部委互动良好是降低创新风险、从国家吸引资源、将地方政策上升为国家政策的关键组织性渠道，否则相对来说资源匮乏（行政位置低下及配置性资源匮乏）的基层地方政府无法承受与其他相关职能系统或部委（比如财政系统或财政部）之间的协调成本，也无法承担制定地方创新政策所需要的配置性资源，更不能将地方创新政策上升为国家政策的蓝本。因此，基层地方政府与职能部委形成紧密的互动关系是不可或缺的，是结构化的，可以说，这一结构化的互动关系是启动政策试点模式的必要条件。

3. 配置性资源

职能部委和基层地方政府之间结构化的互动关系是启动政策试点模式的必要条件，却未必是启动政策试点模式的充分条件。两者之间实际上也是"权力配置和利益分配的关系"②，即两者各自有自己的权力和利益考虑。社会政策跟经济政策的不同之处在于社会政策并不能直接产生经济资源，往往还需要对政府税收形成的财政资源进行再分配，因此在社会福利系统里，还有另外一种流动性资源，即吉登斯所谓的"配置性资源"。配置性资源主要是以行动者可以纳入政策过程中来的资金、物资或依据政策从社会中抽取的资金为主。权威性资源、组织性资源和配置性资源三者之中，权威性资源和组织性资源是政策试点模式中行动者不可或缺的资源，因此，这两者是政策试点模式中不变的常量，而可以变化的是配置性资源所处的位置。根据配置性资源在政策试点模式——职能部委和基层地方政府之间结构化的互动关系——中的位置，发现有四种类型的资源的组合状态，即有四种资源结构

---

① 芦荻：《广东经济特区的主要拓荒者吴南生》，《广东党史》2000年第5期。
② 谢庆奎：《中国政府的府际关系研究》，《北京大学学报》（哲学社会科学版）2000年第1期。

（configurations），具体如表 3-2 所示。

表 3-2　政策试点模式中资源结构之类型

在职能部委和基层地方政府结成的政策试点模式中，配置性资源在职能部委"条"上而基层地方政府"块"上没有配置性资源	在职能部委和基层地方政府结成的政策试点模式中，职能部委"条"上和基层地方政府"块"上均有配置性资源
在职能部委和基层地方政府结成的政策试点模式中，配置性资源在基层地方政府"块"上而职能部委"条"上没有配置性资源	在职能部委和基层地方政府结成的政策试点模式中，职能部委"条"上和基层地方政府"块"上均没有配置性资源

从表 3-2 可以看出，政策试点模式中的三种资源禀赋——权威性资源、组织性资源和配置性资源三者可以结合成四种类型的资源结构，其中权威性资源和组织性资源是四种资源结构类型中的常量。第一种类型是配置性资源在职能部委"条"上而基层地方政府"块"上没有配置性资源的情况；第二种类型是配置性资源在基层地方政府"块"上而职能部委"条"上没有配置性资源的情况；第三种类型是职能部委"条"上和基层地方政府"块"上都有配置性资源的情况；第四种类型是职能部委"条"上和基层地方政府"块"上都没有配置性资源的情况。①

地方政府是追求利益的行动者，在试点过程中是否采纳职能部委的意见有时候取决于政策试点模式中的资源结构。在配置性资源跟权威性资源结合在一起自"条"而来而地方政府没有配置性资源（即第一种类型的资源结构）的情况下，则地方政府会倾向于接受职能部委的意见。但是，在配置性资源来自"块"上或者说容易跟地方政府结合（即第二种类型的资源结构）的情况下，

---

① 认为职能部委具有权威性资源、基层地方政府具有组织性资源这一看法是对两者在试点模式下各自显著的资源属性的概括，并不否认职能部委也具有组织性资源而基层地方政府也具有行政权力资源；同时，配置性资源的有无也是一个相对的概念，"没有配置性资源"并不意味着完全没有，有时候可能有但是相对很少。

则地方政府会倾向于维护自己的利益，而不会完全接受职能部委的意见。第三种及第四种类型的资源结构在农保政策中没有涉及，但颇值得以后加以研究。

　　配置性资源跟权威性资源结合还是跟基层地方政府的组织性资源结合会形成不同的资源结构，而不同的资源结构会导致相同行动者之间不同的行动策略，进而导致不同的政策过程及政策型构。同时，从较长时期来看，配置性资源的位置流变会影响政策试点模式的重新启动与否。需要指出的是，尽管权威性资源和组织性资源是常量，配置性资源选择结合的位置就变得非常关键，但不能就此推论出配置性资源这个单一变量导致新老农保政策过程的不同，如果没有另外两个资源常量因政策试点模式结成的结构化关系，单单配置性资源本身并不能对政策更迭、试点模式的重启与否发挥作用，政策试点模式重启的条件在于资源结构而不是配置性资源。下一章将分别对新老农保的资源结构与政策过程进行分析。

第四章　资源结构与政策过程

第三章讨论了政策试点模式所处的基本的制度结构——"条块分割"的行政科层体系、政策试点模式中行动者可资利用的资源禀赋。本章将讨论资源结构与政策过程之间的关系，资源结构的不同导致新老农保政策过程的不同。具体来说，老农保时期，配置性资源（国营保险公司提供的资金以及农民缴纳的保费）主要沉淀在"块"上，导致"条"上的职能部委对老农保的控制能力弱；新农保时期，配置性资源（国家财政出资提供的基础养老金）离"条"上的职能系统比较近，使得地方政府为吸引基础养老金这一国家补助金而更易于接受职能部委的管理。

本章由三节构成，第一节探讨农保政策过程发生的背景因素，包括经济系统与社会福利系统的关系以及新老农保的背景因素比较，凸显资源结构的作用；第二节探讨资源结构与老农保的政策过程；第三节探讨资源结构与新农保的政策过程。

第一节　农保政策的背景

一　经济系统与社会福利系统的关系

从社会福利政策发展史来看，社会福利系统与经济系统紧密相关。一般来说，社会福利政策被认为首先是作为市场经济发展的矫正机制而出现的，与此相关的精彩论述可见波兰尼对"斯品汉姆兰法令"的论述，① 社会福利领域内的工业化理论也建基于此。因此，本节首先将社会福利发展史上经济系统与社会福利系统之间显著的关系、公民权利（citizenship）以及国家－社会关系之间的对应关系加以总结，如表4－1所示。②

表4－1　经济系统与社会福利系统的关系

经济系统	社会福利系统	公民权利	国家－社会关系
自由放任的古典自由主义	济贫法	公民权及参政权	守夜人国家
凯恩斯主义	（准）蒂特姆斯范式	社会权	干预国家
新自由主义	福利收缩	有条件的社会权	福利社会
生产主义福利资本主义	从属于经济系统	微弱	威权国家

需要注意的是，表4－1所示的社会福利范畴之间的关系并不是以历史阶段论或者线性发展观为基本预设，同时，四个范畴之间也并不是严格对应关系；上述区分是社会福利历史实践和对这

---

① 卡尔·波兰尼：《大转型：我们时代的政治与经济起源》，冯钢、刘阳译，浙江人民出版社，2007，第67~74页。
② 表4－1是笔者根据T. H. 马歇尔的公民权利概念、巴里关于福利的观点（诺曼·巴里：《福利》，储建国译，吉林人民出版社，2005）、塞恩（P. Thane）关于费边主义的论述 [Thane, P. (1982). *Foundations of the Welfare State*. New York: Longman Group Limited]、福利收缩文献（主要包括新自由主义等取向的文献，这里的新自由主义指的是由以哈耶克、弗里德曼为首的经济学家所主张而由里根政府、撒切尔政府所推行的自由主义/保守主义的观点）、吉登斯的"福利社会"〔福利社会指的是吉登斯提出的从"福利国家"向"福利社会"转移的主张，即福利提供主体的多元化、无责任即无权利等主张（安东尼·吉登斯：《超越左与右——激进政治的未来》，李惠斌、杨雪冬译，社会科学文献出版社，2000；安东尼·吉登斯：《第三条道路——社会民主主义的复兴》，郑戈译，北京大学出版社、生活·读书·新知三联书店，2000）〕、东亚福利模式[Holliday, I. (2000). Productivist Welfare Capitalism: Social Policy in East Asia. *Political Studies*, Vol. 48, pp. 706 - 723]以及关于国家－社会形态的论述等文献综合而来。

一历史轨迹的理论分析相结合的结果。自进入工业社会以来，尽管经济系统与社会福利系统从根源上说似乎天生就是相互背离的逆向关系，但是发展到现在，两者并不完全是零和关系，比如英国的费边主义就从凯恩斯主义中找到协调资本主义生产方式和社会民主之间的理论力量。[1] 无论如何，社会福利系统往往随着经济系统的变化而变化，这一点非常明显地体现在社会政策诞生之初始阶段[2]以及东亚社会中。东亚社会的福利类型被命名为"生产主义福利资本主义"（productivist welfare capitalism），其主要观点是在威权政府政治环境下，社会福利系统从属于经济发展的目标并为之服务，公民权利观意义上的福利权利很少。

二 新老农保的背景因素比较

从叫停老农保到中共十六大文件重提在有条件的地方开展农村社会养老保险试点之间只有3年多的时间，因此，比起人口学上的变化或者社会结构的变化，本书认为比较新老农保两个阶段的背景因素（诸如外部环境的变化如金融危机的影响、深刻影响中央－地方关系的财税改革及农业税的废止、社会福利领域理念的变化、政府换届更替等因素）更为有意义。

中国社会福利类型是否属于"生产主义"福利体系范畴尚待考证，但毋庸置疑的是，中国社会福利政策的确是为经济体制改革服务的，属于经济体制改革的配套措施。1985年，政府主要负责人就指出，社会保障是改革中必然要提出和必须予以配套改革

---

[1] Thane, P. (1982). *Foundations of the Welfare State*. New York: Longman Group Limited.
[2] 关于社会政策的发端有不同的观点。一种观点认为社会政策的起点是1802年的《工厂法立法》（小川喜一编『社会政策の歴史』，有斐閣，1977）；另一种观点将社会政策的发端定为1601年英国《济贫法》的实施；还有一种观点认为社会福利政策发端于1883年德国的《疾病保险法》。

的重要方面。① 从老农保政策的出台、被叫停到新农保政策的试点，我们都可以看到为经济服务的强烈色彩。首先，老农保停滞和新农保出台最直接的外部影响因素都是金融危机，因为担心1997年亚洲金融危机对国内金融业造成冲击，国家于1997年11月开始整顿金融秩序，老农保被列为整顿内容之一；② 而2009年新农保的出台也遭遇了2008年始自美国次贷危机的金融危机。其次，新老农保的启动、实施均是与国家对农村的大政方针相适应的，具体来说，老农保时期国家的农村政策是"农村工业化"③，而新农保时期则是在"城乡统筹"旗帜下"拉动内需"。新农保政策的实施更多的是"借东风"④。根据财政部负责人解读新型农村社会养老保险试点财政补助政策的内容可以得知，作为福利政策的新农保担负着拉动内需的经济任务。

特别是在当前应对金融危机的背景下，对广大农民发出政府将对他们参保缴费给予补贴，并为他们全额支付基础养老金的信号，有利于解除农村居民养老的后顾之忧，使他们敢于消费、积极消费。这对于开拓农村市场、扩大国内消费需求，无疑将产生强大而持久的动力。⑤

---

① 刘从龙：《农村社会养老保险政策研究》，北京大学社会学系硕士学位论文，1992。
② 在成立的12个整顿小组中，整顿保险业工作是其中之一，而整顿农村社会养老保险被列为该小组的第三专题组。
③ 刘从龙：《农村社会养老保险政策研究》，北京大学社会学系硕士学位论文，1992。
④ "借东风"是一位从事社保工作多年的高级研究人员在谈到社会福利政策时的用语。在此处，"借东风"固然包括对经济大势的利用，也包括对其他事件的利用，比如新农合政策的出台、推行就跟2003年的"非典"流行紧密相关。
⑤ 人力资源和社会保障部宣传中心：《支持新农保试点，国家财政出重拳——财政部负责人解读新型农村社会养老保险试点财政补助政策》，http://rsld.yuqing.gov.cn/art/2009/9/10/art_3610_16272.html，最后访问日期：2014年8月9日。

2009 年 2 月 23 日召开的中共中央政治局会议提出"大幅度提高社会保障水平",意味着通过提高社保水平来刺激内需,说明我国促进经济增长的方式正在朝向从完善社保体系入手提振消费,进而达到促进经济平稳、较快发展的目标。① 政府希望新农保政策出台对经济产生积极影响,即该政策会产生"乘数效应"——政府支出 1 块钱将会拉动 4 块钱的消费。②

此外,与老农保的实施背景因素相比,新农保最大的背景因素是 1994 年开始施行的财税改革和 1998 年的部委重组。

> 2003 年以来,中央财政集中近半的财力,而地方政府承担了 70%~80% 的公共事务。所有的省份均得依赖中央财政转移支付,才能实现地方财政收支平衡,从 2008 年各省(市)财政收支实际数据来看,其收支缺口占支出的比例高达 42%,缺口比例低于 10% 的省(市)仅有北京与上海两地。中、西部省份对中央财政的依赖性更大,其缺口比例均在 50% 以上。
>
> 从地方财政内部来看,县级负担重于省级与市级负担,基层政府财力更加薄弱。以山西省 2006 年为例,全省 132 个县均依赖上级财政转移支付才能实现收支平衡,其中 86 个县转移支付占其支出的比例高于全省平均水平,占全省县数的 65.2%。③

1994 年财税改革之后,中央和地方之间的财政结构状况可以从表 4-2 和表 4-3 的统计数据中看出来。

---

① 人力资源和社会保障课题组:《覆盖城乡居民社会保障体系研究》(会议材料,未出版),2009。
② 2010 年 5 月调研会议上某高级政策研究员的谈话。
③ 汪泽英:《全国农村养老保险可持续测算分析报告》,载何平、Hyung Ju Lee 主编《中国农村养老保险制度改革与发展研究报告——可持续性分析》,北京:中国经济出版社,2011,第 41-43 页。

表4-2 2000~2008年国家财政收支总额与结构

单位：亿元，%

年份	收入					支出				
	绝对额			比重		绝对额			比重	
	小计	中央	地方	中央	地方	小计	中央	地方	中央	地方
2000	13395	6989	6406	52.2	47.8	15887	5520	10367	34.7	65.3
2001	16386	8583	7803	52.4	47.6	18903	5768	13135	30.5	69.5
2002	18904	10389	8515	55.0	45.0	22053	6772	15281	30.7	69.3
2003	21715	11865	9850	54.6	45.4	24650	7420	17230	30.1	69.9
2004	26396	14503	11893	54.9	45.1	28487	7894	20593	27.7	72.3
2005	31649	16549	15101	52.3	47.7	33930	8776	25154	25.9	74.1
2006	38760	20457	18304	52.8	47.2	40423	9991	30431	24.7	75.3
2007	51322	27749	23573	54.1	45.9	49781	11442	38339	23.0	77.0
2008	61330	32681	28650	53.3	46.7	62593	13344	49248	21.3	78.7

资料来源：汪泽英《全国农村养老保险可持续测算分析报告》，载何平、Hyung Ju Lee主编《中国农村养老保险制度改革与发展研究报告——可持续性分析》，中国经济出版社，2011，第42页。

表4-3 2008年各地区财政收支

单位：亿元，%

指标	收入	支出	缺口	缺口/支出比	指标	收入	支出	缺口	缺口/支出比
地方合计	28650	49248	20599	41.8	河南省	1009	2282	1273	55.8
北京市	1837	1959	122	6.2	湖北省	711	1650	939	56.9
天津市	676	868	192	22.1	湖南省	723	1765	1043	59.1
河北省	948	1882	934	49.6	广东省	3310	3779	468	12.4
山西省	748	1315	567	43.1	广西壮族自治区	518	1297	779	60.0

续表

指标	收入	支出	缺口	缺口/支出比	指标	收入	支出	缺口	缺口/支出比
内蒙古自治区	651	1455	804	55.3	海南省	145	358	213	59.5
辽宁省	1356	2153	797	37.0	重庆市	578	1016	438	43.2
吉林省	423	1180	757	64.2	四川省	1042	2949	1907	64.7
黑龙江省	578	1542	964	62.5	贵州省	348	1054	706	67.0
上海市	2359	2594	235	9.1	云南省	614	1470	856	58.2
江苏省	2731	3247	516	15.9	西藏自治区	25	381	356	93.5
浙江省	1933	2209	275	12.5	陕西省	591	1429	837	58.6
安徽省	725	1647	923	56.0	甘肃省	265	968	703	72.6
福建省	833	1138	304	26.7	青海省	72	364	292	80.3
江西省	489	1210	721	59.6	宁夏回族自治区	95	325	230	70.7
山东省	1957	2705	748	27.6	新疆维吾尔自治区	361	1059	698	65.9

资料来源：汪泽英《全国农村养老保险可持续测算分析报告》，载何平、Hyung Ju Lee 主编《中国农村养老保险制度改革与发展研究报告——可持续性分析》，中国经济出版社，2011，第42页。

在上述地方和中央财政结构状况下，国家有财力为新农保政策注资；并且在理念方面，当届政府出于拉动内需的经济考虑，将新农保视为拉动内需的手段。在地方财政吃紧（尤其是中西部地区）的情况下，地方政府更有动力通过政策创新、成为国家试点来吸引国家资源并博取政绩。叫停老农保和启动新农保时点的背景因素的比较如表4-4所示。

表 4-4 老农保和新农保背景因素的比较

背景因素	老农保	新农保
外部冲击	1998 年亚洲金融危机	2008 年次贷危机
换届	有	有
中央理念	经济指向（农村工业化）	经济指向（拉动内需）
地方观念（创新）	利益、政绩指向	利益、政绩指向
管理权限状况	管辖权之争	部委重组
中央工作重心	重城市轻农村、重国家轻地方	城乡一体化
国家财税状况	国家城镇社保包袱沉重	财税改革、国家财政充盈

在上述背景因素中，老农保和新农保最大的不同体现在后三点上，即管理权限状况、中央工作重心和国家财税状况。

首先，老农保遭遇了针对农村社会养老保险事业的主管权之争（不仅农村社会养老保险，甚至针对城镇职工的养老保险，当时都面临管辖权之争）——尽管 1990 年国家有倾向性意见，即由民政部主管农村社会养老保险事业。跟老农保相比，新农保出台前国家于 1998 年进行了部委机构重组。①

> 老农保的经办时期对社会保障经历者来说是一个"乱"的时期，期间经历了"五龙治水"、"管辖权之争"等管理体系方面的混乱。在这期间，老农保直接面对人民保险公司（国营）的办理竞争。在地方层面上，由于地方政府与保险公司之间的利益关联，老农保的驱动没有能够有效抑制保险公司的扩张。1984 年，中央财经委领导小组决定，全民企业养老保险由劳动部门负责，集体企业养老保险由人民保险公司负责。但仅过了两年，财政部、民政部、人民保险公司都参与进了这场"舆论争夺"。②

---

① 1998 年进行部委重组，农村社会养老保险事业的主管权限由民政部移转到劳动和社会保障部，但正如反复强调的，这并未影响叫停老农保、重启新农保的政策过程，具体论述见本书第二章"农保政策研究"部分"利益集团观点"的论述以及第三章"政策试点模式"部分"新老农保主管职能系统的功能等价性"的论述。
② 夏波光：《从配套到支柱（1986~1997）》，《中国社会保障》2009 年第 10 期。

那么管辖权限状况不同会如何呢？在老农保时期，国营保险公司在行政科层体系内部跟民政系统竞争农保业务。需要注意的是，老农保时期的保险公司并不是现在意义上的市场主体，而是被当作政府的平级行政机构对待。

在我国，政府行政权力在社会动员方面有较高的效率，保险公司在推行业务时往往利用这种权力。政府为发挥保险在经济社会活动中的风险补偿作用也给予大力支持。例如，长沙市政府委托长沙市人寿保险股份有限公司（1989 年成立）开展农村社会养老保险试点，该公司在各区（县）设有支公司，乡设代办站，代办员是乡政府工作人员编制，按政府和保险公司的协议，以政府名义发文开办保险业务，保险工作任务（被）纳入政府目标管理范围，计分评比，先进有奖。[1]

在基层，保险公司与民政部门往往被作为政府的平级行政机构对待，而且后者的实际地位还不如前者。民政部门无法对保险公司经办的社会养老保险业务进行指导、监督和管理。[2]

从以上描述可以看出，在老农保时期，保险公司跟地方政府联系紧密，保险公司充分利用地方政府所具有的行政影响力扩大保险业务。其实，保险公司相对于职能部委和地方政府而言，处于配置性资源的位置。比如，根据刘从龙在长沙市郊区一些乡的调查，保险公司为利用政府权力扩大养老保险业务，也给地方政府一些"好处"。保险公司先给基层地方政府"下达任务指标"，然后按所收保险费的一定比例返回资金给政府有关部门。如东岸乡 1991 年纯女户养老保险收保费 6 万元，保险公司返回 2% 给市计划生育协会，由其

---

[1] 刘从龙：《农村社会养老保险政策研究》，北京大学社会学系硕士学位论文，1992。
[2] 刘从龙：《农村社会养老保险政策研究》，北京大学社会学系硕士学位论文，1992。

分配给区、乡有关部门；另外，如果评上"保险先进单位"，政府可得到较多的奖金；在资金拆借方面，政府也可以得到便利。① 因此，尽管管辖权限之争在某种程度上干扰了老农保政策的推行，但并不是解释政策更迭的原因，因为保险公司对政策过程而言，更多地扮演配置性资源的角色。需要注意的是，在老农保时期，保险公司的这一资源位置距地方政府更近，而离民政系统更远。

其次是中央工作重心的变化。老农保时期重城市轻农村、重国家轻地方，而新农保时期则提倡城乡一体化发展。最后，老农保时期国家城镇社保包袱沉重，资源不足；而新农保时期因1994年的财税改革，② 资源逐级向上流动，国家财税充盈。其中，第二点和第三点蕴含的信息大部分是重合的，都主要表明新老农保时期配置性资源的不同。

上述背景因素中的三点不同均反映了配置性资源位置的不同，这一点是新老农保政策过程中最大的不同，因为这影响到行动者互动时力量的强弱。在老农保和新农保两个时期，"条块分割"的基本制度环境可以说是基本相同的，试点模式下行动者在行政科层体系内相互之间的位置关系也相同，但是，配置性资源的位置和流动方向却发生了很大变化。因配置性资源在试点模式中的位置不同——跟高层的权威性资源结合还是跟基层的组织性资源结合——形成了不同的资源结构。具体来说，老农保时期，国家在城镇社保方面的财政负担很重，对地方政府来说，从国家汲取资源的可能性很小，因此，从社会中（无论是从保险公司还是从农民手中）汲取资源的冲动增强。因而在有保险公司提供利益的地方，地方政府的组织性资源易于与"块"上的配置性资源结合，

---

① 刘从龙：《农村社会养老保险政策研究》，北京大学社会学系硕士学位论文，1992。
② "1978年至1993年，中国实行了高度分权的财政体制"，"中央财政能力的弱化和控制力的下降，这也成为中央政府主导1994年分税制改革的一个直接原因"（李永友、沈玉平：《财政收入垂直分配关系及其均衡增长效应》，《中国社会科学》2010年第6期）。

从而抵制自上而下职能部委的行政权力。新农保政策出台的一个结构性背景是国家财力集中、地方各级财力逐级递减（在中西部地区尤为明显）这样一个事实，再加上 2006 年农村取消农业税，国家又将新农保视为解决农村贫困问题的重要举措，因此，跟老农保时期不同，地方政府从农村社会中抽取资源的能力明显受到抑制而减弱。同时，这一时期保险公司的位置从行政科层体系下降到社会市场层面，因此，在新农保时期，对地方政府来说，通过新农保政策从国家汲取资源变得重要并且可能。总的来说，老农保和新农保政策试点模式的资源结构不同，资源结构的不同导致行动者在试点模式中采取不同的互动策略，进而导致不同的政策过程。下面将用资源结构概念分别分析新老农保的政策过程。

第二节 资源结构与老农保的政策过程

资源结构深刻地影响政策过程，资源结构的特点或者说配置性资源的结合位置直接影响地方政府对职能部委出台的政策的态度——执行与否。本节将从资源结构的角度切入，深入分析老农保政策过程中"条"和"块"之间的角力关系。本节采用比较研究法来凸显决定政策过程的因素，具体应用密尔的求异法，选取的比较案例是湖南省的长沙市和株洲市，这两市的情况符合进行比较研究的条件，详见表 4-5。

表 4-5 老农保政策过程中对职能部委政策执行与否的因素比较

民政部（e）	
省政府（f）	
（长沙）市政府（g） 有保险公司开展业务（x）	（株洲）市政府（g） 没有保险公司开展业务（Not x）
郊区政府（h）	郊区政府（h）
y 民政部制定的政策没有得到执行	Not y 民政部制定的政策得到很好的执行，被民政部评为"全国保险工作先进县（区）"

根据密尔的求异法可以看出，在其他变量（e, f, g, h）相同的情况下，① 关键的不同（x 的有无：该地区有无保险公司开展业务）导致结果（y 的有无：民政部制定的政策是否被执行）的不同。从该比较研究可以看出，政府层面（块）上保险公司的有无严重影响了职能部委制定的政策是否能够得到执行。保险公司存在的层面是市政府，对地方政府而言，保险公司意味着配置性资源，因为地方政府可以从中得到好处，包括"奖金"和"资金拆借便利"，跟保险公司的结合完全是出于利益考虑。对市政府而言，选择保险公司意味着有了一个配置性资源来源；而选择民政部，市政府不仅得不到这些"好处"，还要承担一定的经济责任。

> 如《基本方案》规定，乡镇企业用于集体补助的保险费实行税前列支，对保险基金、管理服务费和养老金不能征税费。而我国税制改革的方向是实行中央和地方分税制，那么，这些让税责任将大多由地方财政承担……②

从表 4-5 的比较中可以看出，即使在老农保时期，资源结构（配置性资源跟组织性资源结合与否）也导致非常不同的"条"、"块"之间的关系，具体表现为职能部委的政策能否得到执行。配置性资源跟组织性资源结合，导致长沙市政府跟民政部和省政府的态度不一致，在职能部委要求地方民政部门执行老农保政策的情况下，仍发文（长政办发〔1991〕37号）要求"市政府委托市人寿保险公司承办农村社会养老保险工作，请各县、郊区政府加

---

① 虽然变量 g 所代表的市是不同的市，但根据两市相对于民政部和省政府在行政序列中的位置而言，具有等价性，故将其视为相同变量。
② 原文中省略号的内容是"另外，养老保险基金实行专款专用，任何部门不能随意动用，更不能用于给单位和个人发'奖金'"，在选择由谁来做农保时，老农保的规定影响了地方政府的选择，但是，在农保政策实施后，这一规定的影响渐微，这导致老农保的基金管理出现了问题（刘从龙：《农村社会养老保险政策研究》，北京大学社会学系硕士学位论文，1992）。

强领导、支持和推动各县、郊区人寿保险支公司开展工作"。而在"块"上没有配置性资源存在的株洲市,各级政府态度一致,"市政府明确表示:下级服从上级,农村社会养老保险由民政部门负责,执行民政部制定的政策"①。

因此,在老农保政策时期,在"条"(民政系统)上没有配置性资源而"块"(地方政府层面)上有额外的配置性资源,即使在国务院(国发〔1991〕33号)文件和湖南省省长办公会议

---

① 关于老农保实施的详细过程,根据刘从龙的论文,民政部应湖南省民政厅的请求于1991年8月确定长沙、株洲两市郊区开展县级农村社会养老保险试点。在民政部—湖南省政府—市政府—郊区政府这一科层序列中,民政部、湖南省政府、郊区政府(因长沙市政府支持保险公司的发文导致长沙郊区政府主管民政和保险工作的两名副区长之间意见不一致)在推行民政部制定的农保政策上意见是一致的,关键的不同在于市级政府态度的不同。"长沙市政府由于原来与市人寿保险公司有协议,在签署选择上倾向于自身利益",根据省政府的指示和省民政厅的要求,长沙市政府下面的郊区政府于1991年11月的一次办公会议上决定,农村社会养老保险由民政部门负责,原由人寿保险公司开办的农村养老保险业务维持不变,但不再发展农村养老保险业务。但是,这一决定未正式发文公布,主要原因是长沙市政府的态度和省政府的态度不一致。1991年12月1日,长沙市政府办公室发文:"市政府委托市人寿保险公司承办农村社会养老保险工作,请各县、郊区政府加强领导、支持和推动各县、郊区人寿保险支公司开展工作"(长政办发〔1991〕37号)。这一文件被发至各乡镇政府,致使区县政府无所适从。同时,长沙市郊区政府分管民政和保险工作的两名副区长,在养老保险政策上各持己见,政府内部意见不一致,难以形成统一的决策。区民政局请求以政府名义发布《长沙市郊区农村社会养老保险暂行办法》(以下简称《暂行办法》),但没有得到准许。1992年1月,民政局将未加盖区政府公章的《暂行办法》发给各乡,要求执行这一政策。尽管强调这一政策符合中央和省政府的政令,但由于没有区政府的明确指令,直到3月底,还没有一个乡执行。由于以上原因,民政部制定的农村社会养老保险政策在长沙市郊区没有得到执行。但是,在株洲,"跟长沙市郊区政府同为试点区的株洲市郊区,农村社会养老保险政策推行过程就比较顺利,民政系统的竞争组织——保险公司没有在该地区农村开展养老保险,因此,各级政府态度一致,1991年8月省政府确定株洲市郊区为试点后,市政府明确表示:下级服从上级,农村社会养老保险由民政部门负责,执行民政部制定的政策。1991年,株洲市郊区被评为'全国保险工作先进县(区)',该区11个保险种面面达到80%,区政府因而得到奖励,但一直未准许保险公司在农村开展养老保险。1992年1月,郊区政府同时颁发4号、5号文件,公布《株洲市郊区农村社会养老保险制度改革暂行办法》,并部署全区试点工作"(刘从龙:《农村社会养老保险政策研究》,北京大学社会学系硕士学位论文,1992)。

（〔1991〕27号纪要）已经明确下达政令——农村社会养老保险由民政部门负责——的情况下，市级政府违背了上级的明确指令，选择跟人寿保险公司合作来谋求自己的利益。同时，因为国家在城镇职工保险方面已然背上了沉重的财政负担，无力再自上而下注入补助资金等配置性资源，导致民政系统只能行使权威性资源即业务指导权并通过职能部委文件《县级农村社会养老保险基本方案（试行）》（民办发〔1992〕2号）的形式尽力扩大这种权力效果。民政部作为老农保政策的积极促进者、政策动议者和政策制定者，在处理"条块分割"的制度障碍时，主要通过争取高层政策的支持和依靠民政系统的力量来推行老农保政策，在有些试点地区却没能得到各级地方政府的协助。同时，即使在没有保险公司竞争的试点地区，老农保政策措施也充分体现了地方政府的利益，老农保的资金管理仍同地方政府胶着在一起，比如老农保基金是以县为单位统一管理。① 从社会中汲取上来的由农民缴纳的保费也是一种很重要的配置性资源。尽管当时规定对农保基金实行专账专管、专款专用，民政部门和其他部门都不能动用资金，但却允许将保险基金用于地方建设，而这就开了一个口子，造成在实际操作中，老农保资金管理这一块儿比较乱。②

从上述对老农保政策过程的分析可以看出，老农保时期因为国家财政资源不足，民政部仅能靠权威性资源推动农保政策的实施，而一旦"块"上的组织性资源和配置性资源（保险公司以及

---

① 有的地方分成省、市、县三级政府管理老农保资金。
② 对老农保基金的规范管理要求"2002年3月底前，各市县、区要将农村社会养老保险基金全部移交同级财政部门管理，实行专户管理、专户储存、专款专用。农保基金的保值增值，仍按国家劳动和社会保障部规定的年复利2.5%执行"。对基金安全问题，要求"对已经发生的违规基金和风险隐患基金，要组织民政、财政和公检法部门抓紧清收，限期收回。对因违规操作已造成损失的，要查明原因，落实责任，做出严肃处理。从即日起，停止以任何形式用来支付工资和各种费用"。见《A省人民政府办公厅关于加强农村社会养老保险基金管理工作的通知》（A政办发〔2001〕127号）。

农保基金）结合，地方政府就会对职能部委政策进行抵制。

第三节 资源结构与新农保的政策过程

新农保时期，因为同样采取的是试点模式，职能部委业务指导的权威性资源和基层地方政府的组织性资源基本上跟老农保时期是一样的，只不过配置性资源的位置和流动方向发生了变化。新农保时期，保险公司已经从行政科层体系下降到社会市场层面，对地方政府的影响力大大减弱，横向"块"上的此类配置性资源在 A 省 a 市几乎不存在。同时，由于国家财政资源充盈，职能部委相比老农保时期更加容易动员国家资源，通过纵向职能系统将配置性资源注入农保政策。中西部地区在财政资源匮乏、业绩创新的双重压力下，吸引国家财政资源是其"地方创新"的题中应有之义。可以说，新农保时期配置性资源的位置更接近职能部委，表现为配置性资源和权威性资源的结合。除此之外，新农保政策过程还充分体现了政策试点模式的特征，典型地刻画了地方试点经验上升为国家政策的全过程。因此本节将对新农保政策的资源结构及其实施过程进行详细描述，以凸显资源结构对政策过程的实质性影响。

一 A 省 a 市的基本情况及其新农保实施过程

a 市处于中西部欠发达省份 A 省的西南部地区，是地级市，辖 3 区 9 县和一个国家级高新技术产业开发区，总面积 1.82 万平方公里，总人口 376 万，农业人口 279 万。2006 年全市实现地区生产总值 477 亿元，财税总收入 52.3 亿元，农民人均纯收入 2454 元。[①] a 市人均耕地面积只有 1.23 亩（2009 年数据）。截至 2006

[①] a 市劳动和社会保障局：《推行农村社会养老保险 加快和谐社会建设步伐》，2007 年 10 月 31 日。

年，全市 12 个县（区）136 个乡（镇）1534 个村 12.6 万人参加了老农保。① 总的来说，A 省属于我国中西部欠发达地区，a 市是 A 省的中等城市，基本代表了我国经济发展的平均水平，甚至低于平均水平。②

2006 年 a 市开始着手研究新农保，2007 年 6 月 26 日出台《a 市新农保试行办法》（以下简称《试行办法》），7 月 1 日起在最穷的山区县 L、T 县（2002 年被确定为国家扶贫开发工作重点县③）整体推动试点，在其余 10 个县（区）各选择 5 个村，共计在全市 216 个村开展试点。《a 市人民政府办公室关于开展新型农村社会养老保险试点工作的通知》（a 政办发〔2007〕49 号）对组织实施的要求是：搞好新型农村社会养老保险试点工作，一定要准确把握政策，严格按照《试行办法》的规定组织实施。L、T 两个试点县及其余十个县（区）的 50 个试点村要在 2007 年 7 月 1 日启动试点。要求在 7 月 31 日前完成组建机构、配备人员、调查摸底、制定方案及实施细则、确定试点村（L、T 县除外）、印发宣传资料、召开试点工作动员大会、举办试点工作培训班、进村入户宣传政策等各项组织准备工作；8 月 1 日到 11 月 31 日要集中 4 个月时间完成逐村逐户宣传动员，参保登记，组织缴费，养老保险待遇审核、审批、发放工作；12 月 31 日前要完成查漏补缺、规范完善、工作总结、检查评比。各县（区）制定的试点工作实施方案及实施细则要上报市新型农村社会养老保险工作领导小组办公室审查备案，确定的试点村（L、T 县除外）要上报审批。2007 年 11 月 19 日 a 市被国家劳动和社会保障部批准为"全国新型农村社会养

---

① 《a 市模式何以成为全国新农保蓝本》，《a 市日报》2009 年 8 月 4 日。
② A 省劳动和社会保障厅课题组：《a 市新农保试验》，《中国社会保障》2009 年第 2 期。
③ T 县人民政府：《健全保障体系　统筹城乡发展　全力推进和谐奋进新 T 县建设》，2007 年 10 月 31 日。

老保险试点城市"。① 2008年试点扩大到F县和a市某区西部山区所有乡（镇）、其他8个县（区）各1个乡（镇）。2008年市、县（区）两级财政补贴额为12769万元，其中市级8461万元。② 得到领导认可后，2009年在全市所有县（区）、乡（镇）、村全面推行。③ 截至2009年底，参保人数达到116万，享受待遇人数达到27万，45周岁以上农民参保率达到88.6%，实现了新农保全覆盖，收到了良好效果，受到国家财政部、人力资源和社会保障部的高度评价与充分肯定。a市版新农保被人力资源和社会保障部命名为"a市模式"，其探索建立的个人缴费、集体补助、财政补贴"三结合"的筹资模式被写进党的十七届三中全会《中共中央关于推进农村改革发展若干重大问题的决定》中，成为国务院出台新农保指导意见的蓝本。

二 a市的财政状况

A省a市开始新农保试点的2006年距1994年财税改革已经12年，财税改革之后，财政收入层层集中，国家职能部委与地方政府面临不同的资源约束。职能部委有动力去争取财政支持，而地方政府则表现为相对的财政紧张。这一点对中西部地区地方政府来说尤其如此，对中西部地区来说，新农保的"创新"行为首先意味着本级政府配置性资源的先期投入。在a市主管社保的市长看来，"整个政策设计过程中，始终潜伏着一种担忧：地方财政能否

---

① 劳动和社会保障部农村社会保险司：《关于同意将A省a市列为新型农村社会养老保险试点城市的函》（劳社农司函〔2007〕29号）。
② 2010年5月17日上午a市调研会议上相关负责人发言稿《领导重视 民生优先 率先实现城乡居民社会保障全覆盖》。
③ "全市统一确定2009年7月1日为全面推行新型农保参保缴费起始日"（《a市人民政府关于全面推行新型农村社会养老保险的意见》（a政发〔2009〕18号）。

承受得起"①。a 市作为一个西部地区地级市，其辖区内的有些县甚至是国家级贫困县，其财政压力更为突出。

在推进新农保工作中，我们也发现了一些亟待解决的突出问题，主要是地方财政保障压力大。我县属国家扶贫开发工作重点县，贫困人口多，地方财政十分困难，推行新农保每年需财政配套补贴 400 多万元，仅靠自身财力难以解决。②

当初对于由政府发放补贴来实现新农保，a 市的领导层有着不同的看法。为了统一意见，"新农保"被上升到"认识层面的问题"。a 市市长说，经过几番激烈辩论，领导层最终达成共识，"像我们这么大一个市，一年搞建设几十个亿，也不是花不起钱。核心就是领导层对新农保要不要做，要不要下决心的问题"。③

当时市政府决心很大，决定中央财政争取不上市也要搞。④

T 县 2008 年的财政收入仅为 1520 万元，新农保的财政补贴主要依靠转移支付，每年国家向 T 县转移支付约 2.19 亿元资金，⑤

---

① 《A 省 a 市政府发放补贴实现新农保全覆盖》，《瞭望·东方周刊》2009 年 11 月 25 日。
② T 县人民政府：《健全保障体系　统筹城乡发展　全力推进和谐奋进新 T 县建设》，2007 年 10 月 31 日。
③ 《A 省 a 市政府发放补贴实现新农保全覆盖》，《瞭望·东方周刊》2009 年 11 月 25 日。
④ 2010 年 5 月 a 市调研会议。
⑤ 《A 省 a 市政府发放补贴实现新农保全覆盖》，《瞭望·东方周刊》2009 年 11 月 25 日。

但该县财政局局长表示:

> 少上个项目、工程,啥子都有了,做好新农保没问题。①

从上述地方领导的讲话中可以看出,由政府发放补贴的 a 市新农保政策的出台在领导层意见也并不一致,需要被拔高到"认识层面",并且从 a 市到下面的县(区),新农保财政补贴资金的来源是靠调整该级财政支出结构,"少上个项目、工程,啥子都有了"。这一点也被参与新农保研究项目的研究员所证实。

访谈员:a 市财政状况并不好,每位老人 60 块钱(开始是 100 元),被某些地方官员认为不可持续,地方政府为什么敢这样做?

某政策研究员:因为当届政府追求民生,假如当地有 300 万农村人口,老龄人口一般是 20%,300 万×20%×720 元/人/年=4.3 亿元,通过调整财政支出结构,地方政府可以做到,地方官员为了追求政绩,有动力做。②

a 市新农保试点时县(区)财政负担的压力甚至让一些经济发展水平不错的人口大县也感到承受不起。为了缓解县(区)财政压力,a 市决定从 2009 年起全部调整为县级财政承担 15 元,其余由市级财政统筹解决,③并且为了减轻县(区)的财政压力,通过

---

① 夏育文:《a 市:农民热捧新农保》,《中国社会保障》2010 年第 1 期。但 T 县农保管理中心一份汇报材料显示:T 县推行"新农保",每年需县财政配套补贴近 200 万元,仅靠自身财力难以解决。
② 2010 年 5 月对某政策研究员的访谈。
③ 对于市级财政拿大头的市、县两级新农保负担财政调整,市长表示,这跟 a 市目前的经济结构特点有关:"市上财政好一点,县上财政弱一点。"(《a 市"新农保":既补进口又补出口》,《新华每日电讯》2009 年 11 月 29 日第 5 版。)

规定参保期限来限制新农保参保人数增长带来的财政补贴压力。①

> A 省的一位负责人说，越是穷的地方越与民争利，越不肯为老百姓花钱，比如像 F 县这样的地方，他们最担心的就是，由于县一级财政无力配套财政补助资金，将挪用农民个人账户中的钱用于当期的财政补助资金发放，形成事实上的代际供养的现收现付制。②

预算约束与政策创新之间是一对矛盾，但中西部地区的新农保政策创新行为超越了这一矛盾，那么，a 市政府官员是如何超越这一矛盾的呢？a 市超越这一矛盾的唯一办法就是吸引国家财政补贴即配置性资源注入。a 市各级地方政府都对中央财政补贴抱有极大的期待。各个县新农保分管领导在采访中都表达了这种期待。③

> 中央的 55 元养老金一旦下发，不仅能减轻市、县两级财政负担，促进市、县完善这个制度的积极性，市、县还可以根据中央的制度，进一步做加法。中央给 55 元，市上给 10 元，县上给 5 元，养老金就有 70 元，标准自然提高了。④

通过"创新"行为吸引中央财政补贴也表现在 B 省 b 县的地

---

① 夏育文：《a 市：农民热捧新农保》，《中国社会保障》2010 年第 1 期。参保人数多意味着地方财政需要拿出来的补助资金多，所以为了控制补助金额度，曾限制参保人数，这一点也在 2010 年 5 月 17 日的调研会议上再次被提及。由于参保人数超过了既定参保率，而"财政预算还是按原定任务走，县里就不得不把其他企业、厂矿的钱补充过来"。F 县领导专门把农保中心主任叫去谈话，要求严格按照任务指标参保。说到最后，领导几乎发了火。(《A 省 a 市政府发放补贴实现新农保全覆盖》，《瞭望·东方周刊》2009 年 11 月 25 日。)
② 张丽：《晋陕新农保"实验"》，《中国社会保障》2009 年第 9 期。
③ 张丽：《晋陕新农保"实验"》，《中国社会保障》2009 年第 9 期。
④ 《A 省 a 市政府发放补贴实现新农保全覆盖》，《瞭望·东方周刊》2009 年 11 月 25 日。

方新农保政策创新中。一旦国家资金注入,该县就会用国家下拨的配置性资源替代原来由本县出资的补助金。B 省 b 县在进入国家试点名单之前曾开展地方性新农保试点,每月给 60 岁及以上的老年人 30 块钱的基础养老金,但是在成为国家试点县后,由于国家资金的注入,该县省下了原来的支出,但并未将省下来的钱增加到国家支付的基础养老金上。①

从上述"先行先试"试点地区的实践可以看出,"先行先试"试点地区,尤其是西部地区财政并不充裕,其缓解地方创新和地方财政紧张之间矛盾的办法是吸引来自国家的配置性资源。因此,新农保时期试点模式的资源结构是配置性资源和权威性资源的结合,从而带动地方政府的积极参与并接受职能部委的意见。

三 新农保政策试点过程中行动者之间的互动关系

表 4-6 罗列了新农保政策过程中的各级行动者的重要事件。这些重要事件是在令人眼花缭乱的各个层次、各个角度的报告、报道资料中筛选出来的,包括政府内部行文、高层活动的报道及国家级重点媒体的相关报道。

表 4-6 新农保政策过程大事记

日期	组织机构	行动者	重要事件
2007	a 市劳动和社会保障局	a 市劳动和社会保障局	提出《关于将 a 市列入新型农村社会养老保险试点城市的请示》(a 市劳社字〔2007〕43 号)
2007-5-23	A 省劳动和社会保障厅	A 省劳动和社会保障厅	《关于同意 a 市为我省新型农村社会养老保险试点城市的批复》(A 劳社函〔2007〕282 号):同意将 a 市列为全省新型农村社会养老保险试点城市

---

① 2010 年 5 月与 b 县财务部门负责人的交流。

第四章　资源结构与政策过程　131

续表

日期	组织机构	行动者	重要事件
2007-6-26	a市政府	a市政府	出台《a市新型农村社会养老保险试行办法》（a市政发〔2007〕36号）
2007-7-31	劳动和社会保障部农村社会保险司	农村社会保险司	在a市J村发放养老金
2007-8-17	劳动和社会保障部	劳动和社会保障部	出台《关于做好农村社会养老保险和被征地农民社会保障工作有关问题的通知》："各试点县市名单和试点方案报劳动和社会保障部备案"、"以多种方式推进新型农保试点工作"、"缴费补贴、老人直补"
2007-9-15	中央电视台	《新闻联播》	头条报道①
十七大期间	中央电视台	《东方时空》	专题报道①
2007-10	劳动和社会保障部农保司	农村社会保险司	在a市发放养老金
2007-10-31	劳动和社会保障部农保司	农村社会保险司	"申请中央财政补贴，启动新型农保试点"②
2007-11-19	劳动和社会保障部	农村社会保险司	《关于同意将A省a市列为新型农村社会养老保险试点城市的函》（劳社农司函〔2007〕29号）
2008-1-9	A省人民政府	A省人民政府办公厅	《关于开展新型农村社会养老保险试点工作的指导意见》（A政办发〔2008〕4号）："财政可给予适当补贴"
2008-5-10	国家级重点媒体	人民日报、光明日报、中央电视台等8家中央新闻媒体	重点宣传a市新农保③
2008-5-10~11	财政部	财政部	在a市考察新农保④，认为a市已有很好的社会保障工作基础，建议将a市作为财政部社会保障工作联系点，为西部乃至全国探索和总结出社会保障工作的先进经验
2008-10	党的十七届三中全会	党的十七届三中全会	提出按照个人缴费、集体补助、政府补贴相结合的要求，建立新型农村社会养老保险制度

续表

日期	组织机构	行动者	重要事件
2008-11-11	人力资源和社会保障部农保司	人力资源和社会保障部农保司	a市某区、某县调研新农保⑤
2008-11	人力资源和社会保障部	人力资源和社会保障部	将《我国农民养老保险试点方案指导意见》上报国务院审批,指导意见体现了"会安排部分中央财政,用于农民养老保险"的主导思想
2009-3-5	国务院	国务院	在政府工作报告中提出,2009年新型农村社会养老保险试点覆盖全国10%的县
2009-6-24	国务院	第70次会议	讨论并原则通过《关于开展新型农村社会养老保险试点的指导意见》
2009-8-4	a市劳动保障局	劳动保障局	"据不完全统计,自2007年试点以来,仅市劳动和社会保障局就接待全国各地80多个省、市、县劳动保障部门的学习考察"⑥
2009-8-18~19	国务院	国务院	召开全国新型农村社会养老保险试点工作会议
2009-9-1	国务院	国务院	《国务院关于开展新型农村社会养老保险试点的指导意见》(国发〔2009〕32号)

注:① a市新型农村社会养老保险工作领导小组、a市劳动和社会保障局:《a市新型农村社会养老保险文件资料汇编·序言》,2008年5月。
②《在A省农村社会养老保险工作座谈会上的讲话摘要》,2007年10月31日。
③《中央媒体聚焦a市社保》,《a市日报》2008年5月12日。
④《财政部调研组深入我市调研后认为a市社会保障卓有成效》,《a市日报》2008年5月12日。
⑤《a市农民养老不再难》,《人民日报·新农村周刊》2008年12月7日。
⑥《a市模式何以成为全国新农保蓝本》,《a市日报》2009年8月4日。

从表4-6可以看出,新农保政策过程中一系列的重要事件突出了政策试点模式的三个主要特点:首先,涉及政策的地方创新的内部行文严格遵循行政科层等级序列;其次,上述事件突出了试点模式中主要的行动者——职能部委和基层地方政府;最后,上述事件暗含着地方创新上升为国家政策的路径。

（一）新农保试点模式的行动者

从表 4-6 可以看出，新农保试点申报活动严格遵循行政科层等级序列，但这并不意味着新农保政策的出台完全符合从高到低、自上而下这一惯常的科层等级。"先行先试"的行动者主要是职能部委和市、县级政府（a 市是地级市），创新举措主要发生在地级市 a 市层面，因为开展新农保试点所需要的初期配置性资源以及组织性资源主要集中在这一层级（详见下面关于"地方创新"的内容）；尽管省级政府也会积极协助市、县从国家拉资源，但是省级政府并不或极少负担政策创新所需要的费用，①但仍希望 a 市能成为"创新新星"，尽可能协助而不是阻碍 a 市的创新，并且居于职能部委和地级市政府中间的省级政府，会根据职能部委和地级市政府的互动情况决定自己的态度。②

调研员：省级政府在新农保（政策过程）里是一个什么角色？

某政策研究员：省里只是一个指导的角色，决定权在部

---

① 自 2007 年起的 3 年中，a 市的新农保几乎没有获得省里的财政补贴。直到 2009 年 9 月初，随着国家级试点的启动，省里答应负担进口补部分的一半。不过看起来出口补才是大头。2009 年初省里开会，曾提出要按每人 20 元补贴出口部分。但在正式文件上，还是删除了这一决定。不过，省里也希望市里进一步提高补贴标准。在 9 月份的一份征求意见稿中，A 省提出，对符合基础养老金的人员，70 岁以上加发 10 元，80 岁以上加发 20 元，加发资金由市县负担。按照国务院有关新农保试点的 32 号文件，2009 年试点覆盖面为全国 10% 的县。这样 a 市可能只有一个名额能享受国家财政补贴。社保局局长说，中央的试点政策启动后，市里和省里就形成了统一意见，要在与中央相关部门的沟通中尽量把 a 市全部 12 个县（区）全部拉入国家级新农保试点县的范围（《A 省 a 市政府发放补贴实现新农保全覆盖》，《瞭望·东方周刊》2009 年 11 月 25 日）。
② 人力资源和社会保障部部长在 A 省调研 a 市新型农村社会养老保险试点工作时说，a 市"新农保"试点取得了非常好的进展，能够立得住、推得开，相信这种模式在全国相当多的地区都可以推行。也正基于此，A 省政府发布了在全省扩大推行农村养老保险制度的指导意见，全省各地市均已扩大试点。（《a 市农民养老不再难》，《人民日报·新农村周刊》2008 年 12 月 7 日。）

里，比如部里想让某市进试点，假如省里报的试点名单中没有某市，部里就不会同意省里的名单。省里对市里来说没有什么动力，资源不是省里提供的，在级别上又不会容易晋升到省里，所以……①

职能部委在"先行先试"中拥有权威性资源。正如第三章"试点模式"部分所述，试点模式结构化了职能部委和基层地方政府之间的关系，职能部委具有政策动议权，尤其在配置性资源和权威性资源相结合形成的资源结构下，职能部委在政策过程中具有更大的影响力。根据报道资料，中央相关职能部委在出台政策早期就介入进来。某些地方创新、试点行动的开展可以说是职能部委意图的具体化。早在2009年9月1日《国务院关于开展新型农村社会养老保险试点的指导意见》（国发〔2009〕32号）出台之前的2007年11月，劳动和社会保障部就已将a市列为首个"全国新型农村社会养老保险试点城市"②。在a市新农保试点过程中，人力资源和社会保障部给予了密切关注。

> 对a市试点中遇到的问题，部里密切关注，目前，部里已在a市模式的基础上制定了全国试点的指导意见，报国务院同意后，有望在全国试点推行。③

基层地方政府与职能部委之间的密切互动，对上对下都是不可或缺的。对上而言，能确保主体性、确保对政策的控制；对下而言，则意味着获取资源与承认。具体来说，对地方政府而言，职能部委对a市新农保政策的介入绝不是无关紧要的，部级行动者

---

① 2010年春对某政策研究员的访谈。
② 《A省a市政府发放补贴实现新农保全覆盖》，《瞭望·东方周刊》2009年11月25日。
③ 《a市农民养老不再难》，《人民日报·新农村周刊》2008年12月7日。

的认可、对新农保制度的信心会给予地方政府一种信心,同时,同上级的沟通是减少创新风险、从国家吸引资源并将地方政策上升为国家政策的关键性制度渠道。a 市政府面临政策创新与资源匮乏之困,如果不跟具有业务指导权限的职能部委联系紧密,则 a 市无法承担与其他相关部委(比如财政部)的协调成本,也无法长期提供地方新农保政策所需要的配置性资源。因此,地方创新是在和职能部委互动过程中产生的一种现象。地方创新的出发点首先是对高层有所期待,并且会迅速随着职能部委的倾向性意见而做出调整。比如 a 市在新农保政策设计过程中,从经验借鉴的地区、基础养老金的具体额度到政策原则及用语均与职能部委进行过沟通,并根据人力资源和社会保障部的意见做出了修正。①

(二) 地方创新

治理经验的缺乏以及经济体制转型导致很多方面都需要"摸着石头过河",需要对政策前景进行探索,国家采用试点的办法来为政策出台铺路,而这一办法催生出许多试点需求。试点需求反映在地方政府层面就转换为创新需求,在农保政策过程中,国家的试点是以地方创新为前提的。地方创新不同于历史制度主义通常所谓的创新,其所谓的创新一般是指观念的创新,首先表现为将某种新观念引入实践的创新,比如"二战"后凯恩斯主义的盛行以及 20 世纪 70 年代两次石油危机后新自由主义的盛行。而社保政策的地方创新首先表现为一种执行,由这种地方层面的"执行"带来国家层面的"试行",即所谓"先行先试"。调研发现,地方政府的创新行为一般有四个特点,即框内的创新、顺位之争、代表性之争以及推出试点菜单,这是与其他省份、其他市县潜在竞争的产物,目的是启动政策试点模式从而实现由地方创新跃升为

---

① 根据国家人力资源和社会保障部农村社会保险司的建议,a 市的基础养老金从 100 元下调至 60 元(《A 省 a 政府发放补贴实现新农保全覆盖》,《瞭望·东方周刊》2009 年 11 月 25 日)。

国家政策的目标。

框内的创新指的是创新并不是没有边界,地方官员很清楚哪些领域是可以创新的、哪些是不能动的,对可以创新的边界在哪儿非常清楚。

C省c市社保负责人曾这样谈创新边界:

> (城镇职工)养老保险和医疗保险不一样,医疗保险动作余地很大,(城镇职工)养老保险省级统筹,没法动……这(城镇职工养老保险)超过了我们地方探索创新的权限。(城镇职工)养老保险制度国家管得很多,卡得很死。探索创新是在一个框里面。医疗保险办法很多,市级统筹,思路上比(城镇职工)养老保险更有余地,(城镇职工)养老保险出台政策要省里支持,国家认可。①

a市在创新边界方面也是围绕制度空档进行的:

> 围绕现有社会福利制度的空档……按照"省内领先、西部一流、全国有位、群众满意"的目标,加快了社会保障体系建设,制定出台了一系列社会保障政策。特别是针对现有社会福利制度的空档……②

顺位之争是指市、县级政府在推行某项地方性试点政策时非常关心其地方创新的时间在全国的排位,创新的一个很重要的元素就是时间上的超前。a市社会保障工作的总体要求就明确体现出顺位之争。

---

① 2009年10月在c市调研时一位负责人的谈话。
② a市劳动和社会保障局:《推行农村社会养老保险 加快和谐社会建设步伐》,2007年10月31日。

按照社会保障工作"省内领先、西部一流、全国有位、人民满意"的总体要求，紧紧抓住"全国新型农村社会养老保险试点城市"机遇，下决心解决农村群众最关心、最直接、最现实、最紧迫的养老问题，努力实现农民老有所养的目标。①

顺位之争的具体工作思路是：

确立超前目标，统筹城乡推进，完善政策体系，加大财政支持，创新服务手段。确立超前目标就是在中（中国）、省（A省）各项保障制度之外，创新探索……弥补政策空档。②

总体目标是"在全市实现新型农村社会养老保险全覆盖，走在全省、全国前列"。某高级政策研究员和A省某农保负责人都谈到"a市新农保政策出得急"。地方官员也往往以"第一例"为荣。

在2007年3月出炉的第一份"新农保"意见稿中，政府不仅要在"进口"即农民参保交费时，给予补贴，还要在"出口"即农民年满60岁、领取个人账户养老金时，再给予每人每月80元的补贴。"之前各地要么只补进口，要么只补出口，这么补是第一例，"农保处处长说。③

---

① 《a市人民政府关于全面推行新型农村社会养老保险的意见》（a政发〔2009〕18号）。
② 《a市人民政府关于全面推行新型农村社会养老保险的意见》（a政发〔2009〕18号）；同时，a市工作原则是"人有我有、人有我优、人无我有"（新华网：《a市：社会保障制度实现无缝隙全部覆盖》，www.sn.xinhuanet.con2007年12月24日）。
③ 《A省a市政府发放补贴实现新农保全覆盖》，《瞭望·东方周刊》2009年11月25日。

B省也不例外，B省在创新地方新农保政策方面也是如此。

B省某社保负责人：你比如基础养老金，原来在12月十几号开了一个会，要求元旦前最晚不要超过春节前，发放到位。厅长在那边开完会，散了会，就打电话，会上的精神什么什么，一二三四一说，这边马上就起草文件发通知，12月28号全省开会的时候……春节前基本上就发放到位了，结果呢一发通报的时候，别说全国第一了，全国闹了个唯一，闹了个这。①

时间上的超前或者说争取做"第一个"的动力在于"先行"就很有可能得到"先试"的机会，因此，行动者会尽可能加快步伐。这种时间顺位上的竞争不仅仅出现在社会福利政策过程中，基层直选政治领域的创新行为也是如此。

尽管在现有的体制下，政治创新比经济创新更有风险，但是政治领域依然存在着类似的竞争。同一地区的不同地方政府都愿意成为某项改革的试点，因为这样可以享受到上级赋予的特定优惠（政策上或财政上的）。对于当地领导来说，他们也有更多的机会接触上级并被上级认同。在遂宁个案中，市中区推动的"公选"引起了四川省委以及北京的一些学者的注意。张锦明（市中区委书记）参加了1998年9月由省委组织部举行的研讨会并做了发言。在与学者的接触中张锦明了解到深圳市大鹏镇也在策划举行直选。因此她决定加快步云的直选进程。步云领先大鹏镇一个月成为第一个举行乡镇

---

① 2010年5月在B省的调研。

直选的地方。①

地方政府创新行为的第三个特点是代表性之争。代表性之争体现的是市、县能够作为国家级试点的样本代表性问题。国家进行试点的主要目的是看这项政策能否在全国推行，所以是否具有代表性就成为能否"先行先试"的关键因素。c市社保领导在调研会议上明确指出本地区作为统筹城乡发展试点的代表性的重要意义。

> c市在经济发展水平上与全国平均水平基本一致，而人口数又正好是全国的1%，很具有代表性。②

A省a市之所以被国家选中作为试点模式推出，其关键点也在于"代表性"。根据A省某社保负责人的说法：

> 在a市之前，全国有好多地方在搞，之所以（被）写进十七大决定，主要是a市试点搞得成功。关键点是标准低，a市又处于中西部，贫困地区，所以将a市定为模式，是可以向全国推广的；而江苏等财政状况好的地方的经验就不能向全国推广，因为别的地方可以说我们地方穷，学不了苏州。而对于a市模式，全国别的地方都可以学，a市都具备条件了可以做到，你们别的地方也能做到。③

地方政府创新行为的第四个特点是推出试点菜单，试点菜单指的是地方政府为争取进入国家试点采取的创新多样化策略。

---

① 何增科、高新军、杨雪冬、赖海榕：《基层民主和地方治理创新》，中央编译出版社，2004。
② 2009年10月C省c市某社保负责人的会议发言。
③ 2010年5月对A省某社保负责人的访谈。

A省a市政策上的a市模式已经成功推出，下一步（2010年）的工作重点转向经办模式，争取搞一个a市经办经验模式出来。①

B省某负责人听到G村每年发给本村残疾人2000块钱后说"我教你一个办法，你发给残疾人每人1800，剩下的200替他们交保费，这样往省里一报，叫帮助残疾人弱势群体参保"（当时会计和乡农保中心干部很感兴趣，但被村委会主任拒绝了）。②

很多地方创新都不是只有一个政策试点，而是有多个不同政策的试点，形成一个由多个试点构成的备择菜单。根据a市新闻网的报道：

a市（包括新农保）有5个方面的社会保障工作在全国处于领先地位，并被列为国家试点城市，包括"统筹城乡就业工作全国试点城市"、"社会保障服务体系建设工作全国试点城市"、"城镇居民医疗保险和少年儿童医疗保险工作全国试点城市"以及"创业培训工作全国试点城市"，据悉，只有在某方面的工作突出、成绩显著的城市才有资格被确定为全国试点城市，经过试点总结出的经验将在全国推广。③

为了将本市县创新行为显性化，使之进入国家视野，吸引国家注意力并从国家获取资源，地方政府采用推出"试点菜单"的办法，即多设计几种创新行为以图增加进入国家视野的机会。创

---

① 2010年5月A省a市调研会议上负责人的谈话。
② 村委会主任说，给残疾人、65岁以上老人补助是村民代表大会决定的，没赞同这种做法。
③ 《a市五项社会保障工作走在全国前列》，a市新闻网，2007年4月13日。

新会一个接一个，创新体现出明确的工具取向，即在利益驱动下，地方创新具有名目化的倾向，有时候并不是一个系统化试验，而是一个半成品。A 省新农保政策被某高级政策研究员评价为"政策面进展得挺快，经办技术面进展得慢"、"远远滞后"。① 地方性创新现象不仅仅出现在新农保政策创新的初始阶段，即便在《国务院关于开展新型农村社会养老保险试点的指导意见》（国发〔2009〕32 号）出台后，为了进入国家规定的年增 10% 试点县的扩面范围，地方创新也存在为进国家试点名单而急于搭架子的问题。

通过上述分析可以看出，新农保政策过程中的地方创新并不是一种地方自主、自发的创新，而是在既有政策基调中的一种主动行动，目的包括吸引资源、进入政策试点模式通道进而上升为国家政策。② 同时，地方创新并不是单个地区的现象，而是各个地区非常常见的现象。但是，并不是所有的地方创新都会进入中央政府的政策议程，这就涉及试点模式中资源结构影响下的制度通道。老农保阶段，资源结构是地方政府的组织性资源和"块"上的配置性资源（国营保险公司提供的利益）结合在一起，从而自上而下的制度通道仅仅表现为民政系统试图控制老农保政策。新农保阶段，资源结构发生了逆转，配置性资源是国家财政，其流动方向是沿系统（财政系统）而下，跟人社系统结合得更为紧密，这种资源结构导致地方政府更为积极地呼应而不是违背职能部委的要求，这体现在上述地方创新争取进入试点模式通道的竞争中。下面将针对新农保资源结构引致的地方试点跃升为国家政策的快速制度通道展开论述。

---

① 2010 年 5 月 A 省 a 市调研会议内容。
② 正因为这些"试点"的行动色彩浓而规范程度低，所以，对"试点"的操纵相对容易，比如 B 省某个县的县长在任期间大幅提高养老金的基础补贴部分，并且政策规定只补贴到 3 年后其任期结束。

(三) 地方试点如何上升为国家政策①

正如"先行先试"这个词的字面意思所示,"先行"处于基层地方政府层面,而"先试"处于职能部委层面,"先行"、"先试"将基层地方政府和职能部委联系起来,在配置性资源和权威性资源结合的资源结构下,基层地方政府和职能部委之间形成"先行先试"的制度机制。这种机制形成后就会在很大程度上限制行动者行动的任意性,成为行动者互动的主要渠道。一般来说,收集资料、书面报告、召开会议、调研等方式是机构之间沟通的常见手段。通过这些方式,"条"、"块"之间相互交流信息,上级部门传递出支持什么、反对什么的信息用以矫正下级部门的不当行为,下级部门传递出政策的试点经验和效果,双方会当场在某些方面达成一致,并相互支持、给予资源,等等,而在另外一些方面下级部门在以后的工作中会逐渐向上级部门的意图靠拢或者掩饰差异。但是,这些渠道并不是最为重要的互动机制,因为全国的基层地方政府数量巨大(比如全国有 2000 多个县),这样做的话,资料、会议数量太大,效率低下。那么,怎样才能有效率地从地方各级试点中挑选出具有价值的政策文本呢?

1. 制度化捷径: 重点联系制度

新农保政策过程中形成②的一种很重要的互动机制是"重点联系制度"③。本书称其为"制度化捷径"④。为推进新农保工作,从 2008 年起,人力资源和社会保障部社保中心"在全国建立农村养老保险经办工作重点联系制度"。

---

① 本部分内容参考了笔者发表于《中国行政管理》2013 年第 2 期的文章《地方试点与国家政策:以新农保为例》。
② 虽然这里用的词是"形成",但并不意味着这是新农保政策过程中独创的机制,笔者怀疑这种类似的机制在其他领域的政策试点过程中具有普遍性。
③ 人力资源和社会保障部社保中心:《统一思想 坚定信心 开拓创新 努力推进农村养老保险经办管理服务工作——在全国农村养老保险重点联系市县座谈会上的讲话》。
④ 玛利亚·乔纳蒂:《自我耗竭式演进》,李陈华、许敏兰译,中央编译出版社,2007,第 24 页。

截至 2008 年 4 月 25 日，全国共有 26 个省（区、市）推荐了重点联系地级市 23 个、重点联系县级市 27 个。……推荐上报的 50 个重点联系市县中有 32 个地区已经开展了新型农村养老保险工作……建立重点联系制度，目的在于进一步统一思想，搭建平台，交流经验，研讨问题，推动工作。我们这个重点联系制度是开放式的，重点联系市县的数量会随着时间的推移进一步增加。我们将通过定期召开会议，组织各地介绍情况、交流做法和体会，对一些重点难点问题进行集中研究。通过收集整理各地政策制度和措施……供大家学习研究和参考借鉴。同时，坚持定期联系制度，通过重点联系市县定期填报统计报表进行重点调度，通过加强实地调研和重点指导，及时发现和培育典型，总结经验，及时宣传、推广典型经验。①

上述这段领导讲话充分总结了"重点联系制度"的重要性。该制度要求重点联系市县出台自己独特的地方政策。

　　要在分析梳理的基础上，确定工作重点，明确目标要求，真正做到"吃透上级的，摸清下面的，学习别人的，形成自己的"。②

但是，仅靠这样一个垂直型组织策略模式，仍然没有办法解决中国行政实践中"条块分割"带来的问题，即本书反复提到的农保政策过程中职能部委与地方政府之间的角力关系问题。相比

---

① 人力资源和社会保障部社保中心：《统一思想　坚定信心　开拓创新　努力推进农村养老保险经办管理服务工作——在全国农村养老保险重点联系市县座谈会上的讲话》。
② 人力资源和社会保障部社保中心：《统一思想　坚定信心　开拓创新　努力推进农村养老保险经办管理服务工作——在全国农村养老保险重点联系市县座谈会上的讲话》。

具有业务指导权限的职能部委的职能单一，地方政府的职能可谓是一个综合体。另外，职能部委是地方政府的业务指导上级，事实上，在新农保政策过程中形成了一种以"线"带"面"的管理困境。如何解决管理层面上的这一困境呢？

2. 各层级"领导小组"——横向及纵向协调性机制

解决这一困境的办法是成立各级"××领导小组"，这些"××领导小组"从上而下形成一套嵌套组织结构，在组织结构和功能上类似于"俄罗斯套娃"玩具，成为实际政策过程中的协调机制。原班人马可以组成不同名称的"××领导小组"，这些小组并非实体性组织机构，而是由基本相同的领导班子成员组合出名称不同的小组。但需要注意的是，这种嵌套结构并非意味着可以无阻碍地实现职能部委政令的"上传下达"，因为每层的"××领导小组"均不是由相关业务口的负责人担任小组长，而是由各层分管该业务工作的政府领导任小组长，所以，在政策试点过程中，基层地方政府具有相当的主体地位。"××领导小组"的主要工作职责是"组织协调、指导检查、考核评比、研究解决重大问题等"①。新农保也是如此。国务院成立以副总理为组长的新农保试点工作领导小组，a市成立了由政府分管市长任组长，政府一名副秘书长、人力资源和社会保障局局长任副组长，市政府有关部门成员为成员的"a市新型农村社会养老保险工作领导小组"，在市人力资源和社会保障局设立了领导小组办公室，负责协调、组织和处理日常工作。各县（区）也都成立了由主管县、区长亲自挂帅，相关部门领导参加的工作领导小组。"××领导小组"这一嵌套组织网络是应对上级行动的产物，也是发起行动的主体。具体到某个小组来说，这一组织网络是临时的、易于消散的，但这种小组的形式却是普遍的、模式化的，因而本书将之视为组织之间结构

---

① 《a市人民政府关于全面推行新型农村社会养老保险的意见》（a政发〔2009〕18号）十七条"健全领导机构"部分。

化的互动关系,即制度。调研发现,在社会福利政策过程中,同级政府的不同部门之间并非以讨价还价的方式进行互动,一般来说是由该级党委政府统一协调。因此,"××领导小组"这一非实体性组织在协调"面"内的关系方面具有重要作用。这一嵌套的"××领导小组"能解决同一层级内部职能部门之间的协调问题,理顺不同层级间的可能矛盾,消除地方政策上升为国家政策过程中部门间可能的资源竞争性障碍,同时还能成为层级间信息沟通的渠道,事实上也是一种制度化捷径。

由是,具体到新农保来说,条上的"重点联系制度"和各层级面上的"新农保领导小组"这两个机制的结合使得"以线带面"不再成为问题。

虽然各层级(由中央一直到乡级)政府都会成立"新农保领导小组",但"重点联系制度"基本上是被选择的市县级政府部门与人力资源和社会保障部之间跨层级的互动机制,这一机制并没有被复制到被选择的市县以下的下级政府之间。"重点联系制度"并不是市县以下各层级部门之间沟通时采用的机制,在较低的层次上,比如县(区)级以下的执行经办人员,接触这些重要机制的可能性并不大,即便有,信息内容也会相应发生变化,并且信息流动更多的是向上汇报的性质。因为信息流动的不对称性,县(区)级直接负责新农保的人员本身就会对这一政策产生很多排解不了的疑惑,并且非常担心上级主管部门对自己负责的工作挑错。那么,如何解决这一实践中遇到的问题或者说试点市县与其下级政府之间的政策过程机制又是怎样的呢?这一段的实践机制是"根据地逻辑"①。具体来说,地方官员在行政序列上的攀升一般是

---

① "根据地"是 B 省 b 县官员在谈到某个试点乡时对该乡与县上某领导之间关系的形象化概括用语。周雪光曾提到"行政关系的人缘化",本书认为"根据地逻辑"更能揭示行政关系人缘化的组织特点,并具有"以点带面"的效果(周雪光:《基层政府间的"共谋现象"——一个政府行为的制度逻辑》,《社会学研究》2008 年第 6 期)。

由基层地方政府开始逐级向上的,县(区)负责该试点任务的职能部门官员就会自然而然选择"组织基础较好"的乡进行试点,而所谓"组织基础较好"的实际内涵往往是上一级官员曾在该乡任职,对试点过程中部门之间的关系协调工作具有较大的组织能动性。

3. 正式科层制度支撑

纵向越级互动的"制度化捷径"和各层级横向面上的"××领导小组"这两个组织机制的结合使"以线(职能部委及其系统)带面(基层地方政府)"不再成为问题,这种纵向和横向的组织机制的结合为地方政策跃升为国家政策提供了可能性,但需要注意的是,在职能部委和基层地方政府之间形成的纵向、横向上相结合的制度化捷径,至少表面上违背、弃置了正常的行政科层等级制度。因此,在正式的等级制行政科层体系存在的情况下,这种相对临时性的、违背科层等级原则的制度化捷径就会面临合法性问题,即其会不会成为正式行政科层组织的对立面,并激起正式体系的逆向动员?或者说,这种制度化捷径的相对不稳定性以及层级领导小组的非实体性能否支撑起地方政策,使其顺利上升为国家政策而不会中途夭折?这一潜在的问题通过与正式行政科层体系的结合得以解决,即制度化捷径的产物——行政行文及资源(资金)流动——会严格遵循部委—省—市这一正式的等级序列,将其他在试点模式中"隐形"的正式行政科层组织卷入制度化捷径中来,从而消弭原本可能存在的正式科层组织的抵制。表面看来,政策试点的着力点落在市县一级,从新闻报道和市县地方官员的措辞来看,试点政策是该市县自发、主动的政策创新(有时候的确如此)。但是,如果将政策试点过程中涉及的关键行动者的活动以及内部报批行文按时间先后排列一下顺序,就会发现表面上的地方创新以及自主独创性就会消失,而凸显政策试点过程严格遵循行政科层等级序列。国家甚至对重点抓的综合改革配套试验区也没有跨级授权,授权全部都需要通过省级。可以说政策试点严格经由行政科层等级序列，为横向、纵向上的组织机制结合而成的制度化捷径提供了稳定的实体性制度支撑，由此，超越常规的行动者获得了采取行动的合法性，减少了创新所引发的政治风险。

新农保政策试点过程是一个非常完整地揭示了地方试验性政策上升为国家政策的典型案例。本书认为基层地方政府层面的试验性政策能跃升为国家政策主要是上述三个组织性机制——制度化捷径、各层级"××领导小组"、正式行政科层制度支撑——的有机结合。

从上述对新老农保的背景因素、新老农保政策过程的分析可以看出，老农保时期，配置性资源的位置在"块"上，跟地方政府的组织性资源结合在一起，而没有沿业务职能系统而下的资源支持，导致民政部的政令遇到地方政府的阻碍；而新农保时期，配置性资源的位置在"条"上，与职能部委的权威性资源结合在一起，这导致地方政府在地方财政紧张的情况下为获取国家资源而不断进行创新，同时，由于新农保时期的这种资源结构，职能部委和基层地方政府之间结成了各级"新农保领导小组"，建立了"重点联系制度"这种"不可见的"[①] 制度，通过与实的行政科层制度的结合，使所谓的地方性新农保政策沿着这种制度通道跃升为国家新农保政策。总而言之，本节重点论证了新老农保各自资源结构的不同导致各自不同的政策过程。下一章将重点分析制度（组织间结构化的互动关系）和资源结构通过政策过程进一步影响政策措施组合以及政策的地方化情况。

[①] 埃莉诺·奥斯特罗姆：《制度性的理性选择：对制度分析和发展框架的评估》，载保罗·A.萨巴蒂尔编《政策过程理论》，彭宗超等译，生活·读书·新知三联书店，2004，第49页。

第五章　资源结构与政策型构

政策试点模式往往涉及行政科层体系的特点及其中的资源分布状况，是行动者在"条块分割"的行政格局中策略性地使用可及资源的结果。行动者的理念、应手的资源结构以及政策环境影响了政策的措施组合。政策的措施组合经过一段时间之后会制度化为稳定的结构，故本书将政策措施组合命名为政策型构（configuration）。

本章将主要回答本书在开始提出的第二个方面的研究问题：在相同的政策领域内，重新启动新一轮政策试点模式的原因是什么？本章由三节组成：第一节讨论资源结构与新老农保的政策型构；第二节分析老农保政策的制度化及地方化；第三节探讨政策试点模式重新启动的原因。

第一节　资源结构与新老农保的政策型构[①]

新农保的资源结构跟老农保不同，导致新农保政策过程中行动者间的互动关系跟老农保时期也不同。具体来说，老农保的资

[①] 本节部分内容参考了笔者发表于《云南民族大学学报》（哲学社会科学版）2015年第2期的文章《资源结构与制度叠加：从老农保到新农保》。

源结构是配置性资源的位置在"块"上，跟地方政府的组织性资源结合在一起，从而牵制职能部委，并且导致其基金管理权限沉淀在地方政府层面；新农保的资源结构是配置性资源的位置在"条"上，与职能部委的权威性资源结合在一起，从而能保证地方政府基本按照职能部委的意思采取行动，并且使新农保的基金管理权限尽可能保留在"条"（财政专户）上。这种资源结构的不同也衍生出新老农保政策型构的不同。新老农保的政策型构之不同主要体现在以下五个方面。

第一，新老农保试点层次及具体启动层次不同。老农保的试点层次比较低而具体启动层次比较高。老农保的试点是从乡级开始的，如 1987 年长沙市郊区岳麓山乡在省、市、区民政部门的指导下开展了农村社会养老保险试点，[①] 职能部委和试点的地方政府之间的行政距离较远。相反，新农保的试点层次比较高而具体启动层次比较低，试点层次一般是比较大的市（比如地级市），由市通过下面的县（区）挑选村子[②]来进行新农保试点，职能部委和试点的地方政府之间的行政距离相对较近。这意味着主管部委的政策的组织着力点不同。

第二，新老农保的政策目标指向的农村社区属性不同。老农保选择比较富裕的农村社区，并且反对将农村人群分类使之加入不同类别的社会保险；而新农保选择财政压力大的西部贫困县，并鼓励将农村人群分类使之加入不同的社会保险。老农保的政策经验源于社会中自发的探索，而 a 市新农保的政策经验则来自政策学习。劳动和社会保障部农村社会保险司工作人员这样谈老农保

---

① 刘从龙：《农村社会养老保险政策研究》，北京大学社会学系硕士学位论文，1992。

② 在 A 省 a 市最开始选定的 T 县进行试点的是 J 村，其原因是"选择具有较强代表性的 J 村进行试点，总结经验，明确重点，为新型农村社会养老保险制度全面推进积累了宝贵经验"（T 县人民政府：《健全保障体系 统筹城乡发展 全力推进和谐奋进新 T 县建设》，2007 年 10 月 31 日）。

出台的背景：

> 当时搞农村社会养老保险，不是头脑发热的产物，而是看到苏南农民自己建立了社区养老、退休金发放等制度，考虑政府能不能在农民养老方面做一些事情。①

由此可见，老农保最初是部分经济条件比较好的农村集体自发实施对本集体内老人的福利补贴制度后，由民政部提出将富裕地区农民手中的现金集中起来，将农民养老问题由传统的"子女供给型"转变为"自保型"，并要求首先从富裕地区开始，随着经济发展而逐步扩展。② 当时，政府对农村的大政方针是：在家庭联产承包责任制改革能量释放完毕之后，农村深化改革的目标是将农村经济纳入商品经济轨道，同时，为解决农村剩余劳动力的出路问题，国家选择了农村工业化的道路。③ 而这一阶段正是农村乡镇企业迸发出生机的时期，根据社会整合的原则，老农保也将乡镇企业职工视为政策对象，坚持农村务农、务工、经商等各类人员的社会养老保险制度一体化方向。④

> 改革以来，农村剩余劳动力开始向非农产业转移，但这种转移主要在社区内部进行，而且大多数劳动者是亦工亦农，职业转换极为频繁，因此，不能分设不同的养老保险体

---

① 2001年4月对劳动和社会保障部农村社会保险司工作人员的访谈（杨刚：《农村养老资源的制度性建构——沿海两地三村养老保障制度实证研究》，北京大学社会学系博士学位论文，2002）。
② 刘从龙：《农村社会养老保险政策研究》，北京大学社会学系硕士学位论文，1992。
③ 刘从龙：《农村社会养老保险政策研究》，北京大学社会学系硕士学位论文，1992。
④ 《关于印发〈县级农村社会养老保险基本方案（试行）〉的通知》（民办发〔1992〕2号）。

系。更值得注意的是，农村非农产业的发展是农村全体劳动者多年劳动的结晶。乡村企业的原始资本中有一部分或全部是来源于农业的积累，其资产不仅仅是企业职工集体所有，同时还是乡村全体农民的共同财产。农业是国民经济的基础，"以工补农、以工建农"是我国农村发展的一项长期政策。如果在农村社会养老保险政策上实行工农分离就是在经济上对务农农民的不公平，影响农村劳动者之间的关系。因此，农村各业人员都参加养老保险，分享共同创造的社会财富，有利于全体农民的团结互助，创造一个和谐的社会环境。①

虽然在 2009 年国家级新农保政策出台之前已经有很多地区推行了地方版的新农保政策，但是，从总体上说，新农保的出台具有很强的政策学习的特点。a 市劳动和社会保障局曾赴江苏、浙江、福建等地区考察学习。②

新农保③是于 2007 年 7 月 31 日在西部省份财政资源紧张的 a 市（a 市实现全覆盖后，共需财政补贴 21000 万元④）的两个最穷的县下面的村（T 县 J 村）开始的。同时，A 省 a 市某区是一个农业大区，属省定贫困县、贫困人口集中区。⑤ 之所以选择从比较贫

---

① 刘从龙：《农村社会养老保险政策研究》，北京大学社会学系硕士学位论文，1992。
② 2007 年 10 月 31 日 A 省劳动和社会保障厅厅长在全省农村社会保险工作座谈会上的讲话摘要《以科学发展观为统领　积极稳妥推进农村社会养老保险试点工作》。
③ 有许多地方实施了新农保，比如江苏、成都等地，但是这些地方的新农保并未上升到国家政策层面，所以，本书将新农保开始的事件认定为 2007 年 7 月 31 日 a 市新农保基础养老金在 J 村发放。
④ "财力保障、资金管理都将成为各区县面临的困难"（《a 市模式　何以成为全国新农保蓝本》，《a 市日报》2009 年 8 月 4 日）。
⑤ a 市某区《农村养老保险制度建设与运行情况调研讨论提纲》，2010 年 5 月 17 日。

困的地区开始,是由新农保出台的背景因素决定的。

> 新农保出台有四个背景:首先是统筹城乡大的战略背景;二是中国希望进一步解决农村贫困问题,而在这点上,新农保是一种重要措施;三是应对老龄化;四是由政府补贴的新农保在500多个县已经搞起来了,造成了既成事实,为国家出台政策积累了经验。①

同时,因为新农保会向参保的农民提供由国家财政出资的基础养老金,所以,为了减轻财政负担,新农保鼓励富裕的农民加入城镇职工养老保险。

第三,新老农保在基金管理网络方面不同。老农保的管理形式是:乡设"保险基金理事会",理事长、副理事长由乡政府任命,负责制定和修改"合作保险基金会章程"和"养老保险条例",指导、监督和协调全乡的保险工作;各村设"保险基金理事分会",其成员由村民民主选举产生,具体办理各村的保险业务。②同时,民政部直接借力的行政层次相对比较低,一般是县级单位。在保险基金的管理与增值方面,虽然规定了基金以县为单位统一管理,并在指定的专业银行设立农村社会养老保险基金专户,各乡(镇)缴纳的养老保险基金直接入银行专户,实行专账专管,专款专用,要求民政部门和其他部门都不能动用资金,但也允许将保险基金用于地方建设。在实际操作中,老农保基金管理这一块儿比较乱,有些地方基金遭到挪用、留用,有些地方用保费支

---

① 2010年7月27日亚洲开发银行(Asian Development Bank, ADB)技援项目会议上相关负责人的发言。
② 刘从龙:《农村社会养老保险政策研究》,北京大学社会学系硕士学位论文,1992。

付工资和各种费用。① 而且，老农保在技术参数方面，更多地借鉴了商业保险的办法，比如农村社会养老保险给付标准计算方面的几个参数：①保险基金的预定年复利率参照中国人民保险公司经营同类险种的利率，为8.8%；②管理服务费提取比例，目前保险公司一般定为5%，农村社会养老保险暂定为3%。②

新农保在业务管理方面相比老农保更为严格，财政部认为"《指导意见》规定：新农保基金要纳入社会保障基金财政专户，实行收支两条线管理，单独记账、核算。应当说，这是新农保与老农保在基金管理方面的一个主要区别"③。新农保保费的收缴一般由人社系统的农保处、农保中心负责，试点地区在保费收缴方面的经验一般是由村委会以及村会计将农民参保费用一起收缴上来后，交到乡上的财政专户里，再由乡上直接转入县级财政专户。根据A省a市某区的《农村养老保险制度建设与运行情况调研讨论提纲》，"区农保中心在邮政银行开设了'农村社会养老保险基金收入专户'和'农村社会养老保险基金支出户'，区财政局在邮政储蓄银行开设'农村社会养老保险财政专户'。严格执行'收支两条线'，农保中心按期将收缴的保费上缴财政专户，每月向财政提出拨付申请，财政审批后，由财政专户转入基金支出户，再由

---

① 对老农保基金的规范管理要求"2002年3月底前，各市县、区要将农村社会养老保险基金全部移交同级财政部门管理，实行专户管理、专户储存、专款专用。农保基金的保值增值，仍按国家劳动和社会保障部规定的年复利2.5%执行"；对基金安全问题，要求"对已经发生的违规基金和风险隐患基金，要组织民政、财政和公检法部门抓紧清收，限期收回。对因违规操作已造成损失的，要查明原因，落实责任，做出严肃处理。从即日起，停止以任何形式用保费支付工资和各种费用"（《A省人民政府办公厅关于加强农村社会养老保险基金管理工作的通知》（A政办发〔2001〕127号）。
② 《关于印发〈县级农村社会养老保险基本方案（试行）〉的通知》（民办发〔1992〕2号）。
③ 人力资源和社会保障部宣传中心：《支持新农保试点，国家财政出重拳——财政部负责人解读新型农村社会养老保险试点财政补助政策》，2009年9月9日，http://rsld.yuqing.gov.cn/art/2009/9/10/art_3610_16272.html，最后访问日期：2014年8月11日。

基金支出户转入邮政银行代发,按月实行社会化发放,切实做到'专户储存、专户管理、专款专用、封闭运行'"。

第四,新老农保的国家配置性资源的注入能力不同。老农保的国家配置性资源注入能力弱,因为当时"城镇社会保障体制改革这块,政府已经投入了上万亿,背上了巨大的包袱"①。因国家财力有限,为避免重蹈城市社保负担沉重的覆辙,在政策参数结构上,老农保的基本原则是"坚持资金个人缴纳为主,集体补助为辅,国家予以政策扶持;坚持自助为主、互济为辅"②。

> 国家的政策扶持,主要体现在《基本方案》中的规定,乡镇企业用于集体补助的保险费实行税前列支,对保险基金、管理服务费和养老金不能征税、费。而我国税制改革的方向是实行中央和地方分税制,那么,这些让税责任将大多由地方财政承担。③

在政府部门眼里,新农保跟老农保最大的区别在于政策的参数结构方面。财政部认为新老农保最大的区别在于新农保有财政补贴,即由国家出资的补助金——基础养老金。

> 新农保由政府对参保农民缴费给予补贴,并全额支付基础养老金,这是新农保与老农保的最大不同,表明国家将对

---

① 2001年4月对劳动和社会保障部农村社会保险司工作人员的访谈(转引自杨刚《农村养老资源的制度性建构——沿海两地三村养老保障制度实证研究》,北京大学社会学系博士学位论文,2002)。
② 见《关于印发〈县级农村社会养老保险基本方案(试行)〉的通知》(民办发[1992]2号)。
③ 刘从龙:《农村社会养老保险政策研究》,北京大学社会学系硕士学位论文,1992。

农民老有所养承担重要责任……①

A 省农保负责人也持类似观点：

> 1992 年开始实行的农村社会养老保险制度，我们把它叫老农保，在基金筹集上实行以个人缴费为主、集体补助为辅、国家政策扶持的办法，A 省运行到 1998 年就基本处于停滞状态，究其原因，就是没有政府公共财政投入，并且缺乏调整机制，使参保人员享受待遇水平过低，从而难以调动农民的参保积极性。②

第五，政策的推广能力不同。老农保的情况是，老农保政策没有进入国家政策领域，维持了民政部部门通知的形式，即《关于印发〈县级农村社会养老保险基本方案（试行）〉的通知》（民办发〔1992〕2 号）；而新农保的情况是，国务院于 2009 年 9 月 1 日发布《国务院关于开展新型农村社会养老保险试点的指导意见》（国发〔2009〕32 号），从国家政策层面正式启动新型农村社会养老保险政策。各地既有的地方新农保都开始向国家新农保政策靠拢，因此，新农保的外推能力或者说一般化（generalization）能力远远胜过老农保。

通过对上述不同点的论述，可以看出新老农保的政策措施组合即政策型构非常不同，表现在财政支持的有无、具体启动层次、试点层次、组织网络（既包括横向也包括纵向网络）、政策结构、承诺兑现、基金管理、实施范围、缴费模式（连续还是一次性缴

---

① 人力资源和社会保障部宣传中心：《支持新农保试点，国家财政出重拳——财政部负责人解读新型农村社会养老保险试点财政补助政策》，2009 年 9 月 9 日，http://rsld.yuqing.gov.cn/art/2009/9/10/art_3610_16272.html，最后访问日期：2014 年 8 月 11 日。

② 《a 市农民养老不再难》，《人民日报·新农村周刊》，2008 年 12 月 7 日。

纳、是否代际反馈)、推广能力等方面(见表 5-1)。

表 5-1 老农保与新农保的政策型构之比较

政策型构	老农保	新农保
国务院授权	有	有
资金筹集	个人缴纳为主,集体补助为辅,国家予以政策扶持	个人缴费、集体补助、政府补贴
政策参数结构	个人账户	个人账户+基础养老金
农村社区属性	从富裕地区开始	从经济不发达地区开始
财政支持	无	有
试点层次	低(郊区政府)	高(地级市)
具体启动层次	乡	村
行动者	民政部+县	财政部+人社部+地级市
组织网络	银行+经办	财政+经办+银行
缴费模式	允许一次性缴纳	连续缴纳、家庭连带
基金管理	银行+政府	纳入财政专户+国有商业银行
竞争力量	人民保险公司(国营)	无
承诺兑现	低	高
推广能力	民政部试行方案	国务院指导意见
成果	截至 1998 年底,全国有 2123 个县 65%的乡(镇)8025 万参保人①	从 2010 年初的 3326 万人增加到 2012 年底的 4.6 亿人②

注:①《新农保:我国农村养老保险事业发展的新启航》,《中国劳动保障报》2009 年 6 月 26 日。
②《吴邦国:新农保参保人数去年底增至 4.6 亿人》,2013 年 3 月 8 日,ht-tp://news.hexun.com/2013-03-08/151876321.html,最后访问日期:2014 年 11 月 1 日。

从上述比较可以看出,新老农保具有非常不同的政策型构,并且在很大程度上也反映出资源结构的不同。老农保政策是以一个个比较富裕的郊区农村社区为依托,在这样单独的农村社区里,并没有区分成员的职业身份,没有对收入较高的乡镇企业职工和纯务农人员做出区分。在配置性资源上,也主要是由本社区内人员的缴费为主,不仅缺少中央财政资源的注入，也缺少地方财政资源的注入，在资源聚集方面是社区指向的。在基金管理方面，开始是在民政部门的指导下，由乡设"保险基金理事会"、各村设"保险基金理事分会"，之后随着民政部提倡提高试点层次转到了县级。尽管一开始老农保并没有形成完全社区自治的模式，一直在行政序列指导下发展（开始由乡后由县），并且在事实上，基金管理网络在某些地方也扩展到了省一级，但是老农保的试点边界相对清晰，并且向上延伸的渠道比较单一。同时，老农保虽然规定在指定的专业银行设立农村社会养老保险基金专户，各乡镇缴纳的养老保险基金直接入银行专户；实行专账专管，专款专用，但是对地方政府而言，银行并不承担财务监督的约束角色，实际上只不过是一个储钱罐儿。① 总的来说，老农保与国家之间的行政网络距离远并且网络渠道单一，各个试点之间并没有连接的渠道，水平、垂直边界均比较清晰，形成了一个个悬浮在社会层面和基层地方政府层面交界处的"飞地"。王思斌认为，过去关于农村社会福利制度的建设问题，政府基本上是以二元社会结构的思路来考虑的，② 这一点也反映在老农保政策型构里。

　　新农保的政策型构具有明显不同于老农保的网络结构。国家在中央财政收入远远高于地方财政收入的情况下，在城乡统筹或者城乡一体化、农村扶贫的大思路下，与老农保相反，选择经济条件不发达、无法依靠农业社区的自有力量建立农村社会养老保险的西部地区，通过中央财政注入资金、地方各级财政资金补助的方式，将财政部、人力资源和社会保障部、较高层级的地方政府（如地级市）纳入新农保的政策架构中。具体来说，在配置性

---

① 根据 c 市主管负责人的讲话，c 市老农保基金现在的管理状况是"老农保按照当时民政部的方式，存四大银行，经过很多年的演变，现在个别县交财政（即基金管理走财政系统），个别县继续按照老农保存银行"。
② 王思斌：《当前我国社会保障制度的断裂与弥合》，《江苏社会科学》2004 年第 3 期。

资源注入上，规定新农保基金由个人缴费、集体补助、政府补贴构成，政府对符合领取条件的参保人全额支付基础养老金，其中，中央财政对中西部地区按中央确定的基础养老金标准给予全额补助，对东部地区给予50%的补助；地方政府应当对参保人缴费给予补贴，补贴标准不低于每人每年30元。在基金管理方面，规定在国有商业银行开设财政专户，同时，财政资金的注入行为"表明国家将对农民老有所养承担重要责任"①。新农保鼓励农村社区内较富裕、有条件的人群（比如农民工）加入城镇职工养老保险。

从上述内容可以看出，老农保政策型构中配置性资源和地方政府结合得更为紧密，无论该配置性资源是来自"块"上由国营保险公司提供的利益还是来自从农村社区收缴上来的保险费，基金管理权限也相应沉淀在"块"上；而新农保政策型构中配置性资源与职能系统结合得更为紧密，基金管理权限、流动渠道受到职能系统更多的控制。将新老农保的政策型构用图示表示，则如图5-1、图5-2所示。

图5-1 老农保政策型构示意图　　**图5-2 新农保政策型构示意图**

图5-1、图5-2中竖线或斜线表示农保政策中国家、地方政府和社会之间的连接渠道，圆形或者卵形表示各个边界相对清晰的试点地区。可以看出，与老农保相比，新农保的政策型构图中

---

① 人力资源社会保障部宣传中心：《支持新农保试点，国家财政出重拳——财政部负责人解读新型农村社会养老保险试点财政补助政策》，2009年9月9日，http://rsld.yuqing.gov.cn/art/2009/9/10/art_3610_16272.html，最后访问日期：2014年8月11日。

国家和社会之间政策连接的制度渠道增加了，加之鼓励农民工加入城镇职工养老保险，新农保跟其他养老保险之间的连接渠道也增加了。同时，在"家庭捆绑缴费"（后改称"家庭连带"）原则下，代际连接渠道也增加了。跟老农保的"飞地"特点相比，新农保政策型构的制度网络更复杂，延伸得更广。需要强调的是，新老农保政策型构的不同不仅仅体现为资源结构的不同，更是不同的资源结构衍生出来的产物。

需要注意的是，上述新老农保在政策型构方面的不同，并不能作为评价两者孰优孰劣之价值判断的标准。从制度生命长短来说，老农保的确由于同国家层面的连接渠道单一、易受中央高层行动影响，因而从国家层面看其制度生命短暂，但是，新农保是否能因为同国家层面连接渠道密度的增加而延长其制度生命，却不是单靠逻辑推理就可以知道的。因为同国家连接渠道密度的增加，同时也意味着国家有更多的制度性工具可以改变该制度的制度化路径，比如，通过规定新农保在国有商业银行设立财政专户管理从农村社区收缴的保险费、排除更贴近农村社区的农村信用合作社的参与，从而有了控制地方政府力量的工具，增大了高层行动的自由度，因此，其制度生命究竟会如何将依赖长时期以后对其制度路径的经验分析。同时，从国家和社会力量的对比关系角度来看，新农保更多地体现为一种福利领域内的国家行政集权，与之相比，老农保最开始是在经济条件较好的乡（镇），利用乡（镇）的自治功能，虽然之后其统筹层次上升到县级，但终究其集中层次比较低。价值判断的标准很多，根据不同的标准可能会得出非常不同甚至完全相反的结论，涉及社会政策时更是如此，因为从历史经验来看，社会政策最为基本的两个功能，即满足社会成员的需要以及实施社会控制，在大部分国家都是相互矛盾的。

第二节 老农保政策的制度化及地方化

"条块分割"的行政科层格局与政策试点模式相结合易于导致政策的地方化,尤其是在没有沿职能系统而下的配置性资源而横向"块"上有配置性资源的情况下更是如此。因为纵向"条"上没有配置性资源的流动,横向"块"上如果有配置性资源并且该配置性资源倾向于利用地方行政力量获利的情况下,就非常容易跟地方政府的组织性资源结合,从而弱化职能部委对政策的控制力,经过一段时间的演化,政策就容易制度化并且地方化。同时,如果纵向上没有配置性资源流动,而地方政府通过政策从社会上汲取的资源也很容易沉淀在地方政府"块"上,经过一段时间也会脱离职能部委的控制。老农保的情况就是如此,在地方层面存在保险公司这一利益提供者的情况下,地方政府易于与这一配置性资源结合,从而抵制上级及职能部委的政令;即便在没有横向资源的情况下,因为基金管理沉淀在地方政府层面,职能部委的控制力不足,再加上 1998 年国务院机构改革导致管理脱节以及国务院叫停老农保等行为对职能部委的权威性资源造成冲击,老农保政策逐渐脱离职能部委的控制,制度化并且地方化了。

1999 年 6 月国务院发布《国务院批转整顿保险业工作小组保险业整顿与改革方案的通知》(国发〔1999〕14 号文件),老农保进入清理整顿期。据统计,到 1998 年底,全国有 2123 个县 65%的乡(镇)开展了这项工作,参加人数达到 8025 万人。[1] 但是在清理整顿期间,全国有 300 多个县取消了农保制度,剩下的县的农保工作也大都陷入低谷,总参保人数下降至 5000 多万人。[2] 上述

---

[1] 《新农保:我国农村养老保险事业发展的新启航》,《中国劳动保障报》2009 年 6 月 26 日。
[2] 汪泽英、何平等:《建立覆盖城乡居民社会保障体系》,中国劳动社会保障出版社,2010,第 13 页。

数字至少说明了两件事情：一方面，国务院的清理整顿要求的确对老农保造成了冲击，约1/7的县40%的参保人退保；但是另一方面，国务院的叫停行动也不能完全消解已经存在的制度网络，仍然有6/7的参保县保留了老农保。老农保在全国范围内的参保情况可见表5-2。

表5-2 农村养老保险参保情况（1993~2009年）

年份	参保人数（百万）	县（个）	享受人数（百万）	积累基金（十亿元）
1993		1100		1.48
1994	34.84		0.17	2.70
1995	51.43		0.27	5.95
1996	65.94		0.32	9.95
1997	74.52	2100	0.61	13.92
1998	80.25	2123		16.62
1999	80.00			
2000	61.72			19.55
2001	59.95			21.61
2002	54.62	1870		
2003	54.28		1.98	25.93
2004	53.78		2.05	28.5
2005	54.42		3.02	31.0
2006	53.73		3.55	35.4
2007	51.71		3.91	41.2
2008	55.95		5.12	49.9
2009	86.91		15.56	68.1

注：表中2003年以后统计的参保人数包括参加老农保、地方新农保和国家新农保试点的所有人。

资料来源：何平、武玉宁《中国农村养老保险可持续发展报告》，载何平、Hyung Ju Lee主编《中国农村养老保险制度改革与发展研究报告——可持续性分析》，中国经济出版社，2011，第3页。

从表5-2中可以看出，在1999年国家叫停老农保之后的

2002年，仍然有1870个县保留、维持了老农保制度，因为地方新农保是从2003年逐渐开始的，因此我们有理由认为2002年的数据准确反映了老农保在被国家叫停后持续存在的情况。表5-2是老农保在全国范围内持续存在的宏观数据证明，山东牟平县大窑乡南大窑村老农保的情况是老农保制度化的微观证明。

  牟平是全国第一个全面建立起农村社会养老保险制度的地区，所推行的"储备积累式"的养老保险制度几乎覆盖了全区90%以上的人口。1991年全县成立了由副县长为组长、由全县18个部门"一把手"联合挂帅的"农村社会养老保险领导小组"，先期选了三个乡镇作为试点，南大窑村所属的大窑乡是三个试点之一，到1992年，全县182个行政村有180个开展了此项工作，建立农保制度，当年收取保费1650万元，有16.8万农民投保，投保率达85%。到2001已连续开展了11轮的投保工作。起初享受范围只是一些村干部，1991年以后扩展到普通村民，实行务工、务农、经商人员一体化的原则。从全区来看，截止到2000年12月30日，共有14.1万多农民投保，占应投保人数的80%以上，累计收缴保费约6956.75万元。1991年刚开展工作时，人均年缴保费只有55元，到2000年，人均年缴费变为70.9元。至2000年底，共有1151人领取了养老金，累计发放金额为309.2万元，年平均领取养老金80元左右。[1]

  截至2001年，该县的南大窑村已经完成了第十一轮投保工作，参保人数仍然保持占适龄参保人（20~60岁的人）总数60%以上

---

[1] 2001年9月对牟平县农村社会保险管理中心主任的访谈（杨刚：《农村养老资源的制度性建构——沿海两地三村养老保障制度实证研究》，北京大学社会学系博士学位论文，2002）。

的比例。

从表5-3可以看出，从1991年到1997年，该村参保人数和个人缴费金额相差都不大，全村有90%以上的适龄参保人一直参保，集体也一直分年龄段给予相应的补贴。而1998年以后，由于集体经济不景气，财力下降，所以暂时取消（挂账）了补助金，可以看出参保人数急剧下降，但是仍然有230多人坚持参保，如果依据1991年适龄参保人数大致估算的话，参保比例仍然维持在60%以上。

表5-3 南大窑村历年农村社会养老保险基金汇总

单位：人，元

缴费年度	参保人数	个人缴费	集体补助	合计
1991	367	16356	9924	26280
1992	367	16244	9672	25916
1993	357	15508	9388	24896
1994	349	14820	9084	23904
1995	344	14616	8760	23376
1996	344	14556	8700	23256
1997	351	16128	8712	25099
1998	239	10764	0	10764
1999	234	10728	0	10770
2000	237	16392	0	16392
2001	241	17412	0	17412

资料来源：根据村会计提供的《历年度农村社会养老保险基金汇总表》计算（杨刚：《农村养老资源的制度性建构——沿海两地三村养老保障制度实证研究》，北京大学社会学系博士学位论文，2002）。

从上述资料可以看出，1999年国务院叫停老农保后，老农保制度事实上并没有完全被切断，全国仍有6/7的参保县保留了老农保。从牟平县南大窑村的情况来看，2001年全村仍有60%以上的适龄人口参保。这说明老农保政策已经制度化并且地方化了，国家清理整顿的政令无法改变政策的制度化惯性。老农保的制度化主要表现在以下两方面。

首先,从社会层面来看,老农保政策已经深深地影响了农民的行为,农民群体对养老保险的合理预期已经深深地嵌入老农保制度安排里,政策对人们行为的影响具有一定的稳定性,并不会因国家清理整顿的政令或者其他事件(大窑镇农村合作基金会倒闭)的影响而轻易改变,制度形成了惯性或黏性特征。

> 一位一直参加保险的南大窑村52岁妇女说:"我参加保险了,1991年开始,原来交96元。根据岁数村里给补贴,现在一直交,队里不给补了,就自己上了,现在一年交120元,准备一直交下去。从40多岁开始参加,现在有10多年了,知道是政府办的,大队那时号召。那时挣钱不多,不容易,现在过得也挺困难,存钱也没道道,挣的也都花了。对保险还是抱一线希望的。有的人不同意交了,俺说,多少得弄点儿。养老从各方面都得考虑,涉及面那么广,政府能'熊'那么些人吗?有一些年轻的,看基金会倒了,怕这个也不长远,都退保了。我认为这面太广了,到时要是倒了,有的是人出头。其他保险没参加,条件不行,一年都是好几千……这个事现在坚持了,将来兴许还能领俩钱,不交上这钱也花了,得点儿是点儿吧。不怕将来不给,村里那么多人(参加),将来(政府)肯定得有个说法。"[①]

其次,老农保政策的制度化体现为管理方式的地方化,老农保政策深深地嵌入在地方政府的"块"上,不具有开放性结构,因此很难重新动员凝固在老农保制度里的资金。从理论上讲,老

---

① 杨刚:《农村养老资源的制度性建构——沿海两地三村养老保障制度实证研究》,北京大学社会学系博士学位论文,2002。

农保的资金管理漏洞问题通过技术手段完全可以改善,但是,当技术遭遇到组织或者说遭遇到组织利益时,情况就会发生很大变化。从政治成本角度考虑,维持原状变成最优选择,因为老农保的地方管理直接关系到地方利益,如果通过技术将老农保从地方剥离,则涉及资金去向追查、资金亏空等诸多问责问题,而且与业务管理权限的缩放相关,因此,转变管理人员的观念很难。

新老农保之间,首先是部门之间不同了;其次是许多地方没办法将老农保整个(从民政口)转移到劳动口,因为账算不清楚,假如账上有100万元,如果账上不够,拿不出了,就没办法整个转交,如果维持则每年需要的钱数比较少,所以就这样维持,认为重起炉灶比较好干。同时现在采取的政策是允许将老农保个人账户转移到新农保。①

老农保搞得好的(地方的)问题越大,老农保搞得好的跟新农保这块儿的矛盾最(越)大,跟新农保的衔接。老农保没搞的,新农保反而是搞得最好的、最快的、最容易的。行,只要你老农保搞得好,你的衔接的问题是最大的,你的所有的(弄的话)问题是最多的,而且,你讲政策的时候,老农保十几年了,十六七年十七八年这个,这种概念已经深入人心了,现在再弄新农保,你再把原来的观念扭转过来,哪儿那么容易呀?所以说原来(老农保)搞得好了,现在再想搞好(新农保)特别的难。②

还有一个问题就是老农保和新农保的衔接问题,好多人给我打电话,有人当时一次性交了好几万,甚至有八九万十

---

① 2010年春对某政策研究员的访谈。
② 2010年5月B省某负责人的会议发言。

来万,问我是按原来的办法计算还是按现在的办法计算,到60 岁的时候,按原来的办法(养老金)要高得多。我们这儿有一个村里比较富,有好几个,问我,我说咱们可能要等上面的解决办法,咱们正在积极地想办法、积极地沟通,只能给人家解释。①

新老农保的转移接续中最困难的是(老农保的)资金缺口问题,一旦解决资金缺口问题,就不会有组织上的问题。现在地方上处理新老农保问题的主要方法有:(1)现在新农保之间是分开运行,老农保不再开展新业务(令其自然萎缩);(2)有些地方进行合并,实行待遇叠加,但有些地方待遇就不叠加了,因为有些地方老农保待遇高,当时利率高;(3)有些地方就实行清退。②

综上所述,老农保制度并没有因为国家清理整顿的政令而完全被取消。正如图 5-1 老农保政策型构示意图所示,老农保政策型构跟国家之间的连接渠道单一,只有行政命令渠道,而没有配置性资源往来的渠道,配置性资源(保险公司提供的利益)跟地方政府结合在一起,并且老农保的基金管理权在各级地方政府手中,因此,国家针对老农保(政策型构制度化后的)制度采取行动只能动用行政权力,而缺少其他可资利用的政策工具,比如通过控制财政专户中流动的配置性资源的流量来消解老农保制度。仅通过上传下达的叫停政令来消解老农保制度,就会遇到地方政府的暗中抵制。因此,尽管在国家下达清理整顿老农保的行政命令后,老农保制度仍然留存了下来,这是"条块分割"的行政结构造成的,因为控制权和利益关系、"条"与"块"之间处于博弈

---

① 2010 年 5 月 B 省某负责人的会议发言。
② 2010 年春对某政策研究员的访谈。

状态。当资源结构中的配置性资源和组织性资源结合在一起抵制职能部委的控制时，政策就容易地方化。

老农保的制度化以及地方化并不是个案，即便现在也可见到地方社保政策因为跟"块"上利益的结合而地方化、制度化的例子。比如，c 市 2003 年开始启动农民工综合保险，该保险一半的业务量和基金量由保险公司负责。经过几年的发展，其管理运营逐渐固化，该政策逐渐制度化并且地方化。即使在人力资源和社会保障部出台针对农民工的工伤保险办法后，c 市仍然没有执行部委政令，而在 c 市层次上继续维持 c 市自己制定的农民工综合保险。

调研员：城乡居民养老保险（c 市的地方创新政策之一）启动以后，对农民工综合保险一定有很大的冲击，农民工是不是也可以参加？

相关负责人：综合保险毕竟是地方政策，国家每出台一项政策都会对它产生巨大冲击，比如人力资源和社会保障部出了一个关于农民工参加工伤保险的办法，明确提出农民工没有条件参加养老、医疗，但是可以先行参加工伤保险。这个文件没有在我们 c 市执行，如果执行的话，综合保险立马就没有了。因为我们的工伤保险平均费率是 0.68%，一年下来一个人交几十块钱，企业就把最大的风险转移了。工伤保险更多（的）是企业风险，而不是老百姓自己的风险，因为国家规定企业必须承担工伤保险费用，所以综合保险肯定会受到很大的冲击，这导致这个文件部里发、省上发，但是我们没有执行。[①]

因为配置性资源跟地方利益结合在一起，导致地方政府抵制"条"上下达的政令。在这种资源结构（配置性资源跟地方组织性

[①] 2009 年 10 月对 c 市某负责人的访谈。

资源结合）下，"条"、"块"之间的博弈关系导致的政策地方化并不仅仅体现在社会政策领域，即使在经济领域，仍然可以看到这种"条"、"块"之间的博弈关系，比如，在成都市统筹城乡综合配套改革试验过程的土地流转试点中就可以清晰地看到这种地方化的事例。

在蛟龙发展的过程中，对待蛟龙集团的用地模式政府各个部门的态度不一。

对于地方国土资源部门而言，它们肩负着保护耕地、坚守18亿亩红线的重任，职责所在，不可能坐视不理。为此地方国土部门（包括青羊国土局、双流国土局，乃至成都市国土局、四川省国土资源厅）三番五次向蛟龙发出传票，要求其依法停止违法占地，承担相应的法律责任。对于地方政府而言，GDP、地方就业以及财政税收等是其安身立命之本，而蛟龙集团所创造的巨大经济和社会效益是有目共睹的。2008年，青羊和双流两个园区共吸引800多家企业进驻，吸收10万人就业，年创造GDP 10亿元，缴税1.5亿元。这一点无论是对青羊、双流，还是对成都市政府，都具有极大的吸引力，也构成了蛟龙集团在与地方政府谈判中争取各种优惠和支持并最终获得合法性的最重要的筹码。国土资源部门则处境尴尬，不仅承受着来自同级人民政府的压力，也受到上级国土部门的管辖，承受着双重压力，因此在政策上对蛟龙用地模式经常表现出摇摆不定。

蛟龙最终能够回归制度红线以内，终究是"条条"政府和"块块"政府妥协的结果：在蛟龙集团补交了部分罚款后，由国土部门为其规范补办手续。①

---

① 张晔、程令国：《集体土地上发展起来的民营工业园——蛟龙工业港》，载北京大学国家发展研究院综合课题组编《还权赋能：奠定长期发展的可靠基础——成都市统筹城乡综合改革实践的调查研究》，北京大学出版社，2010。

从上述成都蛟龙集团用地事例中可以看出，因为蛟龙集团的落户与地方政府的利益相关，即"对于地方政府而言，GDP、地方就业以及财政税收等是其安身立命之本，而蛟龙集团所创造的巨大经济和社会效益是有目共睹的"，这导致地方政府和工商业集团结合，在工商业集团用地问题上共同对抗"条"或者说"职能系统"的国土资源部门。由于"块"上利益的结合，尽管"为此地方国土部门（包括青羊国土局、双流国土局，乃至成都市国土局、四川省国土资源厅）三番五次向蛟龙发出传票，要求其依法停止违法占地，承担相应的法律责任"，但蛟龙集团并没有停止违法占地，而是"补交了部分罚款后，由国土部门为其规范补办手续"，最终，在"条"与"块"的斗争中，"条"处于下风，也即"蛟龙"的用地模式脱离了"条"的控制，这种用地模式可以说地方化了。

从上述例子可以看出，试点政策或者地方创新政策会因"块"上组织性资源和配置性资源的结合而制度化且地方化。尽管由职能部委和基层地方政府形成的政策试点模式更容易触发行政科层体系内的行动力，但是从组织之间的关系来看，因为两个行动者之间的行政距离较远，一旦这种跨越层级的行动停止或者由于其他原因不能继续，则"条块分割"的结构就会倾向于促使试点政策脱离职能部委的控制，导致试点政策地方化，尤其在没有沿系统而下的配置性资源而横向"块"上有配置性资源的情况下更是如此。因为如果纵向上没有配置性资源流动，而横向上有配置性资源并且该配置性资源倾向于利用地方行政权力获利，则配置性资源非常容易跟地方政府的组织性资源结合，从而弱化纵向系统的控制，经过一段时间的发展，政策就容易地方化、制度化。政策是否地方化、制度化归根结底取决于"条"、"块"之间就权力、利益的博弈，而社会政策过程中"条"、"块"之间的博弈结果归根结底取决于资源结构。

第三节　政策试点模式的重新启动

在前两节分析的基础上，本节将着重回答本书开头提出的第二个方面的研究问题，即在相同的政策领域内，重新启动新一轮试点模式的原因是什么？

从农保政策过程来看，在有利的政策环境下，"条块分割"的行政格局和资源结构影响了新一轮试点模式的启动。老农保时期配置性资源（国营保险公司）接近"块"上的地方政府，同时农保个人账户管理权限也基本沉淀在"块"上，再加上国家于1999年叫停老农保及机构重组这些重大事件对职能系统的冲击，使得职能部委对老农保的管理脱节，使老农保脱离政策动议者的控制。农保控制权事实上主要沉淀在地方政府层面，与地方政府胶着在一起，职能部委很难重新掌控老农保。在有利的政策环境下，职能部委往往会试图重新掌控政策，但由于"条块分割"的行政格局，在老农保制度化、地方化后，重新动员沉淀在"块"上的老农保制度中的资源的成本很高，所以，在掌控中断后，作为政策动议者，职能部委在新的配置性资源出现在"条"上时会重新启动新一轮的政策试点模式，另起炉灶推行新农保。

此外，相同政策领域内政策试点模式重新启动的另一例证是改革开放后农村合作医疗领域的政策试点模式过程，这一例证进一步证明了政策试点模式重新启动与否与"条块分割"的行政格局和资源结构有关，下面将简单论述一下20世纪90年代农村合作医疗试点时期以及2003年重新启动新农合试点时期的情况。

鉴于改革开放前农村合作医疗取得的巨大成功，1994年国务院研究室、卫生部、农业部与世界卫生组织合作，在全国7个省

14个县（市）开展了"中国农村合作医疗制度改革"试点工作,① 1996年底全国合作医疗试点村的行政覆盖率上升到17%,② 1997年1月《中共中央、国务院关于卫生改革与发展的决定》（中发〔1997〕3号）规定筹资以个人投入为主，集体扶持，政府适当支持，力争到2000年在农村多数地区建立起各种形式的合作医疗制度。这是改革开放后农村合作医疗的第一个政策试点时期。2002年10月出台的《中共中央、国务院关于进一步加强农村卫生工作的决定》（中发〔2002〕13号）提出，"逐步建立新型农村合作医疗制度"，"实行农民个人缴费、集体扶持和政府资助相结合的筹资机制"。2003年1月出台的《国务院办公厅转发卫生部等部门关于建立新型农村合作医疗制度意见的通知》（国办发〔2003〕3号）提出，建立新型农村合作医疗制度，多方筹资，中央和地方各级财政每年要安排一定的专项资金予以支持，到2010年，实现在全国建立基本覆盖农村居民的新型农村合作医疗制度的目标，农村合作医疗基金在国有商业银行设立农村合作医疗基金专用账户，中央财政和地方各级财政要确保补助资金及时、全额拨付到农村合作医疗基金专用账户。这是改革开放后农村合作医疗的第二个政策试点时期。之后又相继出台《国务院办公厅转发卫生部等部门关于进一步做好新型农村合作医疗试点工作指导意见的通知》（国办发〔2004〕3号）、《国务院办公厅关于做好2004年下半年新型农村合作医疗试点工作的通知》（国办函〔2004〕56号）等文件。从上述农村合作医疗两个政策试点时期的文件内容可以看出，1997年农村合作医疗政策的筹资结构跟2003年新农合的筹资结构不同，新农合有明确的国家财政和地方财政的投入，基金管理方式是在国有商业银行设立财政专户。

---

① 袁木、陈敏章：《加快农村合作医疗保健制度的改革和建议》，《人民日报》1994年7月2日。
② 中国社会科学院农村发展研究所、国家统计局农村社会经济调查总队：《2003~2004年：中国农村经济形势分析与预测》，社会科学文献出版社，2004。

在此可能还需要简单考虑一下从试点模式的重新启动中衍生出来的一个问题：农保领域和农村合作医疗领域会不会第三次启动政策试点模式？

具体到新农保政策而言，配置性资源与职能部委的权威性资源相结合，使新农保政策的资金管理可以借助技术化手段（在国有商业银行设立财政专户），而这有利于职能部委控制新农保政策。① 在国家层面，《国务院关于开展新型农村社会养老保险试点的指导意见》（国发〔2009〕32号）规定，新农保将以每年10%的速度增加试点。从2012年7月开始就加速在全国所有县级行政区全面推开新农保，并且2014年国务院决定合并新农保和城镇居民社会养老保险，建立全国统一的城乡居民基本养老保险制度。从上述政策发展进程来看，新农保政策会以城乡居民基本养老保险的名义在全国范围内制度化而不会地方化。新农合制度也是如此，实际上到2013年6月底，全国参加新农合的人口有8.02亿，参合率达99%，② 在2003~2013年短短10年的时间里，新农合政策已经在全国范围内制度化。所以，在农保政策领域和农合政策领域，短期内不太可能第三次启动政策试点模式。

从第三章到本章，本书集中关注了政策出台的主要场域行政科层体系内部的运行情况，第六章将进入政策试点模式的影响与行动者的策略分析部分。

---

① 在这种情况下，维持新农保制度与职能部委的利益是一致的，就应该不会再有结构性动力去利用试点模式之政策动议权重新启动该项政策的下一轮试点模式。
② 国家卫生和计划生育委员会：《全国新农合工作座谈会在京召开》，http://www.moh.gov.cn/jws/s3582g/201308/89d1e844d8634362a50b12ff7a1a727b.shtml，最后访问日期：2015年4月24日。

第六章 政策试点模式的影响与策略

尽管中国社会政策过程的主要活动场域是行政科层体系，但是，社会政策的末端仍然与政策对象相关联。作为农保政策的目标群体，农民群体并非单纯的被动接受者。刘从龙认为政策的政治可行性是政策能否可行的关键，①再加上当下"维稳"的意识形态，可以知道农民群体尽管没有作为具体的行动者进入农保政策的博弈过程，但是其庞大数量的影响力仍然在政策初始阶段就潜在地影响政策制定者的选择。可以说，农保政策的妥当与否在个人层面上会影响农民的行为，在整体层面上会影响社会稳定。尽管新农保政策的"自愿参与"条款违背社会保险的技术性原理，但是在"维稳"的意识形态下，出于政策的政治可行性考虑，无论是老农保还是新农保均规定农民可以"自愿参加"而非"强制参加"，因此，尽管农民群体处于非组织的原子化状态，但农民在某种程度上有决定是否参与的权利，进而作为一个庞大的群体影响政策过程。

那么，在这种情况下，政策试点模式的社会后果为何？行政科层体系及社会（农村社会）如何应对政策试点模式的重新启动

---

① 刘从龙：《农村社会养老保险政策研究》，北京大学社会学系硕士学位论文，1992。

带来的政策不稳定问题？这是本书第三个方面的研究问题。本章①的论点是农民往往采用"以小易大"的理性逻辑来应对基层地方政府的参保要求，而基层地方政府往往采用"做加法不做减法"的逻辑来消弭农保政策可能引发的不满。本章由三节构成：第一节论述行政科层体系如何应对社会，分析基层政策执行者的行动策略；第二节是社会对农保政策更迭的反应，分析目标群体的应对策略；第三节论述政策的推广能力问题。

第一节　基层政策执行者的行动策略

对距离社会②最近的基层地方政府而言，同时面临对上、对下的双重任务，而不仅仅是上传下达的通道：对上需要完成任务同时汲取资源，对下保持辖区内社会稳定同时汲取资源。具体到农保政策来说，基层地方政府完成双重任务的行动策略表现为对参保率的追求以及"做加法不做减法"上。

一　追求参保率

职能部委通过高参保率实现政策的落实，基层地方政府通过参保率完成资源汲取和政绩。根据新农保调研地区的情况来看，试点地区追求的目标是参保率，并且通过对参保率的"任务分解"、"层层加压"、"自我加压"、"目标考核"等手段确保自下而上行政层级汇总上来的参保率能达到或超过上级政府（一般为市级）原定的目标参保率。对政策执行方来说，参保率是其整个业务流程中的中心环节，参保率是将从上而来的资源——基础养老金和从下而来的业务量的扩大——参保农民个人账户量的增加——很好地结合起来的

---

① 本章部分内容参考了笔者发表于《湖南农业大学学报》2011年第1期的文章《新型农村社会养老保险的制度性合谋及特点》。
② 社会这一概念的含义很模糊，外文文献中往往指市民社会或者社会团体或者企业，在本章中，社会主要指农村社区。

一个点。高参保率这一指标能很好地体现地方政府的主要利益：既能体现为政绩，又能成为事权扩大的基础动力。因此，地方政府采取各种措施来提高参保率。首先，在政策文本方面，新农保政策制定了"捆绑缴费"和"多缴多得"的原则。a市新农保政策中非常关键的一条是"捆绑缴费"，其执行非常严格，比如在《a市新型农村社会养老保险试行办法》有关具体政策问题的通知中，第一条即规定："年满60周岁的老人与儿子、儿媳户口不同村、不同乡或不同县者，两地均已开展新型农村社会养老保险工作，儿子、儿媳按规定参保缴费，其父母方可享受新型农村社会养老保险待遇；儿子、儿媳户口所在地新型农村社会养老保险工作未启动，其父母可先行享受，待启动后儿子、儿媳必须按规定参保缴费。"同时，《a市新型农村社会养老保险试行办法》规定，市、县（区）财政对参保人员养老保险费给予不低于年30元的补贴，并且会随档次的提高而逐档略有增加。此外，缴费超过规定年限的，在领取待遇时会根据年限得到财政补贴。其次，在养老保险办理机构、人员及经费的配备方面，由市到县（区）到乡（镇）再到村各层级都有人负责新农保，除了这一行政路径外，还通过在村设立公益性岗位及政府购买服务的办法，为每个乡（镇）配备2~3名协理员（一般由当地毕业的大专生充任，由市财政出资），在村设立公益性岗位，协助监督村干部办理养老保险事宜。再次，在具体工作方法方面，市政府提出通过"两讲两算"，即深入农户"讲政策、讲利益、算细账、算好处"来吸引农民参加；同时印发宣传画和彩页（某区印发30多万份）、出动宣传车、打标语横幅、广播、办宣传栏和黑板报、召开村民大会、电话联系外出务工人员等方法造势。最后，通过"示范、带头、社会效应"推进新农保工作，开展"五村示范、五人带头"[①]、"举行隆重的发放仪式"等活动。政策执行方采取上述种种

---

① 在a市某区8镇中选择群众基础较好的5个村进行示范，在镇村干部、党员、干部家属、人大代表、政协委员中开展"五人带头"活动。

手段，终于获得了很高的参保率。笔者在调研中的一个强烈印象是，县（区）、乡（镇）等各级干部对要钱要人（要编制）都抱有极其强烈的愿望。笔者在跟 a 市相关领导座谈时，该领导强烈呼吁国家对经办费用进行支持；在对县（区）、乡（镇）的政策执行人员进行访谈时，他们都表达了要人要钱、壮大队伍力量的强烈要求。但是，事实上，个人账户积累部分在保障参保人养老方面作用极为有限，根据《〈a 市新型农村社会养老保险试行办法〉解读》资料提供的数据来看，如果选择最低档缴满 15 年，每年缴 200 元，到 2024 年时每月领取的个人账户养老金只有 27.1 元；如果按国家规定的最低缴费档次 100 元来算，缴满 15 年能领到的个人账户养老金就更为有限。所以一研究员评论说，在这种状态下"设立个人账户会将大量的人力物力耗费在个人账户的管理方面"，但是，个人账户这一制度模式在事实上增加了地方政府的事权。另一位政策研究员在提到地方政府干部对政策的态度时也提到了这一点：

> 地方干部说你们（政策研究员）别把政策弄那么复杂（意指政策条文详细清楚），要是老百姓都明白了，还要我们干什么呢？地方干部希望有活干，慢慢干，1 年的事情分成 5 年来做，这样也有成绩。①

参保率是凸显基层政策执行人员业绩的硬性指标，各种行动策略的核心目标基本上都指向提高参保率。

二 做加法不做减法

政府很清楚政策更迭以及政策的行动性特征与社会稳定的反比关系，刘从龙特别强调，保持政策的相对稳定性才能取信于民，朝令夕改的政策就会失去群众的信任，难以得到政策执行对象的

---

① 2010 年对某政策研究员的访谈。

认同和服从。① 但事实是，农保政策发生了新老农保政策的更迭，政府必须妥善处理政策更迭带来的信任风险问题。调研地区根据各自的情况，采取的办法主要有三种。第一种办法是新老农保分开运行，要求老农保不再开展新业务，使之自然萎缩。

> 老农保有自动的萎缩状态，参保人数没有扩大，待遇继续领，原来两块钱继续领下去，按照民政部的老办法继续领完就没有了。②

第二种办法是将新老农保进行合并，实行待遇叠加。第三种办法是将老农保个人账户上的钱清退给个人。这三种办法都是以利益计算为底线的逻辑，无论是维持使之自然萎缩还是清退抑或是待遇叠加，目的均是为了使农民群体不觉得吃亏。

现在各地都在积极致力于社保政策的地方创新，通过对 c 市文件进行分析，笔者发现，在相对封闭的行政科层体系内部，各种社保政策的出台、实施都处于变动不居的状态，政令层出不穷。先不谈政策对社会群体的影响力，即使是向下传达政策的行政人员也被政策的频繁更迭搞得焦头烂额。比如，c 市 2008 年连续出台了两个有关农民工的文件，但到了 2009 年就被新文件取代，不再适用。

调研员：我看你们出台的政策有很多，有些政策（生命）仅仅是几个月，你们的感觉怎么样？

地方某负责人：站在我们具体工作的角度，希望政策能够维持一定的时间，因为我负责信息系统，信息系统要跟随

---

① 刘从龙：《农村社会养老保险政策研究》，北京大学社会学系硕士学位论文，1992。

② 2009 年 10 月在 c 市调研时与主管负责人的谈话。

政策变化。但这（政策变动）是大势所趋，新医改方案出来以后，肯定还有更多变动……给经办带来很大的挑战和压力。

  调研员：参保人怎么看呢？

  地方某负责人：我们的政策一直是加法没有减法，待遇水平不断提高，程序上不断方便保民……①

  从上述谈话中可以看出，由于社保权力脱离社会而集中于行政科层体系，政策过程跟社会结合的广度和深度不够，在这种情况下，政府通过计算的逻辑跟社会打交道，同时，通过使农民计算后觉得"不吃亏"或者通过"做加法"这种办法消弭政策更迭可能导致的社会反弹等消极后果。那么，这种"做加法"的效果如何呢？政策更迭是否真的能够通过"做加法"获得社会正收益呢？这就需要分析社会如何做出反应。下节将分析目标群体即农村居民应对政策更迭的策略选择。

第二节　目标群体的应对策略

  笔者于 2010 年 5 月对中西部两个省份的两个市县（a 市和 b 县）的新农保工作实施情况进行了调研。调研期间笔者发现的一个基本事实是，调研市县的新农保参保率普遍都很高，但是绝大多数参保农民都选择当地最低档参保。根据 a 市某区的统计数据，该区各村综合参保率为 60% ~95%，② 但大部分参保人选择的缴费档次是最低档，③ 其比例为 96% ~100%。该区的 18 个行政村当

---

① 2009 年 10 月在 c 市调研时与地方某负责人的谈话。
② 数据来源于 a 市某区新型农村社会养老保险参保情况统计表（2009 年 7 月 20 日）。
③ 国家新农保缴费档次分 5 档，分别是 100 元、200 元、300 元、400 元和 500 元。但是在国家政策出台之前，有些地方政府（如 a 市政府）已经出台了新农保政策，在跟国家政策接轨之后，仍将最低档规定为 200 元。

中只有 1 个村选最低档的参保人占该村全部参保人的 93%，18 个行政村中选最低档的参保人占全部参保人的 98%。① 这一基本事实是新农保政策实施中的一个困局：一方面是参保率高；而另一方面 98% 的参保农民选择最低档缴费。这导致新农保只能在低水平上平铺开来，缴费人群的分布呈极度偏态，因此与该政策作为养老保险制度解决农民的养老问题的初衷不符，是对政策目标的明显偏离。然而，这一困局并没有招致农民的不满，也没有引起地方政府的忧虑。

高参保率这一指标掩盖了这样一个事实，即 98% 的参保农民都选择最低档缴费。那么，为什么绝大多数参保农民选择最低档缴费呢？是目光短浅的小农意识导致的吗？是因为家庭经济水平低下导致的吗？如果是所谓的小农意识，那么就意味着农民群体不想被任何缴费形式的养老保险制度覆盖。如果是因为家庭经济水平低下，那么也就意味着农民群体不会参加任何缴费高于新农保缴费的保险项目。但是，事实否证了上述两种解释性推测。参保农民中参加商业保险的人也并不少，笔者所做的近 40 份调查问卷中就有五六个人给自己或家人买了商保，同时据协理员及经办人员了解，许多人都买了商保，至今商保业务在这些地区都很活跃。就笔者在调研市县访谈的案例来看，买商保（主要是太平洋保险、新华保险）一年要花费上千元到近万元，并且需连续缴满 10 年。据 B 省农保相关负责人介绍，该省农保基金有 8 亿元，商保基金却有 150 亿元。

那么，农民在决定是否参加新农保及选择缴费档次时的考虑是什么呢？与国家新农保政策接轨之前，a 市地方新农保政策规定按上年度农民平均收入的 10%～30% 设立缴费档次，但是农民并不了解也并不按这一规定算账、缴纳保险费。访谈中笔者发现，

---

① 根据 a 市某区新型农村社会养老保险参保情况统计表（2009 年 7 月 20 日）的相关数据计算而来。

农民采用的计算公式是:"如果家里有两个人缴费,一年缴费 400 块钱,1 个老人一年就能领到 60 元/月 × 12 月 = 720 块钱,720 > 400,所以是合算的,应当参加。"村协理员说服农民参保主要也是运用这一公式逻辑给农民算账,反映了农民以小易大的理性逻辑。98% 的参保农民通过选择新农保政策规定的最低档缴费完成"以小易大"的获利。(笔者访谈的那位)村协理员尽管曾在乡(镇)任公职,但对缴费也充满忧虑(因为家里其他人是农民)。他及其他农民担心养老保险费年年涨,他们说去年当地人参加新农保交 175 元/人,今年就交 200 元/人;他们还举例说,新合疗(当地农民对 2009 年新型农村合作医疗的简略称呼)保费由 10 元/人涨到 20 元/人再涨到 30 元/人。农民计算增长比例的公式与政府调整政策的计算公式不一致,政府是按上年度农民的人均收入为基数计算保费,而农民是按上年度缴纳的保费为基数计算。对农民来说,新合疗缴费由 10 元涨到 20 元,增长了 100%;新农保缴费由 175 元涨到 200 元,他们就担心养老缴费明年涨到 230 元或 250 元,因而对笔者反复强调保费维持在 200 元左右就行了。

农民对从自己手里拿走对养老保险费的控制权非常敏感,农民大都希望能把钱放在银行里。无论是希望将缴纳的保费放到银行里还是"以小易大"的营利逻辑,都反映出新农保政策的高参保率并不是农民群体衷心接纳该政策的结果。那么,农民对新农保政策的这种"以小易大"的营利逻辑是不是政策更迭带来的直接不良后果呢?要回答这一问题就需要考察农民群体当年对老农保政策的接受态度。

被调查者选择缴纳(老农保)保险费的中位数是 6 元,众数是 10 元,平均数是 6.9 元。值得注意的是,有近 20% 的被调查者选择缴纳保险费 2 元的最低档次,可以看出,有一部分人因对政策存有疑虑而不愿意一开始就做较多的投入。相当一部分人(约 1/3)对政策心存疑虑,主要是怕政策多变。

不少被调查者在问卷中写道：这是一件大好事，但希望政策不变，到时能兑现，"要靠得住"，"只怕兑不了现"，"一定要兑现，让群众放心投保"，等等。一位农民在问卷上写了一首打油诗："养老保险万民心，感激政府情义深。几十年后天知道，只怕神仙难断清。"①

通过农民对老农保政策的态度可以看出，当年农民对老农保政策也是心存疑虑，因此，不能简单地断言农民对新农保政策的营利逻辑仅仅是政策更迭的结果。

王思斌指出，作为政策对象的农民在传统上被看作被动的接受者，认为他们对政府的政策会感恩戴德，但是实际上，农民基于数十年的经验，常常对政策的真实性表示怀疑。② 调查发现，农民普遍认为新农保政策"事儿是个好事儿"，但就怕办不好。访谈发现，农民对政策的理解是跟农民的日常生活体验紧密联系在一起的。比如一位被访者③明确地说"不关心政策上面的事"，她对政策的理解是与她在跟村干部打交道的过程中得出的经验联系在一起的。她举例说，当她因为独生子女补助的事情咨询村干部时，对方往往敷衍她，因为村干部给她的钱少于邻村，也少于她在镇上看到的宣传资料上的钱数，于是她就认为村干部在骗她，再加上她并不清楚现在缴费将来能拿多少钱，所以对由村干部经办的新农保并不信任，只是随大流，交了最低档的钱。她还谈到在新农村建设时参加了修建村休闲广场的劳动，但一直没能领到钱，所以对村干部不信任，反而更信任银行系统。在对县（区）－乡（镇）－村这一序列与县（区）－银行这一序列进行选择时，她选择银行，其理由是"银行是公家的"，暗含的意思是县（区）－乡

---

① 刘从龙：《农村社会养老保险政策研究》，北京大学社会学系硕士学位论文，1992。
② 王思斌：《农村社会福利制度建设的政策过程分析》，《文史博览》2005年Z2期。
③ 32岁，女，丈夫在外打工，有两孩。

(镇)-村这一序列不是"公家"的。这一案例反映出来的对乡(镇)、村级干部的不信任并不是个别现象。在访谈时笔者发现,随着交流的深入,农民一般都会流露出一些"真心话"。在问及他们对新农保政策的看法时,很多人都说"这个事儿倒是好事",但不愿经过"村干部的手"进行操作,他们给出的理由是"村干部老换(人)"。其实"村干部老换"这句话并不是希望村干部不换人,而是对"不经过村干部的手"这句话不得罪人的委婉说辞,担心自己缴纳的钱会不会被贪污。在新农保试点第一村的 T 县 J 村,村民的疑虑也很多。

"大多数人担心,交了钱,到 60 岁时领不到钱咋办?"村委会主任说,他们还担心自己缴纳的钱会不会被挪用?①

A 省保障厅厅长认为 45 周岁以下的人不愿参保的原因之一是"时间长,担心政策变"。②

不论是希望养老金的发放走银行系统、不走行政序列这件事还是宁可参加似懂非懂的商业保险③而不理会社保"多缴多得"这一情况,我们从中均会发现令人惊讶的事情,那就是在农民眼里"公家"〔乡(镇)、村级〕已不再是"公家","经营性质"的单位却成了"公家"。"公"、"私"之别不在于制度规定、所有权性质,而在于农民的日常体验。农民因为跟乡(镇)、村级干部接触相对频繁(比起跟县级以上干部),从公事中看到了太多的私事,因此将国家行政序列的基层组织"私化"了。而银行系统、保险公司等经营机构由于业务技术化、流程化和制度化,使得这些机

---

① 《a 市模式全国新农保蓝本探析》,《华商报》2009 年 8 月 14 日。
② 《a 市农民养老不再难》,《人民日报·新农村周刊》2008 年 12 月 7 日。
③ 2010 年春笔者就新农保进行调研期间,许多农民反而向笔者咨询商保的事情。

构在农民意识里"公家"化了。即使在银行系统领取养老补助时缺了 10 元钱,农民也不会觉得是银行私自扣下了这 10 元钱,而是认为"上面"就没给银行这个钱。

> 这 10 块钱可能是上面替农民交(玉树)地震捐款了,就算是这样,也该在折子上给记上一笔啊。①

同时,被访谈的对象对政策并不清楚,甚至乡(镇)干部、村干部对政策也并不清楚。B 省 b 县一被访的农民②说:

> 对政策有了疑问后,去村里问,村干部让去乡(镇)问,乡(镇)干部让去村里问,他们互相推卸责任,到最后,也问不出个所以然来。

同样,反映类似问题的还有 A 省 G 村的村民③:

> 对经办服务有意见,主要是经办人员缺乏责任心,不主动为村民解读政策,甚至有些经办人员不懂政策。

从上述访谈资料可以看出,农民对新农保的态度并不取决于新农保政策本身,而是取决于农民对中间环节——基层干部——的看法。基层干部同农民接触最为频繁,并且这些基层干部往往也是出生在当地农村,其本身同农村有着千丝万缕的血缘、亲缘关系,很难将其设定为农民的完全对立面来分析。因此,考察这些基层干部的行为就成为理解农民态度的关键。在调研中笔者发

---

① 在村里调查期间,反映钱少发的农民有 3 位(据他们说村里还有其他人)。
② 男,44 岁。
③ 女,52 岁。

现，基层新农保经办人员对新农保政策也有许多不理解的地方，但是，他们往往将自己定位为执行人员，领导让怎么干就怎么干。

某基层农保负责人：不知道国家为什么设立这个制度，因为地方财政支撑不了几年（该区 50% 的地区是贫困地区），因此认为这个制度是个短命的制度。但是，上头让干自己就干，只是吃碗饭。

调研员：我认为这个制度会坚持下去，国家对财政支撑不起的问题可以有办法解决，比如现在能买 30 碗凉皮的 60 块钱将来也许只能买 1 碗。并且，地方政府没钱，但财税改革后国家有钱，钱通过新农保出来流到社会上，会形成乘数效应，国家 1 块钱能带动起 4 块钱的消费。所以，我估计这个制度会推行下去。

某基层农保负责人：（看起来恍然大悟，仿佛消除了他的困惑）：这么说就对了（意即"这么说就理解了"），这么说就对了。……县上的领导说没钱给老人发 60 块钱时就用交上来的钱发，当时我还很傻，跟领导说"那么干不行吧"。①

调研员：D 村两位老太太反映去年少给了两个月的钱，7 月和 8 月没有，A 省规定是 7 月 1 号开始，但 9 月份才领，她们说"去邮局领，邮局说没有"，G 村也有村民反映这个问题，这是怎么回事？

某基层农保负责人：去年 7 月 1 日交的钱，但从 8 月份（开始）发，市政府不同意补发（7 月份）的，今年 3 月份的钱还没到账，个人账户上有 7 个月的钱就对了。②

调研员：跟村民交流的过程中有几个人反映被扣了 10 块钱，

---

① 2010 年 5 月对 a 市基层农保负责人的访谈。
② 2010 年 5 月对 a 市基层农保负责人的访谈。

有的人被扣了，有的人没被扣，怎么有些人少给了 10 块钱啊？

农保中心主任：不知道有这些事，等着我问问。（因为一直没有得到答复，第二天早餐时调研员又问了相同的问题，农保中心主任对此的回答是）是不是邮局得留下 10 块钱看账啊（意即账上不能取空）？①

通过上述对话可以看出，基层新农保经办人员因为了解当地财政不足以支撑需要地方财政补贴的新农保政策，所以认为新农保政策是项短命的政策，但是"上头让干自己就干，只是吃碗饭"；对政策过程中领导的变通行为，则认为"那么干不行吧"，但同时又认为自己那样跟领导讲话很傻。由此可以看出，行政科层体系内部的工作程序的行动色彩很强并且行动往往是"政绩取向"，导致基层干部跟着上头的指示随时改变自己的行动。因此，在跟农民打交道的过程中，农民的某些疑问基层干部自己也搞不清楚，而有些则是不能跟农民讲的。同时，由于这种行动特征，导致基层干部比起关注业务或者目标群体，更关注"上面"的变动，需要随时对"上面"的变动而不是"下面"的需求做出反应，这导致基层干部与农民互动时的行为也随时变化，没有一定之规，从而导致农民对基层干部的不信任。鉴于行政科层体系内的行动特征，即便是市县领导口中作为为"购买服务"而出现的协理员，也往往自动将自己的角色行政化，不能向农民提供预期的服务，农民也不信任他们。② 从这种意义上说，行政科层体系内的

---

① 2010 年 5 月对 a 市基层农保负责人的访谈。
② 一般来说，乡、村干部对农民的印象是不服管束的，比如 B 省 b 县一乡长认为老百姓"刁"，国家照顾农民，免除农业税还增加农业补贴，现又有低保等补助制度，但并没有得到农民方面应有的感恩回馈。他举例说，在农村卫生方面（新农村建设的要求），如果不给农民工钱，农民根本不管自己村子的卫生状况，"你说让他义务劳动吧，根本不可能，他出工一天要 80 块钱"。而另一村委会主任认为，国家对农村的政策总的来说属于"政策超前"，谈到的例子是在征地事情上，村委会主任的权限越来越控制不住农民的行动，村委会主任越来越控制不住农民。还有某个乡的一名司机在去调研的路上跟笔者抱怨农民无知，说"明明新农保政策是为他们（农民）好，他们反而不领情，还得追着他们参加"。

"行动"特征影响了社会对新农保政策的应对行为。

通过对地方政府如何应对社会以及社会对农保政策更迭的反应的分析可以看出,地方政府以及农民群体之基本逻辑都是计算逻辑,地方政府是"做加法",而农民群体是"以小易大",可见农保政策的"做加法"并没有获得正的社会效益,基层政策执行者行动的非规范性也深深地影响了社会对政策的评价。

第三节 政策的推广能力

国家采用试点模式进行政策创新,其最终目的仍然是希望试点的成功经验能够摆脱试点的地域局限,向全国推开,这就涉及试点政策的推广能力问题。从实际经验来看,政策推广的动力主要来源于四个方面。

一是试点地区的代表性。正如在地方创新部分所述,国家在选择试点地区时会注意该地区的代表性问题,C省c市社保领导在调研会议上明确指出,c市在经济发展水平上与全国平均水平基本一致,而人口数又正好是全国的1%,很具有代表性。A省a市之所以被国家选中作为政策试点城市推出,关键点也在于其"代表性"。

> 在a市之前,全国有好多地方在搞,之所以写进十七大决定,主要是a市试点搞得成功。关键点是标准低,a市经济状况并不好,又处于中西部,贫困地区,所以将a市定为模式,是可以向全国推广的,而江苏等财政状况好的地方的经验就不能向全国推广,因为别的地方可以说我们地方穷,学不了苏州,而对于a市模式,全国别的地方都可以学,a市都具备条件了可以做到,你们别的地方也能做到。[①]

---

① 2010年5月对A省相关负责人的访谈。

从上述资料可以看出，"试点"地区的代表性可以赋予该项试点政策向全国推广的合法性。

二是国家级政策的出台。老农保政策虽然得到了国务院的授权，并且到 1998 年底，全国有 2123 个县 65% 的乡（镇）开展了老农保，参加人数达到 8025 万人，已经远远超出当初的试点区域，具有相当规模，但是最终老农保政策也没有上升为国家政策，仍然是部门政策。而新农保政策自 2003 年开始地方试点，到 2009 年 9 月 1 日国务院即出台了国家级政策，国家级政策对新农保政策的推广具有巨大作用，根据各地调研情况来看，该项政策出台后，调研地区都会根据国家政策进行对接。c 市尽管从 2008 年开始就创新了 c 市地方版本的新农保政策，并且该政策采取的是统账结合的模式，跟国家新农保模式并不一样，但是在 2009 年 9 月国家级农保政策出台后，c 市就试图做到对接。

c 市社保负责人：虽然我们 c 市办法已经试点两年，转变还不够。国家办法出来了，我们就一定要做到调整，完全对接。①

另外，江苏省的 w 市人民政府于 2005 年 4 月发出《关于印发 w 市农民基本养老保险暂行办法的通知》（w 政发〔2005〕96 号），w 市新农保政策实行统账结合模式。据了解，江苏省人力资源和社会保障厅已明确要求，凡与国家基础养老金 + 个人账户模式的新农保政策不一致的，必须于 2010 年 4 月底前完成政策转换，届时全省各地的新农保政策都将统一到国家新农保政策上。② 但实际上，国家新农保政策在 w 市的发展空间并不大，因为 95% 的劳动年龄人口已经加入城镇职工养老保险，尽管如此，该市新农保政

---

① 2009 年 10 月在 c 市的调研。
② 华迎放：《w 市农村社会保障调研报告》（内部资料），2010。

策仍会跟国家新农保政策对接。

三是时急性问题。政策是否对行动者或社会而言具有时急性。国务院于 2014 年 2 月 21 日发布《国务院关于建立统一的城乡居民基本养老保险制度的意见》（国发〔2014〕8 号），决定将新农保和城镇居民社会养老保险两项制度合并实施，要求 2020 年前全面建成公平、统一、规范的城乡居民养老保险制度。由此可见，新农保制度的覆盖范围已经达至全国。

四是政策对目标群体的吸引力。

> 制度好三五年就覆盖了，为什么二三十年不能覆盖？就是制度有问题。①

由此可见，一项经由政策试点模式由地方性政策上升为部门政策或者国家级政策的政策，并不必然会在全国层面实现制度化发展，其推广能力还会受到诸多条件的限制。

---

① 2009 年 10 月 c 市社保负责人的讲话。

第七章 政策过程与制度变迁

本章将对政策试点模式过程进行简要总结，在此基础上，试图回答本书开头提出的第四个方面的研究问题，最后指出本研究的局限及今后可能的研究方向。

第一节 政策试点模式的政策过程

本书的主题是关于中国社会政策过程的研究。中国政策实践中一个非常引人注目的特点是出台政策的试点模式，但是目前对政策试点模式的过程研究还很鲜见。

本书遵循吉登斯结构化理论之旨趣，具体借鉴新制度主义的相关概念，从制度和资源结构的角度对农保政策试点模式过程进行研究。本书从三个层次来定义制度：一是作为基础制度环境的"条块分割"的行政科层体系；二是将政策型构经过一段时间制度化后视为制度；三是组织间结构化的互动关系。这三个层次的制度定义含义的交叠之处在于制度体现了组织之间稳定的结构化关系。需要指出的是，第三个层次的制度——组织间结构化的互动关系——同时具有制度性和行动性的特征，这一制度化关系典型地体现了政策过程既有制度又有行动的特点，可以说也非常契合吉登斯行动流概念的二重性特征，而这也跟既有文献对中国政策的政治-行政性以及所运用的独特方法等政策风格的分析相契合。

同时，通过借鉴吉登斯关于资源的含义及其分类，本书将政策试点过程中的资源分为三类：一类是具有政策动议权的权威性资源；二是具有覆盖行政区域、动员社会能力的组织性资源；三是可以被行动者纳入政策过程中来的外来资源或依据政策从社会中抽取的诸如资金之类的配置性资源。在政策试点模式中，职能部委具有权威性资源，基层地方政府具有主管区域社会的组织性资源，职能部委的政策动议权及基层地方政府的组织性资源因政策试点模式而结构化，两者之间的制度化关系是开启政策试点模式的必要条件，可谓一种制度。而配置性资源在政策试点过程中是不稳定的、变化的。配置性资源跟试点模式中的职能部委-基层地方政府结构相结合，可以形成四种资源组合：一是配置性资源跟职能部委的权威性资源结合；二是配置性资源跟地方政府的组织性资源结合；三是职能部委与地方政府都具有配置性资源；四是职能部委与地方政府都不具有配置性资源。本书将这种资源组合称为资源结构。本书使用制度和资源结构作为解释政策过程的核心概念，认为"条块分割"的基本制度环境以及资源结构为政策试点模式的出现创造了条件，同时影响了试点模式中行动者之间的互动关系，体现为不同的政策过程并形成不同的政策型构。另外，制度和资源结构也影响了行动者是否重新启动新一轮政策试点模式。具体来说，资源结构会影响行动者互动过程中"条"、"块"之间的力量对比关系，而这一资源结构关系会影响政策型构，经过时间的沉淀，政策型构会逐渐与组织、社会相嵌而制度化，同时，行政科层体系"条块分割"的特点又使试点政策易于地方化，易于脱离政策动议者的掌控，在这种情况下，拥有政策动议权的行动者就会评估该政策的制度化情况及地方化情况、应手的资源结构情况以及地方现阶段经验（先行经验），进而考虑是否重新启动下一轮政策试点模式。同时，行政科层体系采取"做加法不做减法"的办法减轻因行政科层体系内部政策更迭、政策试点模式重新启动带给社会的震动。

第二节 政策过程：理解中国制度变迁的一种理论进路

本节试图回答本书提出的第四个方面的研究问题，即通过研究政策试点模式，能否提出一种理解中国制度变迁的理论进路？政策试点模式是否制度变迁的内生性推动力量？中国语境下，制度稳定或制度变迁究竟表现在哪些方面？（历史）新制度主义往往从三个方面来考察制度的稳定与变迁，即外生性制度变迁、制度稳定以及内生性制度变迁。本节也将从这三个方面来分析中国的制度变迁。

一 外生性制度变迁

从第三章对中国改革开放前、后社会福利制度的实际组织形态对比来看，社会福利制度发生了明显的变迁。首先表现在社会福利的提供主体发生了明显变化，改革开放前主要由工会和企业或者说单位在国家政策的指导下组织实施社会保险，改革开放以后主要由人员编制、薪资及升迁均依靠地方政府的职能机构（主要是社保局、医保局等）来组织实施。其次，对制度指向的目标人群而言，改革开放前由代表工人的各级工会负责组织，体现了工人的主体性地位；而改革开放后强调社保管理的"地方属性原则"，突出了行政集中化趋势。最后，从总体上说，改革开放前的社会福利制度发生在生产领域的初次分配阶段，是一种生计保障；而改革开放后的社会福利制度发生在再分配阶段，是社会保障。上述制度的构成性部分的变化完全改变了社会福利制度体系。

可以说改革开放前、后的社会福利制度经历了组织间结构关系的转变，即从"社会分散化模式"到"行政集中化模式"的转变，这一转变是外生性制度变迁的结果。虽然本书的研究并没有聚焦于这一点，但社会福利制度的变迁明显是国家经济体制转型的衍生物，其变迁来自社会福利系统外部力量的驱使。国家主导的社会经济体制改革直接改变了工会系统与各级地方政府之间的力量对比，从而进一步改变了社会福利领域内部组织之间的结构化关系。比如1998年6月发布的《国务院关于实行企业职工基本养老保险省级统筹和行业统筹移交地方管理有关问题的通知》（国发〔1998〕28号）就是一个典型例证，要求将行业统筹移交地方管理的做法事实上极大地改变了组织之间的制度化关系，也即改变了社会福利制度，是外生性制度变迁。

二 制度稳定

制度稳定表现为两个方面：一方面表现为行动者（组织）在政策试点模式中一以贯之的稳定的结构化关系；另一方面，政策试点模式作为中国出台政策的一种惯行，在整体意义上可以说是一种行动的方法论，本身即表现为一种制度的路径依赖过程。

历史制度主义多从制度影响行为的角度来论述制度的稳定性倾向，比如制度带来的效益递增会促使行动者对制度进行进一步的资产专用性投资，以揭示制度的黏性特征。中国"条块分割"的行政科层结构以及为摆脱或者说超越这一"条块分割"的基础制度束缚而由职能部委和基层地方政府结合而成的政策试点模式和与之配套的由主管领导充任小组组长的逐级嵌套的各级"××领导小组"是一种稳定的制度模式，"条块分割"的行政科层结构是实的、可见的制度，而后两者（即政策试点模式中组织间结构化的互动关系和各级"××领导小组"）是不可见的制度，由行动者稳定的行动流展现。对行动者而言，这三者的结合是一种常见的制度型构（configuration），这一制度型构可由不同的行动组织形成，但这一制度型构本身是相对稳定的，即行政科层体系内的不同组织可诉诸这一制度型构来采取具体的行动。在这一制度型构中，"条块分割"的科层结构是最难改变的，其体现并界定着不同资源的分布，同时也限制了行动者行动的任意性，促使行动者倾向于采取试点模式，通过职能部委与基层地方政府结合（事实上是一种不同资源的结合）来展开行动（比如出台政策），而逐级嵌套的"××领导小组"是将试点模式和行政科层结构有机结合起来的媒介。这种虚、实制度的结合由于实体制度（行政科层体系的"条块分割"格局）的稳定性而往往形成出台政策的惯行路径，各领域里层出不穷的政策试点现象即是例证。对行动者而言，试点模式使其具有了行动能力和活动空间，从"条块分割"的行政科层结构的掣肘中解放出来，而同时，这种解放又是建立在行政科层结构这一实的制度的基础上，即行文的上传下达和资源流动都必须遵从行政科层等级序列，从而又进一步强化了行政科层体系的"条块分割"特征，三者形成一种彼此协同的关系。

在某种意义上，政策试点模式可以说是中国出台政策时遵循的一种方法论。一般来说，采取政策试点模式往往基于三个方面的考虑：一是中央－地方之间的关系问题，在行政科层体系表现为"条块分割"的格局；二是由地区差异带来的政策普适性问题；三是国家出于政治方面的考虑，多采取渐进的、诱致性变迁路径。由此，政策试点模式成为中国政治运作思维中的信念和惯行，使得试点模式在众多领域广泛存在。

三 内生性制度变迁

新制度主义中，历史制度主义和社会学制度主义擅长解释制度的稳定，而不善于解释制度的生成及变迁，其中内生性制度变迁更是理论的难点和热点，因为不能很好地解决制度的内生性变迁问题意味着制度理论的缺陷。本书借鉴了吉登斯的结构化理论，来消解制度和行动之间非此即彼的张力，将制度和行动视为行动流或者说社会实践这一本体的两个面向。结构化理论认为，制度的结构性原则作为记忆痕迹内在于人的活动，既是活动的中介又是活动的结果，并且兼具使动性和制约性，同时，反思性监控自己和他人行动的行动者具有能动的面向。政策试点模式是一个行动者之间互动的动态过程，是一个不同行动流展开、交融、产生分歧、达成合意等参差交错的过程，是一个有旧有新、连续渐变的过程，既有制度的路径依赖成分也有制度的内生性生成成分，而这两者同时内在构成性地展现在试点过程中行动者之间互动的行动流之中。制度的路径依赖部分体现在行政科层体系中采取政策试点模式这一政策出台的惯行及相关组织间的结构稳定性上。制度的内生性生成成分体现为行动者并不是一个制度偶人，而是具有学习能力、审时度势的具有认知能力的人，将制度限制和既有政策的经验作为记忆痕迹，而同时能积极利用现在应手的资源结构，在彼此互动中通过语言等媒介进行交流、博弈，从而实现制度变迁。

内生性制度变迁表现在两个方面。一是彼此合意的、新的政策型构在事实上偏离了既有的政策型构，深刻影响负载政策的相关组织之间的制度化关系。有两个例证：新农保政策型构偏离老农保、新农合政策型构偏离20世纪90年代的农合试点。在农保政策中，内生性制度变迁表现在行动者的能动性方面，相同的行动者仍采用政策试点模式，用新农保取代当初自己设计的老农保，改变了相关组织的位置结构或者说关系结构：新农保的资源流通渠道更多的是纵向制度网络，并且实现了全国范围的制度化，这非常不同于老农保与基层地方政府胶着在一起的情况，① 可以说是内生性制度变迁的典型例证。二是行动者之间的博弈过程潜在、缓慢地改变着"条块分割"的基础制度环境中的资源分布。二三十年来，社会福利政策的统筹层次逐渐缓慢地由县（区）上升到地级市，甚至到省级统筹（和全国统筹），这导致社保权力逐渐从基层地方政府向上集中于较高层政府，即"块"的上端。政策动议权往往集中在职能部委，也即集中于"条"的顶端，并且职能

---

① 新老农保政策型构的区别详见第158页第5章第一节的图5-1及图5-2。

部委一直致力于利用在国有商业银行开设"财政专户"等技术手段抵制政策地方化倾向。也就是说,地方政府和职能部委均采用社保技术(扩大风险池的方法),通过提高统筹层次进行双重权力集中。那么,权力的这种双重集中势必改变现阶段职能部委与基层地方政府越级互动的政策试点模式,① 届时配置性资源、组织性资源和权威性资源构成的资源结构很可能与现在大不相同,可能会导致不同的政策博弈过程。

需要注意的是,上述制度稳定与变迁的论述针对的并不是一个层面的制度,奥斯特罗姆以及威廉姆森强调制度的多层面分析,认为某一层面的制度镶嵌于更深层面的制度中,而更深层面制度的变化更难以实现。② 从变迁的难易程度来看,本书定义的三种制度都具有稳定性的特征,即制度的路径依赖或者说制度黏性。其中最难更迭的是作为基本制度的"条块分割"的行政科层结构,使得试点模式中行动者之间的结构化关系也很稳定,政策型构也因为与组织的胶着而制度化后难以改变。但是,需要强调的是,政策试点中行动者之间结构化的互动关系同时也意味着新制度创生的空间。三种制度有不变的部分,也有变的部分,意味着行动者一方面遵守制度,另一方面在某些方面又改变了制度,很好地体现了行动流的两个面向,也很好地反映了制度的稳定和变迁的过程。因此可以说,以政策试点模式为其显著特点的政策过程是理解中国制度变迁的一种理论进路。

本书借鉴吉登斯的结构化理论,结合(历史)制度主义的相关概念,从制度和资源结构的角度分析了政策的试点过程,并进

---

① 这一点可以说已经体现在农保政策过程中,新农保的试点层次是地级市政府,高于老农保的乡级、县级政府。

② Williamson, O. (2000). The New Institutional Economics: Taking Stock, Looking Ahead. *Journal of Economic Literature*, Vol. 38, No. 3, pp. 595–613;埃莉诺·奥斯特罗姆:《制度性的理性选择:对制度分析和发展框架的评估》,载保罗·A. 萨巴蒂尔编《政策过程理论》,彭宗超等译,生活·读书·新知三联书店,2004,第48页。

一步提出理解中国制度变迁的理论进路,这是本书的核心内容。在分析资料、提炼论点的同时,笔者也意识到本研究的局限及今后可能的研究方向。本研究关注农保政策近三十年的政策试点过程的纵贯比较,但较少将其跟其他领域的政策(试点)过程以及其他国家的经验进行横向比较。同时,本研究集中关注行政科层体系内职能部委和基层地方政府之间结构化的互动过程,而没能将诸如政治高层、研究性团体以及亚洲开发银行等参与到农保政策过程中来的其他行动者的活动纳入分析。另外,在资源结构方面,没有对政策试点模式中"条"、"块"上均存在和均不存在配置性资源的资源结构类型导致的政策过程展开研究。

附 录

民政部关于印发《县级农村社会养老保险基本方案（试行）》的通知（民办发〔1992〕2号）

各省、自治区、直辖市民政厅（局）、各计划单列市民政局：

根据国务院《关于企业职工养老保险制度改革的决定》（国发〔1991〕33号）中关于农村（含乡镇企业）的养老保险制度改革，由民政部负责，具体办法另行制定的决定，民政部制定了《县级农村社会养老保险基本方案（试行）》。方案草案几经征求意见，并在几十个试点县（市）试行了一个阶段。实践表明，《方案》比较符合农村的实际，是可行的。现将《县级农村社会养老保险基本方案（试行）》印发给你们，请各地向党委和政府汇报，并在工作中，结合实际情况，认真贯彻执行。在执行中，总结经验，使之不断完善。

民政部办公厅
一九九二年一月三日

县级农村社会养老保险基本方案（试行）

一、指导思想和基本原则

农村社会养老保险是国家保障全体农民老年基本生活的制度，是政府的一项重要社会政策。建立农村社会养老保险制度，要从我国农村的实际出发，以保障老年人基本生活为目的；坚持资金个人交纳为主，集体补助为辅，国家予以政策扶持；坚持自助为主、互济为辅；坚持社会养老保险与家庭养老相结合；坚持农村务农、务工、经商等各类人员社会养老保险制度一体化的方向。由点到面，逐步发展。

二、保险对象及交纳、领取保险费的年龄

1. 保险对象：市城镇户口、不由国家供应商品粮的农村人口。一般以村为单位确认（包括村办企业职工、私营企业、个体户、外出人员等），组织投保。乡镇企业职工、民办教师、乡镇招聘干部、职工等，可以以乡镇或企业为单位确认，组织投保。少数乡镇因经济或地域等原因，也可以先搞乡镇企业职工的养老保险。外来劳务人员，原则上在其户口所在地参加养老保险。

2. 交纳保险年龄不分性别、职业为20周岁至60周岁。领取养老保险金的年龄一般在60周岁以后。

三、保险资金的筹集

资金筹集坚持以个人交纳为主，集体补助为辅，国家给予政策扶持的原则。个人交纳要占一定比例；集体补助主要从乡镇企业利润和集体积累中支付；国家予以政策扶持，主要是通过对乡镇企业支付集体补助予以税前列支体现。

1. 在以个人交纳为主的基础上，集体可根据其经济状况予以适当补助（含国家让利部分）。具体方法，可由县或乡（镇）、村、企业制定。

2. 个人的交费和集体的补助（含国家让利），分别记账在个人名下。

3. 同一投保单位，投保对象平等享受集体补助。

按计划生育有关政策，在没有实行独生子女补助的地区，独生子女父母参加养老保险，集体补助可高于其它对象。具体办法由地方政府制定。

4. 乡镇企业职工的个人交费、企业补助分别记账在个人名下，建立职工个人账户，企业补助的比例，可同地方或企业根据情况决定。企业对职工及其它人员的集体补助，应予按工资总额的一定比例税前列支。具体办法由地方政府制定。

四、交费标准、支付及变动

1. 多档次，月交费标准设 2、4、6、8、10、12、14、16、18、20 元十个档次，供不同的地区以及乡镇、村、企业和投保人选择。各业人员的交费档次可以有所区别。交费标准范围的选择以及按月交费还是按年交费，均由县（市）政府决定。

2. 养老保险费可以补交和预交。个人补交或预交保险费，集体可视情况决定是否给予补助。补交后，总交费年数不得超过四十年。预交年数一般不超过三年。

3. 个人或集体根据收入的提高或下降，经社会养老保险管理部门批准，可按规定调整交纳档次。

4. 当遇到各种自然灾害或其它原因，个人或集体无能力交纳养老保险金，经社会养老保险管理部门批准，在规定的时间内可暂时停交保费。恢复交费后，对于停交期的保费，有条件也可以自愿补齐。服刑者停交保险费，刑满回原籍者，原保险关系可以恢复，继续投保。

5. 投保人在交费期间身亡者，个人交纳全部本息，退给其法定继承人或指定受益人。

6. 领取养老金从 60 周岁以后开始，根据交费的标准、年限，确定支付标准（具体标准，另行下发）。调整交费标准或中断交费者，其领取养老金标准，需待交费终止时，将各档次，各时期积累的保险金额合并，重新计算。

投保人领取养老金，保证期为十年。领取养老金不足十年身亡者，保证期内的养老金余额可以继承。无继承人或指定受益人者，按农村社会养老保险管理机构的有关规定支付丧葬费用。

领取养老金超过10年的长寿者，支付养老金直至身亡为止。

7. 投保对象从本县（市）迁往外地，若迁入地已建立农村社会养老保险制度，需将其保险关系（含资金）转入迁入地农村社会养老保险管理机构。若迁入地尚未建立养老保险制度，可将其个人交纳全部本息退发本人。

8. 投保人招工、提干、考学等农转非，可将保险关系（含资金）转入新的保险轨道，或将个人交纳全部本息退还本人。

五、基金的管理与保值增殖

基金以县为单位统一管理。保值增殖主要是购买国家财政发行的高利率债券和存入银行，不直接用于投资。基金使用，必须兼顾当前利益和长远利益，国家利益和地方利益，同时要建立监督保障机制。

1. 县（市）农村社会养老保险机构，在指定的专业银行设立农村社会养老保险基金专户，专账专管，专款专用。民政部门和其它部门都不能动用资金。

2. 各乡镇交纳的养老保险基金直接入银行的专户。

3. 养老保险基金除需现支付部分外，原则上应及时转为国家债券。国家以偿还债务的形式返回养老金。现金通过银行收付。

4. 养老保险基金用于地方建设，原则上不由地方直接用于投资，而是存入银行，地方通过向银行贷款，用于建设。具体做法，另行规定。

5. 农村社会养老基金和按规定提取的管理服务费以及个人领

取的养老金，都不计征税、费。

六、立法、机构、管理和经费

1. 根据《基本方案》，由县（市）政府制定《农村社会养老保险暂行管理办法》。通过实践，补充完善后，由政府发布决定或命令，依法建立农村社会养老保险制度。

2. 县级以上人民政府要设立农村社会养老保险基金管理委员会，实施对养老保险基金管理的指导和监督。委员会由政府主管领导同志任主任，其成员由民政、财政、税务、计划、乡镇企业、审计、银行等部门的负责同志和投保人代表组成。乡（镇）、村两级群众性的社会保障委员会要协助工作，并发挥监督作用。

3. 县（市）成立农村社会养老保险事业管理处（隶属民政局），为非营利性的事业机构，经办农村社会养老保险的具体业务，管理养老保险基金。

4. 乡镇设代办站或招聘代办员，负责收取、支付保费、登记建账及其它日常工作。

5. 村由会计、出纳代办，负责收取保费、发放养老金等工作。

6. 农村社会养老保险，按人立户记账建档，实行村（企业）、乡、县三级管理。保险费必须按期交纳，按规定进入银行专用账户。逾期可罚交滞纳金。发给投保人保险费交费凭证，到领取年龄后，换发支付凭证。随着条件的成熟，逐步建立个人社会保障号码，运用计算机管理，提高效率。

7. 县（市）成立的事业性质农村社会养老保险机构，地方财政可一次性拨给开办费，逐步过渡到全部费用由管理服务费支出。管理服务费按国家的规定提取并分级使用。

七、理顺关系，稳妥处理与部分现行养老办法的衔接

农民的社会养老保险，是国家在农村建立的基本养老保障制度，标准较低，覆盖面大。除此之外，乡村（含乡镇企业）还可根据其经济力量，自办各种形式的补充养老保障，鼓励发展个人的养老储蓄。同时应充分发挥农村已有的各种基层社会保障形式的功能，形成更为完善、具有中国特色的农村社会保障体系。

1. 由保险公司开办的各种保险，可暂时维持现状，但不能再扩大，避免给建立农村社会养老保险制度造成困难。

2. 对于目前一些部门已搞的养老保险和乡（镇）、村或乡镇企业的退休办法等，要慎重对待。一些以集体经济为基础的现收现支养老办法和其它形式的做法，有的可作为社会养老保险的补充层次而保留。有的待工作开展后，逐步调整。

3. 对于优抚对象、社会救济对象、五保户、贫困户，现行保障政策不变。

国务院批转整顿保险业工作小组保险业整顿与改革方案的通知（国发〔1999〕14号）

各省、自治区、直辖市人民政府，国务院各部委、各直属机构：

国务院同意整顿保险业工作小组《保险业整顿与改革方案》，现转发给你们，请认真遵照执行。

保险业的整顿和改革工作敏感度高、涉及面广、事关保险市场健康发展和社会安定的大局。各地区、各部门要按照党中央、国务院的统一部署和方案要求，从大局出发，积极配合整顿保险业工作小组（办事机构设在保监会），切实做好保险业整顿改革工作。保监会作为全国商业保险的主管部门，要加强对此项工作的指导、督促和检查，按照积极稳妥的原则，认真落实有关整改措施，妥善处理工作中出现的新问题，确保整顿改革工作顺利进行。遇有重大问题，要及时报告国务院。整顿改革工作结束后，整顿保险业工作小组要组织力量进行检查验收，并将结果报告国务院。

国务院
一九九九年七月二日

保险业整顿与改革方案

根据全国金融工作会议精神和党中央、国务院的统一部署，为整顿和规范保险市场秩序，切实加强对保险业的监管，促进保险业公平竞争，保护被保险人利益，防范和化解保险业风险，实现保险业健康发展，现就保险业整顿与改革提出以下方案。

一、整顿改革工作的指导思想与基本目标

保险业的整顿和改革,要按照建立社会主义市场经济体制的要求,依据《中华人民共和国保险法》(以下简称《保险法》),坚持整顿与改革、发展和稳定相结合的原则,以防范和化解风险为核心,以规范市场行为为重点,为保险业的健康发展创造条件。

通过整顿改革,力争用两年左右的时间,使我国保险公司的经营管理水平明显提高,保险监管能力明显增强,保险市场秩序基本好转,初步建立起与社会主义市场经济相适应的保险机构体系、保险市场体系和保险监管体系,实现保险业健康发展。

二、整顿改革工作的主要内容及政策措施

(一)整顿市场秩序,规范市场行为

1. 取缔非法保险机构。凡未经保险监管部门批准非法设立的保险公司及其分支机构和保险中介机构,一律予以取缔。

2. 规范保险市场行为。禁止保险公司以高手续费、高返还、低费率和扩大承保责任等手段进行不正当竞争;禁止保险公司跨地区、超范围经营业务以及使用未经批准的保险条款和费率承保业务;整顿保险中介市场,取缔非法从事的保险中介业务;查处境外保险公司、保险中介机构以及在华代表处违法从事保险和保险中介业务的行为。

停止广东、福建等地方人民政府委托中国人民保险公司为其代办的保险业务;已经办理的业务,由中国人民保险公司会同当地人民政府进行清理。禁止部门和单位以自保的名义办理本部门和单位以外的保险业务。

3. 严格界定商业保险和社会保险业务范围。各地区、各部门不得以社会保险的名义经营或变相经营商业保险业务;商业保险公司也不得擅自办理社会保险业务。已经办理的必须立即停止和纠正。

整顿和规范企业补充养老保险。由行业统筹转为地方统筹的

11个部门和单位，其经办的企业补充养老保险，是在特殊情况下制定的过渡政策，纳入社会养老保险，由劳动和社会保障部管理；其他行业的企业补充养老保险属商业保险，要逐步向商业保险过渡。整顿和规范企业补充养老保险的具体办法，由劳动和社会保障部会同保监会另行制定。

整顿和规范农村养老保险。目前我国农村尚不具备普遍实行社会保险的条件。对民政系统原来开展的"农村社会养老保险"，要进行清理整顿，停止接受新业务，区别情况，妥善处理，有条件的可以逐步将其过渡为商业保险。整顿和规范农村养老保险的具体办法，由劳动和社会保障部、民政部会同保监会等有关部门另行制定。

整顿和规范互助合作保险。要停止批设新的互助合作保险机构，已设立的互助合作保险机构不得扩大业务范围，不得接受新的业务。全国总工会兴办的中国职工保险互助会及各级工会兴办的职工互助合作保险组织，由全国总工会会同有关部门制定整改方案。其他合作保险工作的整改方案，由民政部会同有关部门负责制定。

（二）强化监督管理，防范化解风险

1. 依法加强保险业监管。保监会作为全国商业保险的主管部门，要根据国家法律法规和国务院赋予的职责，加大对保险业统一监管力度。

完善保险法律体系。对现行的保险法规、规章进行全面清理；抓紧制订与《保险法》配套的各项法规、规章。加强宣传、教育工作、提高保险从业人员遵纪守法的自觉性。

保监会要抓紧制定保险违法、违规行为行政处罚条例。对有违规行为和财务状况异常的保险公司要进行得点检查，加大查处力度。

健全和落实保险保障基金制度。保险保障基金制度是《保险法》规定的保险业自救制度，是化解保险业风险的一项重要措施。

各商业保险机构要严格按照法定比例提取保障基金。保监会要会同有关部门，尽快制定《保险保障基金管理办法》，对保险保障基金实行集中管理，统筹使用。

完善保险监管体系。保监会要改革和完善内部运行机制，加强自身队伍建设，实行办事公开制度，自觉接受社会监督，确保公正、公平地履行监管职能；根据"精简、精干、高效"的原则，抓紧设立垂直领导、统一管理的保险监管派出机构。

2. 建立健全保险公司的内控制度。各保险公司要建立健全自我约束机制，努力提高经营管理水平，保证保险资金的安全性、流动性和有效性。

完善公司治理结构。各保险公司都要认真落实统一法人制度，建立健全董事会、监事会制度，明确董事会、监事会与经营者的责、权范围，严格规范运作。

完善内部控制制度。严格实行核保、核赔制度，建立风险分摊机制；建立统一核算、统一调度资金和分级管理的财务制度，推行财务收支两条线管理，实行财务负责人的派驻、轮换制度；建立直属总公司独立的内部稽核机构，充实稽核人员，加强稽核审计工作。

严格控制固定资产购建规模。凡固定资产（包括在建工程）净值占净资产比例已超过财政部规定的保险机构，必须从严控制固定资产购建规模；确需购建时，必须报经保监会和财政部等有关部门批准。

努力化解寿险风险。各人寿保险公司要努力降低费用率，健全精算制度，严禁分支机构开发新险种，严格按照保监会规定降低寿险保单预定利率，严禁出售新的高预定利率保单，努力化解已经形成的利差风险。

清收和盘活不良资产。进一步落实不良资产清收责任制，要指定专门机构和专职人员负责，采取有效措施，确保不良资产余额逐年有所下降；对呆账、坏账要按国家有关规定，经有关部门批准后予以核销；要严格按《保险法》和国务院的规定进行资金运用，防止发生新的不良资产。

3. 健全保险行业自律组织。创造条件，适时成立全国性的保险行业协会；按照精简、高效的原则，完善和发展地方性保险行业协会。

（三）深化体制改革，完善组织体系

1. 深化国有保险公司体制改革。中国人民保险公司和中国人寿保险公司要按照"经济、合理、精简、高效"的原则，抓紧进行分支机构改革，将省级分公司与省会城市分公司合并，对设在同一城市的地级和县级公司进行合并，撤并和调整部分县级支公司及其所属营业网点，改变按行政区划设立分支机构的状况。对省级分公司与省会城市分公司合并，要在试点的基础上有计划、有步骤地进行，保证业务平稳发展和职工队伍的稳定。要把机构改革与内部经营机制转换结合起来，加大经营机制转换力度，努力提高市场竞争能力。

2. 落实分业经营。根据《保险法》的规定，对没有实行按产险和寿险分业经营的保险公司进行分业经营。保监会要抓紧制定具体办法，经国务院批准后组织实施。

3. 适时成立政策性保险经营机构。改革出口信用保险体制，在中国人民保险公司和中国进出口银行出口信用保险公司，其业务工作由保监会统一监管。此项工作由财政部牵头，会同保监会和外经贸部提出组建方案，报国务院批准后实施。

加快农业保险体制改革步伐，研究制订发展农业保险的政策措施。

4. 培育保险中介市场。适当发展保险中介机构，规范保险代理人、经纪人和公估人的经营行为，提高保险市场的运作效率。

（四）改进保险服务，发展商业保险

各保险公司要挖掘内部潜力，完善经营机制，加强科学管理，增加保险品种，改进保险服务，提高经济效益。国家将逐步创造条件,在补充国有独资保险公司资本金、调减保险业税负和扩大保险资金运用范围等方面予以扶持。

三、保险业整顿改革工作要求

(一)保险业整顿改革工作要按照党中央、国务院的统一部署,积极稳妥地组织实施。保险业整顿改革工作的具体组织实施分别由国家有关主管部门负责,整顿保险业工作小组负责实施过程中的指导、协调和督促检查,各级人民政府对整顿保险业工作要给予大力支持。各地区、各部门要密切注视整改过程中出现的问题,及时审慎地加以解决,遇有重大问题要及时报告国务院。

(二)保险业整顿与改革的各项措施要在1999年全面出台,重点是整顿和规范商业保险市场行为。1999年年底以前,要在保证质量的前提下,基本完成商业保险整改的主要工作。2000年要全面完成保险业整顿和改革的各项任务,并对整改工作进行总结。

(三)对在整改工作中发现的违法违规行为,要彻底清查,依法从严惩处,并追究有关负责人的责任。整改工作结束后,整顿保险业工作小组要会同有关部门对重点地区和部门进行检查,并将全国保险业整改工作情况汇总报国务院。

国务院关于开展新型农村社会养老保险试点的指导意见（国发〔2009〕32号）

各省、自治区、直辖市人民政府，国务院各部委、各直属机构：

根据党的十七大和十七届三中全会精神，国务院决定，从2009年起开展新型农村社会养老保险（以下简称新农保）试点。现就试点工作提出以下指导意见：

一、基本原则

新农保工作要高举中国特色社会主义伟大旗帜，以邓小平理论和"三个代表"重要思想为指导，深入贯彻落实科学发展观，按照加快建立覆盖城乡居民的社会保障体系的要求，逐步解决农村居民老有所养问题。新农保试点的基本原则是"保基本、广覆盖、有弹性、可持续"。一是从农村实际出发，低水平起步，筹资标准和待遇标准要与经济发展及各方面承受能力相适应；二是个人（家庭）、集体、政府合理分担责任，权利与义务相对应；三是政府主导和农民自愿相结合，引导农村居民普遍参保；四是中央确定基本原则和主要政策，地方制订具体办法，对参保居民实行属地管理。

二、任务目标

探索建立个人缴费、集体补助、政府补贴相结合的新农保制度，实行社会统筹与个人账户相结合，与家庭养老、土地保障、社会救助等其他社会保障政策措施相配套，保障农村居民老年基本生活。2009年试点覆盖面为全国10%的县（市、区、旗），以后逐步扩大试点，在全国普遍实施，2020年之前基本实现对农村适龄居民的全覆盖。

三、参保范围

年满 16 周岁（不含在校学生）、未参加城镇职工基本养老保险的农村居民，可以在户籍地自愿参加新农保。

四、基金筹集

新农保基金由个人缴费、集体补助、政府补贴构成。

（一）个人缴费。参加新农保的农村居民应当按规定缴纳养老保险费。缴费标准目前设为每年 100 元、200 元、300 元、400 元、500 元 5 个档次，地方可以根据实际情况增设缴费档次。参保人自主选择档次缴费，多缴多得。国家依据农村居民人均纯收入增长等情况适时调整缴费档次。

（二）集体补助。有条件的村集体应当对参保人缴费给予补助，补助标准由村民委员会召开村民会议民主确定。鼓励其他经济组织、社会公益组织、个人为参保人缴费提供资助。

（三）政府补贴。政府对符合领取条件的参保人全额支付新农保基础养老金，其中中央财政对中西部地区按中央确定的基础养老金标准给予全额补助，对东部地区给予 50% 的补助。

地方政府应当对参保人缴费给予补贴，补贴标准不低于每人每年 30 元；对选择较高档次标准缴费的，可给予适当鼓励，具体标准和办法由省（区、市）人民政府确定。对农村重度残疾人等缴费困难群体，地方政府为其代缴部分或全部最低标准的养老保险费。

五、建立个人账户

国家为每个新农保参保人建立终身记录的养老保险个人账户。个人缴费，集体补助及其他经济组织、社会公益组织、个人对参保人缴费的资助，地方政府对参保人的缴费补贴，全部记入个人账户。个人账户储存额目前每年参考中国人民银行公布的金融机构人民币一年期存款利率计息。

六、养老金待遇

养老金待遇由基础养老金和个人账户养老金组成，支付终身。

中央确定的基础养老金标准为每人每月55元。地方政府可以根据实际情况提高基础养老金标准，对于长期缴费的农村居民，可适当加发基础养老金，提高和加发部分的资金由地方政府支出。

个人账户养老金的月计发标准为个人账户全部储存额除以139（与现行城镇职工基本养老保险个人账户养老金计发系数相同）。参保人死亡，个人账户中的资金余额，除政府补贴外，可以依法继承；政府补贴余额用于继续支付其他参保人的养老金。

七、养老金待遇领取条件

年满60周岁、未享受城镇职工基本养老保险待遇的农村有户籍的老年人，可以按月领取养老金。

新农保制度实施时，已年满60周岁、未享受城镇职工基本养老保险待遇的，不用缴费，可以按月领取基础养老金，但其符合参保条件的子女应当参保缴费；距领取年龄不足15年的，应按年缴费，也允许补缴，累计缴费不超过15年；距领取年龄超过15年的，应按年缴费，累计缴费不少于15年。

要引导中青年农民积极参保、长期缴费，长缴多得。具体办法由省（区、市）人民政府规定。

八、待遇调整

国家根据经济发展和物价变动等情况，适时调整全国新农保基础养老金的最低标准。

九、基金管理

建立健全新农保基金财务会计制度。新农保基金纳入社会保障基金财政专户，实行收支两条线管理，单独记账、核算，按有关规定实现保值增值。试点阶段，新农保基金暂实行县级管理，随着试点扩大和推开，逐步提高管理层次；有条件的地方也可直接实行省级管理。

十、基金监督

各级人力资源社会保障部门要切实履行新农保基金的监管职责，制定完善新农保各项业务管理规章制度，规范业务程序，建立健全内控制度和基金稽核制度，对基金的筹集、上解、划拨、发放进行监控和定期检查，并定期披露新农保基金筹集和支付信息，做到公开透明，加强社会监督。财政、监察、审计部门按各自职责实施监督，严禁挤占挪用，确保基金安全。试点地区新农保经办机构和村民委员会每年在行政村范围内对村内参保人缴费和待遇领取资格进行公示，接受群众监督。

十一、经办管理服务

开展新农保试点的地区，要认真记录农村居民参保缴费和领取待遇情况，建立参保档案，长期妥善保存；建立全国统一的新农保信息管理系统，纳入社会保障信息管理系统（"金保工程"）建设，并与其他公民信息管理系统实现信息资源共享；要大力推行社会保障卡，方便参保人持卡缴费、领取待遇和查询本人参保信息。试点地区要按照精简效能原则，整合现有农村社会服务资源，加强新农保经办能力建设，运用现代管理方式和政府购买服务方式，降低行政成本，提高工作效率。新农保工作经费纳入同级财政预算，不得从新农保基金中开支。

十二、相关制度衔接

原来已开展以个人缴费为主、完全个人账户农村社会养老保险（以下称老农保）的地区，要在妥善处理老农保基金债权问题的基础上，做好与新农保制度衔接。在新农保试点地区，凡已参加了老农保、年满60周岁且已领取老农保养老金的参保人，可直接享受新农保基础养老金；对已参加老农保、未满60周岁且没有领取养老金的参保人，应将老农保个人账户资金并入新农保个人账户，按新农保的缴费标准继续缴费，待符合规定条件时享受相应待遇。

新农保与城镇职工基本养老保险等其他养老保险制度的衔接办法，由人力资源社会保障部会同财政部制定。要妥善做好新农保制度与被征地农民社会保障、水库移民后期扶持政策、农村计划生育家庭奖励扶助政策、农村五保供养、社会优抚、农村最低生活保障制度等政策制度的配套衔接工作，具体办法由人力资源社会保障部、财政部会同有关部门研究制订。

十三、加强组织领导

国务院成立新农保试点工作领导小组，研究制订相关政策并督促检查政策的落实情况，总结评估试点工作，协调解决试点工作中出现的问题。

地方各级人民政府要充分认识开展新农保试点工作的重大意义，将其列入当地经济社会发展规划和年度目标管理考核体系，切实加强组织领导。各级人力资源社会保障部门要切实履行新农保工作行政主管部门的职责，会同有关部门做好新农保的统筹规划、政策制定、统一管理、综合协调等工作。试点地区也要成立试点工作领导小组，负责本地区试点工作。

十四、制定具体办法和试点实施方案

省（区、市）人民政府要根据本指导意见，结合本地区实际情况，制定试点具体办法，并报国务院新农保试点工作领导小组备案；要在充分调研、多方论证、周密测算的基础上，提出切实可行的试点实施方案，按要求选择试点地区，报国务院新农保试点工作领导小组审定。试点县（市、区、旗）的试点实施方案由各省（区、市）人民政府批准后实施，并报国务院新农保试点工作领导小组备案。

十五、做好舆论宣传工作

建立新农保制度是深入贯彻落实科学发展观、加快建设覆盖城乡居民社会保障体系的重大决策，是应对国际金融危机、扩大国内消费需求的重大举措，是逐步缩小城乡差距、改变城乡二元结构、推进基本公共服务均等化的重要基础性工程，是实现广大农村居民老有所养、促进家庭和谐、增加农民收入的重大惠民政策。

各地区和有关部门要坚持正确的舆论导向，运用通俗易懂的宣传方式，加强对试点工作重要意义、基本原则和各项政策的宣传，使这项惠民政策深入人心，引导适龄农民积极参保。

各地要注意研究试点过程中出现的新情况、新问题，积极探索和总结解决新问题的办法和经验，妥善处理改革、发展和稳定的关系，把好事办好。重要情况要及时向国务院新农保试点工作领导小组报告。

国务院

二〇〇九年九月一日

【颁发部门】：国务院
【颁布日期】：1998-8-6
【法律文号】：国发〔1998〕28号
【执行日期】：1998-8-6

国务院关于实行企业职工基本养老保险省级统筹和行业统筹移交地方管理有关问题的通知

各省、自治区、直辖市人民政府，国务院各部委、各直属机构：

为了深化企业职工养老保险制度改革，加强基本养老保险基金管理和调剂力度，确保企业离退休人员基本养老金的按时足额发放，国务院决定，加快实行企业职工基本养老保险省级统筹，并将铁道部、交通部、信息产业部（原邮电部部分）、水利部、民航总局、煤炭局（原煤炭部）、有色金属局（原中国有色金额工业总公司）、国家电力公司（原电力部）、中国石油天然气集团公司和中国石油化工集团公司（原石油天然气总公司部分）、银行系统（工商银行、农业银行、中国银行、建设银行、交通银行、中保集团）、中国建筑工程总公司组织的基本养老保险行业统筹移交地方管理。现就有关问题通知如下：

一、加快实行企业职工基本养老保险省级统筹

（一）1998年底以前，各省、自治区、直辖市（以下简称省、区、市）要实行企业职工基本养老保险省级统筹（以下简称省级统筹），建立基本养老保险基金省级调剂机制，调剂金的比例以保证省、区、市范围内企业离退休人员基本养老金的按时足额发放为原则。到2000年，在省、区、市范围内，要基本实现统一企业缴纳基本养老保险费比例，统一管理和调度使用基本养老保险基金，对社会保险经办机构实行省级垂直管理。

（二）省级统筹的范围包括省、区市（含计划单列市、副省级会城市、经济特区、开发区等）内的国有企业、集体企业、外商投资企业、私营企业等城镇各类企业及其职工。城镇个体经济组织及其从业人员也应参加基本养老保险并纳入省级统筹。

（三）从1998年9月1日起，目前实行基本养老保险基金差额缴拨的地区，要改变基金结算方式、对企业和职工个人全部征收基本养老保险费，对企业离退休人员全额支付基本养老金。各省、区、市要积极创造条件，加快实现企业离退休人员基本养老金的社会化发放，推进社会化管理进程。

二、按期完成基本养老保险行业统筹移交地方管理

（四）在1998年8月31日以前，实行基本养老保险行业统筹（以下简称行业统筹）企业的基本养老保险工作，按照先移交后调整的原则，全部移交省、区、市管理。从1998年9月1日起，由省、区、市社会保险经办机构负责乍缴行业统筹企业基本养老保险费和发放离退休人员基本养老金。跨省、区、市的，按单位或其分支机构的注册登记地进行属地划分，其基本养老保险工作分别移交所在省、区、市社会保险经办机构管理。行业统筹在各省、区、市的省级社会保险经办机构暂予保留，待地方政府机构改革时再统筹研究。

（五）行业统筹移交地方管理后，1998年内，企业和职工个人缴纳基本养老保险费的比例保持不变。从1999年起，调整企业缴纳基本养老保险费的比例，起步时不低于企业工资总额的13％，以后逐步过渡到与地方企业相同的比例。根据行业的具体情况，煤炭、银行、民航企业的过渡期内5年，其他行业企业的过渡期原则上为3年。从1999年1月1日起，职工缴纳基本养老保险费的比例按省、区、市确定的统一执行，一次到付。

从1998年1月1日起，统一按本人缴费工资11％的数额调整或建立职工基本养老保险个人账户，移交前后的个人账户储存额合并计算。

（六）行业统筹移交地方管理后，原行业统筹企业已离退休人员的基本养老保险原待遇原则上维持不变，其中经原劳动部、财政部批准的统筹项目内的部分由省级统筹的基本养老保险基金支付，未列入统筹项目的部分由企业支付。行业统筹移交地方管理以后退休的人员，基本养老保险待遇按照省、区、市的办法执行，对于按原行业统筹计发办法计算高于按地方计发办法计算的部分，可由各省、中的地区不平衡问题。具体移交办法由劳动保障部、财政部统一研究制定并尽快下发。

行业统筹企业建立的补充养老保险，要逐步加以规范，由劳动保障部审查同意的机构经办。补充养老保险积累的基金不移交地方。

（八）加快行业统筹移交地方管理，是实行省级统筹的重要保证。行业统筹移交地方管理的工作由劳动保障部会同财政部组织实施。行业统筹移交地方管理后，企业缴纳基本养老保险费的比例调整和对退休人员的补贴办法等，各省、区、市要报劳动保障部、劳动保障部商财政部同意后，由省、区、市人民政府批准实施。

三、加强领导，严肃纪律，确保按时贵客发放企业离退休人员基本养老金

（九）各省、区、市人民政府，各有关部门和单位要统一认识，加强领导，积极稳妥地推进省级统筹和行业统筹移交地方管理的工作，要按照本通知规定的程序和进展，抓紧进行，认真落实。要严肃纪律，不能搞提前退休，不得擅自提高待遇，不准借交接之机挪用基本养老保险基金，对被挤占挪用的基本养老保险基金，要从严从快清查收回。各省、区、市人民政府要采取切实有效措施，按期建立省级统筹，保证基本养老保险基金在省区、市范围内调剂使用，确保按时足额发放企业离退休人员的基本养

老金，不得再发生新的拖欠，对以前拖欠的要逐步予以补发。对发放企业离退休人员基本养老金确有困难的地区，1998年中央财政给予适当支持。

（十）实行省级统筹和行业统筹移交地方管理，时间紧、任务重、政策性强，涉及各方面利益的调整和社会的稳定，各省、区、市人民政府、各有关部门和单位要高度重视，精心组织实施。劳动保障部、财政部要加强指导，保证省级统筹和行业统筹移交地方管理工作的顺利完成。

国务院关于建立统一的企业职工基本养老保险制度的决定（国发〔1997〕26号）

各省、自治区、直辖市人民政府，国务院各部委、各直属机构：

近年来，各地区和有关部门按照《国务院关于深化企业职工养老保险制度改革的通知》（国发〔1995〕6号）要求，制定了社会统一筹与个人账户相结合的养老保险制度改革方案，建立了职工基本养老保险个人账户，促进了养老保险新机制的形成，保障了离退休人员的基本生活，企业职工养老保险制度改革取得新的进展。但是，由于这项改革仍处在试点阶段，目前还存在基本养老保险制度不统一、企业负担重、统筹层次低、管理制度不健全等问题，必须按照党中央、国务院确定的目标和原则，进一步加快改革步伐，建立统一的企业职工基本养老保险制度，促进经济与社会健康发展。为此，国务院在总结近几年改革试点经验的基础上作出，如下决定：

一、到本世纪末，要基本建立起适应社会主义市场经济体制要求，适用城镇各类企业职工和个体劳动者，资金来源多渠道、保障方式多层次、社会统筹与个人账户相结合、权利与义务相对应、管理服务社会化的养老保险体系。企业职工养老保险要贯彻社会互济与自我保障相结合、公平与效率相结合、行政管理与基金管理分开等原则，保障水平要与我国社会生产力发展水平及各方面的承受能力相适应。

二、各级人民政府要把社会保险事业纳入本地区国民经济与社会发展计划，贯彻基本养老保险只能保障退休人员基本生活的原则，把改革企业职工养老保险制度与建立多层次的社会保障体系紧密结合起来。确保离退休人员基本养老金和失业人员失业救济金的发放，积极推行城市居民最低生活保障制度。为使离退休人员的生活随着经济与社会发展不断得到改善，体现按劳分配原则和地区发展水平及企业经济效益的差异，各地区和有关部门要在国家政策指导下大力发展企业补充养老保险，同时发挥商业保险的补充作用。

三、企业缴纳基本养老保险费（以下简称企业缴费）的比例，一般不得超过企业工资总额的20%（包括划入个人账户的部分），具体比例由省。自治区且辖市人民政府确定。少数省、自治区、直辖市因离退休人数较多、养老保险负担过重，确需超过企业工资总额20%的，应报劳动部、财政部审批。个人缴纳基本养老保险费（以下简称个人缴费）的比例，1997年不得低于本人缴费工资的4%，1998年起每两年提高1个百分点，最终达到本人缴费工资的8%。有条件的地区和工资增长较快的年份，个人缴费比例提高的速度应适当加快。

四、按本人缴费工资11%的数额为职工建立基本养老保险个人账户，个人缴费全部记入个人账户，其余部分从企业缴费中划入。随着个人缴费比例的提高，企业划入的部分要逐步降至3%。个人账户储存额，每年参考银行同期存款利率计算利息。个人账户储存额只用于职工养老，不得提前支取。职工调动时，个人账户全部随同转移。职工或退休人员死亡，个人账户中的个人缴费部分可以继承。

五、本决定实施后参加工作的职工，个人缴费年限累计满15年的，退休后按月发给基本养老金。基本养老金由基础养老金和个人账户养老金组成。退休时的基础养老金月标准为省、自治区、直辖市或地（市）上年度职工月平均工资的20%，个人账户养老金月标准为本人账户储存额除以120。个人缴费年限累计不满15年的，退休后不享受基础养老金待遇，其个人账户储存额一次支付给本人。本决定实施前已经离退休的人员，仍按国家原来的规定发给养老金，同时执行养老金调整办法。各地区和有关部门要按照国家规定进一步完善基本养老金正常调整机制，认真抓好落实。本决定实施前参加工作、实施后退休且个人缴费和视同缴费年限累计满15年的人员，按照新老办法平稳衔接、待遇水平基本平衡等原则，在发给基础养老金和个人账户养老金的基础上再确定过渡性养老金，过渡性养老金从养老保险基金中解决。具体办法，由劳动部会同有关部门制订并指导实施。

六、进一步扩大养老保险的覆盖范围，基本养老保险制度要逐步扩大到城镇所有企业及其职工。城镇个体劳动者也要逐步实行基本养老保险制度，其缴费比例和待遇水平由省、自治区、直辖市人民政府参照本决定精神确定。

七、抓紧制定企业职工养老保险基金管理条例，加强对养老保险基金的管理。基本养老保险基金实行收支两条线管理，要保证专款专用，全部用于养老保险，严禁挤占挪用和挥霍浪费。基金结余额，除预留相当于2个月的支付费用外，应全部购买国家债券和存入专户，严格禁止投入其他金融和经营性事业。要建立健全社会保险基金监督机构，财政、审计部门要依法加强监督，确保基金的安全。

八、为有利于提高基本养老保险基金的统筹层次和加强宏观调控，要逐步由县级统筹向省或省授权的地区统筹过渡。待全国基本实现省级统筹后，原经国务院批准由有关部门和单位组织统筹的企业，参加所在地区的社会统筹。

九、提高社会保险管理服务的社会化水平，尽快将目前由企业发放养老金改为社会化发放，积极创造条件将离退休人员的管理服务工作逐步由企业转向社会，减轻企业的社会事务负担。各级社会保险机构要进一步加强基础建设，改进和完善服务与管理工作，不断提高工作效率和服务质量，促进养老保险制度的改革。

十、实行企业化管理的事业单位，原则上按照企业养老保险制度执行。建立统一的企业职工基本养老保险制度是深化社会保险制度改革的重要步骤。关系改革、发展和稳定的全局。各地区和有关部门要予以高度重视,切实加强领导,精简组织实施。劳动部要会同国家体改委等有关部门加强工作指导和监督检查,及时研究解决工作中遇到的问题,确保本决定的贯彻实施。

中华人民共和国国务院
1997 年 7 月 16 日

国务院关于建立城镇职工基本医疗保险制度的决定（国发〔1998〕44号）

各省、自治区、直辖市人民政府，国务院各部委、各直属机构：

加快医疗保险制度改革，保障职工基本医疗，是建立社会主义市场经济体制的客观要求和重要保障。在认真总结近年来各地医疗保险制度改革试点经验的基础上，国务院决定，在全国范围内进行城镇职工医疗保险制度改革。

一、改革的任务和原则

医疗保险制度改革的主要任务是建立城镇职工基本医疗保险制度，即适应社会主义市场经济体制，根据财政、企业和个人的承受能力，建立保障职工基本医疗需求的社会医疗保险制度。建立城镇职工基本医疗保险制度的原则是：基本医疗保险的水平要与社会主义初级阶段生产力发展水平相适应；城镇所有用人单位及其职工都要参加基本医疗保险，实行属地管理；基本医疗保险费由用人单位和职工双方共同负担；基本医疗保险基金实行社会统筹和个人账户相结合。

二、覆盖范围和缴费办法

城镇所有用人单位，包括企业（国有企业、集体企业、外商投资企业、私营企业等）、机关、事业单位、社会团体、民办非企业单位及其职工，都要参加基本医疗保险。乡镇企业及其职工、城镇个体经济组织业主及其从业人员是否参加基本医疗保险，由各省、自治区、直辖市人民政府决定。

基本医疗保险原则上以地及以上行政区（包括地、市、州、盟）为统筹单位，也可以县（市）为统筹单位，北京、天津、上海3个直辖市原则上在全市范围内实行统筹（以下简称统筹地区)。所有用人单位及其职工都要按照属地管理原则参加所在统筹地区的基本医疗保险,执行统一政策,实行基本医疗保险基金的统一筹集、使用和管理。铁路、电力、远洋运输等跨地区、生产流动性较大的企业及其职工,可以相对集中的方式异地参加统筹地区的基本医疗保险。

基本医疗保险费由用人单位和职工共同缴纳。用人单位缴费率应控制在职工工资总额的6%左右,职工缴费率一般为本人工资收入的2%。随着经济发展,用人单位和职工缴费率可作相应调整。

三、建立基本医疗保险统筹基金和个人账户

要建立基本医疗保险统筹基金和个人账户。基本医疗保险基金由统筹基金和个人账户构成。用人单位缴纳的基本医疗保险费,全部计入个人账户。用人单位缴纳的基本医疗保险费分为两部分,一部分用于建立统筹基金,一部分划入个人账户。划入个人账户的比例一般为用人单位缴费的30%左右,具体比例由统筹地区根据个人账户的支付范围和职工年龄等因素确定。

统筹基金和个人账户要划定各自的支付范围,分别核算,不得互相挤占,要确定统筹基金的超付标准和最高支付限额,起付标准原则上控制在当地职工年平均工资的10%左右,最高支付限额原则上控制在当地职工年平均工资的4倍左右。起付标准以下的医疗费用,从个人账户在支付或由个人自付。起付标准以上、最高支付限额以下的医疗费用,主要从统筹基金中支付,个人也要负担一定比例。超过最高支付限额的医疗费用,可以通过商业医疗保险等途径解决。统筹基金的具体起付标准、最高支付限额以及在起付标准以上和最高支付限额以下医疗费用的个人负担比例,由统筹地区根据以收定支、收支平衡的原则确定。

四、健全基本医疗保险基金的管理和监督机制

基本医疗保险基金纳入财政专户管理,专款专用,不得挤占

挪用。

社会保险经办机构负责基本医疗保险基金的筹集、管理和支付，并要建立健全预决算制度、财务会计制度和内部审计制度。社会保险经办机构的事业经费不得从基金中提取，由各级财政预算解决。

基本医疗保险基金的银行计息办法：当年筹集的部分，按活期存利率计息；上年结转的基金本息，按3个月期整存整取银行存款利率计息；存入社会保障财政专户的沉淀资金，比照3年期零存整取储蓄存款利率计息，并不低于该档次利率水平。个人账户的本金和利息归个人所有，可以结转使用和继承。

各级劳动保障和财政部门，要加强对基本医疗保险基金的监督管理。审计部门要定期对社会保险经办机构的基金收支情况和管理情况进行审计。统筹地区应设立由政府有关部门代表、用人单位代表、医疗机构代表、工会代表和有关专家参加的医疗保险基金监督组织，加强对基本医疗保险基金的社会监督。

五、加强医疗服务管理

要确定基本医疗保险的服务范围和标准。劳动保障部会同卫生部、财政部等有关部门制定基本医疗服务的范围、标准和医药费用结算办法，制定国家基本医疗保险药品目录、诊疗项目、医疗服务设施标准及相应的管理办法。各省、自治区、直辖市劳动保障行政管理部门根据国家规定，会同有关部门制定本地区相应的实施标准和办法。

基本医疗保险实行定点医疗机构（包括中医医院）和定点药店管理。劳动保障部会同卫生部、财政部等有关部门制定定点医疗机构和定点药店的资格审定办法。社会保险经办机构要根据中西医并举，基层、专科和综合医疗机构兼顾，方便职工就医的原则，负责确定定点医疗机构和定点药店，并同定点医疗机构和定点药店签订合同，明确各自的责任、权利和义务。在确定定点医疗机构和定点药店时，要引进竞争机制，职工可选择若干定点医疗机构就医、购药，也可持处方在若干定点药店购药。国家药品监督管理局会同有关部门制定定点药店购药事故处理办法。

各地要认真贯彻《中共中央、国务院关于卫生改革与发展的决定期》（中发〔1997〕3号）精神，积极推进医药卫生体制改革，以较少的经费投入，使人民群众得到良好的医疗服务，促进医药卫生事业的健康发展。建立医药分开核算、分别管理的制度，形成医疗服务和药品流通的竞争机制，合理控制医药费用水平；要加强医疗机构和药店的内部管理，规范医药服务行为，降低医药成本；要理顺医疗服务价格，在实行医药分开核算、分别管理，降低药品收入占医疗总收入比重的基础上，合理提高医疗技术劳务价格；要加强业务技术培训和职业道德教育，提高医药服务人员的素质和服务质量；要合理调整医疗机构布局，优化医疗卫生部会同有关部门制定医疗机构改革方案和发展社区卫生服务的有关政策。国家经贸委等部门要认真配合做好药品流通体制改革工作。

六、妥善解决有关人员的医疗待遇

离休人员、老红军的医疗待遇不变，医疗费用按原资金渠道解决，支付确有困难的，由同级人民政府帮助解决。离休人员、老红军人的医疗待遇不变，医疗费用按原资金渠道解决，由社会保险经办机构单独列账管理。医疗费支付不足部分，由当地人民政府帮助解决。退休人员参加基本医疗保险，个人不缴纳基本医疗保险费，对退休人员个人账户的计入金额和个人负担医疗费的比例给予适当照顾。国家公务员在参加基本医疗保险的基础上，享受医疗补助政策。具体办法另行制定。

为了不降低一些特定行业职工现有的医疗消费水平，在参加基本医疗保险的基础是，作为过渡措施，允许建立企业补充医疗保险。企业补充医疗保险费在工资总额头4%以内的部分，从职工福利费中列支，福处费不足列支的部分，经同级财政部门核准后列入成本。国有企业下岗职工的基本医疗保险费，包括单位缴费和个人缴费，均由再就业服务中心按照当地上年度职工平均工资的60%为基数缴纳。

七、加强组织领导

医疗保险制度改革政策性强，涉及广大职工的切身利益，关系到国民经济发展和社会稳定。各级人民政府要切实加强领导，统一思想，提高认识，做好宣传工作和政治思想工作，使广大职工积极参与这项改革。各地要按照建立城镇职工基本医疗保险制度任务、原则的要求，结合本地实际，精心组织实施。保证新旧制度的平稳过渡。建立城镇职工基本医疗保险制度工作从1999年初开始启动，1999年底基本完成。各省、自治区、直辖市人民政府要按照本决定的要求，制定基本医疗保险实施方案，报省、自治区直辖市人民政府审批后执行。劳动保障部门要加强建立城镇职工基本医疗险制度工作的指导和检查，及时研究解决工作中出现的问题。财政、卫生、药品监督管理等有关部门要积极参与，密切配合，共同努力，确保城镇职工基本医疗保险制度改革工作的顺利进行。

一九九八年十二月十四日

国务院办公厅转发卫生部等部门关于建立新型农村合作医疗制度意见的通知（国办发〔2003〕3号）

各省、自治区、直辖市人民政府，国务院各部委、各直属机构：

卫生部、财政部、农业部《关于建立新型农村合作医疗制度的意见》已经国务院同意，现转发给你们，请认真贯彻执行。

国务院办公厅
二〇〇三年一月十六日

关于建立新型农村合作医疗制度的意见

卫生部 财政部 农业部
（二〇〇三年一月十日）

建立新型农村合作医疗制度是新时期农村卫生工作的重要内容，是实践"三个代表"重要思想的具体体现，对提高农民健康水平，促进农村经济发展，维护社会稳定具有重大意义。根据《中共中央、国务院关于进一步加强农村卫生工作的决定》（中发〔2002〕13号），提出以下意见。

一、目标和原则

新型农村合作医疗制度是由政府组织、引导、支持，农民自愿参加，个人、集体和政府多方筹资，以大病统筹为主的农民医疗互助共济制度。从2003年起，各省、自治区、直辖市至少要选择2—3个县（市）先行试点，取得经验后逐步推开。到2010年，实现在全国建立基本覆盖农村居民的新型农村合作医疗制度的目标，减轻农民因疾病带来的经济负担，提高农民健康水平。

建立新型农村合作医疗制度要遵循以下原则：

（一）自愿参加，多方筹资。农民以家庭为单位自愿参加新型农村合作医疗，遵守有关规章制度，按时足额缴纳合作医疗经费；乡（镇）、村集体要给予资金扶持；中央和地方各级财政每年要安排一定专项资金予以支持。

（二）以收定支，保障适度。新型农村合作医疗制度要坚持以收定支，收支平衡的原则，既保证这项制度持续有效运行，又使农民能够享有最基本的医疗服务。

（三）先行试点，逐步推广。建立新型农村合作医疗制度必须从实际出发，通过试点总结经验，不断完善，稳步发展。要随着农村社会经济的发展和农民收入的增加，逐步提高新型农村合作医疗制度的社会化程度和抗风险能力。

二、组织管理

（一）新型农村合作医疗制度一般采取以县（市）为单位进行统筹。条件不具备的地方，在起步阶段也可采取以乡（镇）为单位进行统筹，逐步向县（市）统筹过渡。

（二）要按照精简、效能的原则，建立新型农村合作医疗制度管理体制。省、地级人民政府成立由卫生、财政、农业、民政、审计、扶贫等部门组成的农村合作医疗协调小组。各级卫生行政部门内部应设立专门的农村合作医疗管理机构，原则上不增加编制。

县级人民政府成立由有关部门和参加合作医疗的农民代表组成的农村合作医疗管理委员会，负责有关组织、协调、管理和指导工作。委员会下设经办机构，负责具体业务工作，人员由县级人民政府调剂解决。根据需要在乡（镇）可设立派出机构（人员）或委托有关机构管理。经办机构的人员和工作经费列入同级财政预算，不得从农村合作医疗基金中提取。

三、筹资标准

新型农村合作医疗制度实行个人缴费、集体扶持和政府资助相结合的筹资机制。

（一）农民个人每年的缴费标准不应低于10元，经济条件好的地区可相应提高缴费标准。乡镇企业职工（不含以农民家庭为单位参加新型农村合作医疗的人员）是否参加新型农村合作医疗由县级人民政府确定。

（二）有条件的乡村集体经济组织应对本地新型农村合作医疗制度给予适当扶持。扶持新型农村合作医疗的乡村集体经济组织类型、出资标准由县级人民政府确定，但集体出资部分不得向农民摊派。鼓励社会团体和个人资助新型农村合作医疗制度。

（三）地方财政每年对参加新型农村合作医疗农民的资助不低于人均10元，具体补助标准和分级负担比例由省级人民政府确定。经济较发达的东部地区，地方各级财政可适当增加投入。从2003年起，中央财政每年通过专项转移支付对中西部地区除市区以外的参加新型农村合作医疗的农民按人均10元安排补助资金。

四、资金管理

农村合作医疗基金是由农民自愿缴纳、集体扶持、政府资助的民办公助社会性资金，要按照以收定支、收支平衡和公开、公平、公正的原则进行管理，必须专款专用，专户储存，不得挤占挪用。

（一）农村合作医疗基金由农村合作医疗管理委员会及其经办机构进行管理。农村合作医疗经办机构应在管理委员会认定的国有商业银行设立农村合作医疗基金专用账户，确保基金的安全和完整，并建立健全农村合作医疗基金管理的规章制度，按照规定合理筹集、及时审核支付农村合作医疗基金。

（二）农村合作医疗基金中农民个人缴费及乡村集体经济组织

的扶持资金，原则上按年由农村合作医疗经办机构在乡（镇）设立的派出机构（人员）或委托有关机构收缴，存入农村合作医疗基金专用账户；地方财政支持资金，由地方各级财政部门根据参加新型农村合作医疗的实际人数，划拨到农村合作医疗基金专用账户；中央财政补助中西部地区新型农村合作医疗的专项资金，由财政部根据各地区参加新型农村合作医疗的实际人数和资金到位等情况核定，向省级财政划拨。中央和地方各级财政要确保补助资金及时、全额拨付到农村合作医疗基金专用账户，并通过新型农村合作医疗试点逐步完善补助资金的划拨办法，尽可能简化程序，易于操作。要结合财政国库管理制度改革和完善情况，逐步实现财政直接支付。关于新型农村合作医疗资金具体补助办法，由财政部商有关部门研究制定。

（三）农村合作医疗基金主要补助参加新型农村合作医疗农民的大额医疗费用或住院医疗费用。有条件的地方，可实行大额医疗费用补助与小额医疗费用补助结合的办法，既提高抗风险能力又兼顾农民受益面。对参加新型农村合作医疗的农民，年内没有动用农村合作医疗基金的，要安排进行一次常规性体检。各省、自治区、直辖市要制订农村合作医疗报销基本药物目录。各县（市）要根据筹资总额，结合当地实际，科学合理地确定农村合作医疗基金的支付范围、支付标准和额度，确定常规性体检的具体检查项目和方式，防止农村合作医疗基金超支或过多结余。

（四）加强对农村合作医疗基金的监管。农村合作医疗经办机构要定期向农村合作医疗管理委员会汇报农村合作医疗基金的收支、使用情况；要采取张榜公布等措施，定期向社会公布农村合作医疗基金的具体收支、使用情况，保证参加合作医疗农民的参与、知情和监督的权利。县级人民政府可根据本地实际，成立由相关政府部门和参加合作医疗的农民代表共同组成的农村合作医疗监督委员会，定期检查、监督农村合作医疗基金使用和管理情况。农村合作医疗管理委员会要定期向监督委员会和同级人民代表大会汇报工作，主动接受监督。审计部门要定期对农村合作医疗基金收支和管理情况进行审计。

五、医疗服务管理

加强农村卫生服务网络建设，强化对农村医疗卫生机构的行业管理，积极推进农村医疗卫生体制改革，不断提高医疗卫生服务能力和水平，使农民得到较好的医疗服务。各地区要根据情况，在农村卫生机构中择优选择农村合作医疗的服务机构，并加强监管力度，实行动态管理。要完善并落实各种诊疗规范和管理制度，保证服务质量，提高服务效率，控制医疗费用。

六、组织实施

（一）省级人民政府要制订新型农村合作医疗制度的管理办法，本着农民参保积极性较高，财政承受能力较强，管理基础较好的原则选择试点县（市），积极、稳妥地开展新型农村合作医疗试点工作。试点工作的重点是探索新型农村合作医疗管理体制、筹资机制和运行机制。县级人民政府要制定具体方案，各级相关部门在同级人民政府统一领导下组织实施。

（二）要切实加强对新型农村合作医疗的宣传教育，采取多种形式向农民宣传新型农村合作医疗的重要意义和当地的具体做法，引导农民不断增强自我保健和互助共济意识，动员广大农民自愿、积极参加新型农村合作医疗。农民参加合作医疗所履行的缴费义务，不能视为增加农民负担。

建立新型农村合作医疗制度是帮助农民抵御重大疾病风险的有效途径，是推进农村卫生改革与发展的重要举措，政策性强，任务艰巨。各地区、各有关部门要高度重视，加强领导，落实政策措施，抓好试点，总结经验，积极稳妥地做好这项工作。

国务院关于建立统一的城乡居民基本养老保险制度的意见（国发〔2014〕8号）

各省、自治区、直辖市人民政府，国务院各部委、各直属机构：

按照党的十八大精神和十八届三中全会关于整合城乡居民基本养老保险制度的要求，依据《中华人民共和国社会保险法》有关规定，在总结新型农村社会养老保险（以下简称新农保）和城镇居民社会养老保险（以下简称城居保）试点经验的基础上，国务院决定，将新农保和城居保两项制度合并实施，在全国范围内建立统一的城乡居民基本养老保险（以下简称城乡居民养老保险）制度。现提出以下意见：

一、指导思想

高举中国特色社会主义伟大旗帜，以邓小平理论、"三个代表"重要思想、科学发展观为指导，贯彻落实党中央和国务院的各项决策部署，按照全覆盖、保基本、有弹性、可持续的方针，以增强公平性、适应流动性、保证可持续性为重点，全面推进和不断完善覆盖全体城乡居民的基本养老保险制度，充分发挥社会保险对保障人民基本生活、调节社会收入分配、促进城乡经济社会协调发展的重要作用。

二、任务目标

坚持和完善社会统筹与个人账户相结合的制度模式，巩固和拓宽个人缴费、集体补助、政府补贴相结合的资金筹集渠道，完善基础养老金和个人账户养老金相结合的待遇支付政策，强化长缴多得、多缴多得等制度的激励机制，建立基础养老金正常调整机制，健全服务网络，提高管理水平，为参保居民提供方便快捷的服务。"十二五"末，在全国基本实现新农保和城居保制度合并实施，并与职工基本养老保险制度相衔接。2020年前，全面建成公平、统一、规范的城乡居民养老保险制度,与社会救助、社会福利等其他社会保障政策相配套,充分发挥家庭养老等传统保障方式的积极作用,更好保障参保城乡居民的老年基本生活。

三、参保范围

年满16周岁(不含在校学生),非国家机关和事业单位工作人员及不属于职工基本养老保险制度覆盖范围的城乡居民,可以在户籍地参加城乡居民养老保险。

四、基金筹集

城乡居民养老保险基金由个人缴费、集体补助、政府补贴构成。

(一)个人缴费。

参加城乡居民养老保险的人员应当按规定缴纳养老保险费。缴费标准目前设为每年100元、200元、300元、400元、500元、600元、700元、800元、900元、1000元、1500元、2000元12个档次,省(区、市)人民政府可以根据实际情况增设缴费档次,最高缴费档次标准原则上不超过当地灵活就业人员参加职工基本养老保险的年缴费额,并报人力资源社会保障部备案。人力资源社会保障部会同财政部依据城乡居民收入增长等情况适时调整缴费档次标准。参保人自主选择档次缴费,多缴多得。

(二)集体补助。

有条件的村集体经济组织应当对参保人缴费给予补助,补助标准由村民委员会召开村民会议民主确定,鼓励有条件的社区将集体补助纳入社区公益事业资金筹集范围。鼓励其他社会经济组织、公益慈善组织、个人为参保人缴费提供资助。补助、资助金额不超过当地设定的最高缴费档次标准。

(三)政府补贴。

政府对符合领取城乡居民养老保险待遇条件的参保人全额支付基础养老金,其中,中央财政对中西部地区按中央确定的基础养老金标准给予全额补助，对东部地区给予 50% 的补助。

地方人民政府应当对参保人缴费给予补贴，对选择最低档次标准缴费的，补贴标准不低于每人每年 30 元；对选择较高档次标准缴费的，适当增加补贴金额；对选择 500 元及以上档次标准缴费的，补贴标准不低于每人每年 60 元，具体标准和办法由省（区、市）人民政府确定。对重度残疾人等缴费困难群体，地方人民政府为其代缴部分或全部最低标准的养老保险费。

五、建立个人账户

国家为每个参保人员建立终身记录的养老保险个人账户，个人缴费、地方人民政府对参保人的缴费补贴、集体补助及其他社会经济组织、公益慈善组织、个人对参保人的缴费资助，全部记入个人账户。个人账户储存额按国家规定计息。

六、养老保险待遇及调整

城乡居民养老保险待遇由基础养老金和个人账户养老金构成，支付终身。

（一）基础养老金。中央确定基础养老金最低标准，建立基础养老金最低标准正常调整机制，根据经济发展和物价变动等情况，适时调整全国基础养老金最低标准。地方人民政府可以根据实际情况适当提高基础养老金标准；对长期缴费的，可适当加发基础养老金，提高和加发部分的资金由地方人民政府支出，具体办法由省（区、市）人民政府规定，并报人力资源社会保障部备案。

（二）个人账户养老金。个人账户养老金的月计发标准，目前为个人账户全部储存额除以 139（与现行职工基本养老保险个人账户养老金计发系数相同）。参保人死亡，个人账户资金余额可以依法继承。

七、养老保险待遇领取条件

参加城乡居民养老保险的个人，年满 60 周岁、累计缴费满 15 年，且未领取国家规定的基本养老保障待遇的，可以按月领取城乡居民养老保险待遇。

新农保或城居保制度实施时已年满60周岁，在本意见印发之日前未领取国家规定的基本养老保障待遇的，不用缴费，自本意见实施之月起，可以按月领取城乡居民养老保险基础养老金；距规定领取年龄不足15年的，应逐年缴费，也允许补缴，累计缴费不超过15年；距规定领取年龄超过15年的，应按年缴费，累计缴费不少于15年。

城乡居民养老保险待遇领取人员死亡的，从次月起停止支付其养老金。有条件的地方人民政府可以结合本地实际探索建立丧葬补助金制度。社会保险经办机构应每年对城乡居民养老保险待遇领取人员进行核对；村（居）民委员会要协助社会保险经办机构开展工作，在行政村（社区）范围内对参保人待遇领取资格进行公示，并与职工基本养老保险待遇等领取记录进行比对，确保不重、不漏、不错。

八、转移接续与制度衔接

参加城乡居民养老保险的人员，在缴费期间户籍迁移、需要跨地区转移城乡居民养老保险关系的，可在迁入地申请转移养老保险关系，一次性转移个人账户全部储存额，并按迁入地规定继续参保缴费，缴费年限累计计算；已经按规定领取城乡居民养老保险待遇的，无论户籍是否迁移，其养老保险关系不转移。

城乡居民养老保险制度与职工基本养老保险、优抚安置、城乡居民最低生活保障、农村五保供养等社会保障制度以及农村部分计划生育家庭奖励扶助制度的衔接，按有关规定执行。

九、基金管理和运营

将新农保基金和城居保基金合并为城乡居民养老保险基金，完善城乡居民养老保险基金财务会计制度和各项业务管理规章制度。城乡居民养老保险基金纳入社会保障基金财政专户，实行收支两条线管理，单独记账、独立核算，任何地区、部门、单位和个人均不得挤占挪用、虚报冒领。各地要在整合城乡居民养老保险制度的基础上，逐步推进城乡居民养老保险基金省级管理。

城乡居民养老保险基金按照国家统一规定投资运营，实现保值增值。

十、基金监督

各级人力资源社会保障部门要会同有关部门认真履行监管职责，建立健全内控制度和基金稽核监督制度，对基金的筹集、上解、划拨、发放、存储、管理等进行监控和检查，并按规定披露信息，接受社会监督。财政部门、审计部门按各自职责，对基金的收支、管理和投资运营情况实施监督。对虚报冒领、挤占挪用、贪污浪费等违纪违法行为，有关部门按国家有关法律法规严肃处理。要积极探索有村（居）民代表参加的社会监督的有效方式，做到基金公开透明，制度在阳光下运行。

十一、经办管理服务与信息化建设

省（区、市）人民政府要切实加强城乡居民养老保险经办能力建设，结合本地实际，科学整合现有公共服务资源和社会保险经办管理资源，充实加强基层经办力量，做到精确管理、便捷服务。要注重运用现代管理方式和政府购买服务方式，降低行政成本，提高工作效率。要加强城乡居民养老保险工作人员专业培训，不断提高公共服务水平。社会保险经办机构要认真记录参保人缴费和领取待遇情况，建立参保档案，按规定妥善保存。地方人民政府要为经办机构提供必要的工作场地、设施设备、经费保障。城乡居民养老保险工作经费纳入同级财政预算，不得从城乡居民养老保险基金中开支。基层财政确有困难的地区，省市级财政可给予适当补助。

各地要在现有新农保和城居保业务管理系统基础上，整合形成省级集中的城乡居民养老保险信息管理系统，纳入"金保工程"建设，并与其他公民信息管理系统实现信息资源共享；要将信息网络向基层延伸，实现省、市、县、乡镇（街道）、社区实时联网，有条件的地区可延伸到行政村；要大力推行全国统一的社会保障卡，方便参保人持卡缴费、领取待遇和查询本人参保信息。

十二、加强组织领导和政策宣传

地方各级人民政府要充分认识建立城乡居民养老保险制度的重要性，将其列入当地经济社会发展规划和年度目标管理考核体系，切实加强组织领导；要优化财政支出结构，加大财政投入，为城乡居民养老保险制度建设提供必要的财力保障。各级人力资源社会保障部门要切实履行主管部门职责，会同有关部门做好城乡居民养老保险工作的统筹规划和政策制定、统一管理、综合协调、监督检查等工作。

各地区和有关部门要认真做好城乡居民养老保险政策宣传工作，全面准确地宣传解读政策，正确把握舆论导向，注重运用通俗易懂的语言和群众易于接受的方式，深入基层开展宣传活动，引导城乡居民踊跃参保、持续缴费、增加积累，保障参保人的合法权益。

各省（区、市）人民政府要根据本意见，结合本地区实际情况，制定具体实施办法，并报人力资源社会保障部备案。

本意见自印发之日起实施，已有规定与本意见不一致的，按本意见执行。

国务院
2014 年 2 月 21 日

参考文献

政府文件

《关于建立统一的企业职工基本养老保险制度的决定》（国发〔1997〕26号）。

《关于深化企业职工养老保险制度改革的通知》（国发〔1995〕6号）。

《国务院办公厅关于做好2004年下半年新型农村合作医疗试点工作的通知》（国办函〔2004〕56号）。

《国务院办公厅转发卫生部等部门关于建立新型农村合作医疗制度意见的通知》（国办发〔2003〕3号）。

《国务院办公厅转发卫生部等部门关于进一步做好新型农村合作医疗试点工作指导意见的通知》（国办发〔2004〕3号）。

《国务院关于建立城镇职工基本医疗保险制度的决定》（国发〔1998〕44号）。

《国务院关于建立统一的城乡居民基本养老保险制度的意见》（国发〔2014〕8号）。

《国务院关于开展城镇居民基本医疗保险试点的指导意见》（国发〔2007〕20号）。

《国务院关于开展新型农村社会养老保险试点的指导意见》（国发〔2009〕32号）。

《国务院关于企业职工养老保险制度改革的决定》（国发〔1991〕33号）。

《国务院关于实行企业职工基本养老保险省级统筹和行业统筹移交地方管理有关问题的通知》（国发〔1998〕28号）。

《国务院批转整顿保险业工作小组保险业整顿与改革方案的通知》（国发〔1999〕14号）。

《中共中央、国务院关于卫生改革与发展的决定》（中发〔1997〕3号）。

《中共中央国务院关于进一步加强农村卫生工作的决定》（中发〔2002〕13号）。

研究类

H. K. 科尔巴奇：《政策》，张毅、韩志明译，吉林人民出版社，2005。

N. Gilbert、P. Terrell：《社会福利政策导论》，黄晨曦、周烨、刘红译，华东理工大学出版社，2003。

Richard M. Titmuss：《社会政策十讲》，江绍康译，商务印书馆，1991。

W. 理查德·斯科特：《制度理论剖析》，载沃尔特·W. 鲍威尔、保罗·J. 迪马吉奥编《组织分析的新制度主义》，姚伟译，上海人民出版社，2008。

《新农保：我国农村养老保险事业发展的新启航》，《中国劳动保障报》2009年6月26日。

埃德拉·施拉格：《政策过程的框架、理论和模型比较》，载保罗·A. 萨巴蒂尔编《政策过程理论》，彭宗超等译，生活·读书·新知三联书店，2004。

埃莉诺·奥斯特罗姆：《公共事务的治理之道：集体行动制度

的演进》，余逊达、陈旭东译，上海三联书店，2000。

埃莉诺·奥斯特罗姆：《制度性的理性选择：对制度分析和发展框架的评估》，载保罗·A.萨巴蒂尔编《政策过程理论》，彭宗超等译，生活·读书·新知三联书店，2004。

安东尼·吉登斯：《超越左与右——激进政治的未来》，李惠斌、杨雪冬译，社会科学文献出版社，2000。

安东尼·吉登斯：《第三条道路——社会民主主义的复兴》，郑戈译，北京大学出版社、生活·读书·新知三联书店，2000。

安东尼·吉登斯：《社会的构成：结构化理论大纲》，李康、李猛译，生活·读书·新知三联书店，1998。

安东尼·吉登斯：《社会学方法的新规则：一种对解释社会学的建设性批判》，田佑中、刘江涛译，社会科学文献出版社，2003。

保罗·J.迪马吉奥、沃尔特·W.鲍威尔：《导言》，载沃尔特·W.鲍威尔、保罗·J.迪马吉奥编《组织分析的新制度主义》，姚伟译，上海人民出版社，2008。

保罗·皮尔逊：《拆分福利国家——里根、撒切尔和紧缩政治学》，舒绍福译，吉林出版集团，2007。

保罗·皮尔逊编《福利制度的新政治学》，汪淳波、苗正民译，商务印书馆，2004。

彼得·J.卡岑斯坦：《权利与财富之间》，陈刚译，吉林出版集团有限责任公司，2007。

彼得·伯克：《历史学与社会理论》（第二版），姚朋、周玉鹏、胡秋红、吴修申译，上海人民出版社，2010。

彼得·霍尔：《驾驭经济：英国与法国国家干预的政治学》，刘骥、刘娟凤、叶静译，江苏人民出版社，2008。

程为敏：《中国农村社会保障模式研究》，北京大学社会学系博士学位论文，1990。

程延园：《集体谈判制度在我国面临的问题及其解决》，《中国人民大学学报》2004年第2期。

戴维·比瑟姆：《官僚制》，韩志明、张毅译，吉林人民出版社，2005。

道格拉斯·C.诺斯：《制度、制度变迁与经济绩效》，刘守英译，上海三联书店，1994。

杜赞奇：《文化、权利与国家——1900~1942年的华北农村》，王福明译，江苏人民出版社，1994。

芬利森：《哈贝马斯》，邵志军译，译林出版社，2010。

弗兰茨·克萨维尔·考夫曼：《社会福利国家面临的挑战》，王学东译，商务印书馆，2004。

弗朗西斯·福山：《国家构建：21世纪的国家治理与世界秩序》，黄胜强、许铭原译，中国社会科学出版社，2007。

戈登·塔洛克：《官僚体制的政治》，柏克、郑景胜译，商务印书馆，2010。

顾昕：《走向全民医保——中国医疗保障体系的制度演变》，《中国社会保障制度建设三十周年：回顾与前瞻学术研讨会论文集》，中国知网，2007。

何俊志：《结构、历史与行为——历史制度主义对政治科学的重构》，复旦大学出版社，2004。

何平、武玉宁：《中国农村养老保险可持续发展报告》，载何平、Hyung Ju Lee主编《中国农村养老保险制度改革与发展研究报告——可持续性分析》，中国经济出版社，2011。

何增科：《农村治理转型与制度创新——河北省武安市"一制三化"经验的调查与思考》，载何增科、高新军、杨雪冬、赖海荣著《基层民主和地方治理创新》，中央编译出版社，2004。

鸿剑：《立三其人》，《中国社会保障》2009年第10期。

华尔德：《共产党社会的新传统主义：中国工业中的工作环境和权力结构》，龚小夏译，牛津大学出版社，1996。

黄宗智：《经验与理论：中国社会、经济与法律的实践历史研究》，中国人民大学出版社，2007。

杰弗里·菲佛、杰勒尔德·R. 萨兰基克：《组织的外部控制：对组织性资源依赖的分析》，闫蕊译，东方出版社，2006。

卡尔·波兰尼：《大转型：我们时代的政治与经济起源》，冯钢、刘阳译，浙江人民出版社，2007。

考斯塔·艾斯平·安德森：《福利资本主义的三个世界》，郑秉文译，法律出版社，2003。

克劳斯·奥菲：《福利国家的矛盾》，郭忠华等译，吉林人民出版社，2010。

李培林：《中国社会结构转型——经济体制改革的社会学分析》，黑龙江人民出版社，1995。

李永友、沈玉平：《财政收入垂直分配关系及其均衡增长效应》，《中国社会科学》2010年第6期。

林南：《社会网络与地位获得》，俞弘强译，《马克思主义与现实》2003年第2期。

刘从龙：《农村社会养老保险政策研究》，北京大学社会学系硕士学位论文，1992。

刘洪清：《农民社会养老路渐进》，《中国社会保障》2009年第9期，http://ffhhyy638.blog.sohu.com/140628644.html，最后访问日期：2014年8月9日。

芦荻：《广东经济特区的主要拓荒者吴南生》，《广东党史》2000年第5期。

罗格尔·弗利南德、罗伯特·R. 阿尔弗德：《把社会因素重新纳入研究之中：符号、实践与制度矛盾》，载沃尔特·W. 鲍威尔、保罗·J. 迪马吉奥编《组织分析的新制度主义》，姚伟译，上海人民出版社，2008。

罗纳尔德·L. 杰普森：《制度、制度影响与制度主义》，载沃尔特·W. 鲍威尔、保罗·J. 迪马吉奥编《组织分析的新制度主义》，姚伟译，上海人民出版社，2008。

马迎贤:《非对称性依赖约束下的组织运作——基于 C 行业联合会的研究》,北京大学社会学系博士学位论文,2009。

玛利亚·乔纳蒂:《自我耗竭式演进》,李陈华、许敏兰译,中央编译出版社,2007。

米切尔·黑尧:《现代国家的政策过程》,赵成根译,中国青年出版社,2004。

诺曼·巴里:《福利》,储建国译,吉林人民出版社,2005。

潘毅、卢晖临、张慧鹏:《阶级的形成:建筑工地上的劳动控制与建筑工人的集体抗争》,《开放时代》2010 年第 5 期。

皮埃尔·布迪厄、华康德:《实践与反思——反思社会学导引》,李猛、李康译,中央编译出版社,1998。

青连斌:《建立新型农村养老保险制度的有益尝试》,《理论视野》2009 年第 6 期,http://www.doc88.com/p-7925944567982.html,最后访问日期:2014 年 8 月 9 日。

人力资源和社会保障课题组:《覆盖城乡居民社会保障体系研究报告》(会议材料,未出版),2009。

人力资源社会保障部宣传中心:《支持新农保试点,国家财政出重拳——财政部负责人解读新型农村社会养老保险试点财政补助政策》,http://rsld.yuqing.gov.cn/art/2009/9/10/art_3610_16272.html,最后访问日期:2014 年 8 月 9 日。

沈原:《社会结构与阶级的生产结构紧张与分层研究的阶级转向》,《社会》2007 年第 2 期。

宋晓梧:《中国社会福利制度改革》,清华大学出版社,2001。

田春润:《养老保险制度流变》,《中国社会保障》2009 年第 10 期。

田小宝等:《中国社会保障》,五洲传播出版社,2006。

汪泽英:《全国农村养老保险可持续测算分析报告》,载何平、Hyung Ju Lee 主编《中国农村养老保险制度改革与发展研究报告》,中国经济出版社,2011。

汪泽英、何平等：《建立覆盖城乡居民社会保障体系》，中国劳动社会保障出版社，2010。

王绍光：《如何摸着石头过河——从农村医疗融资体制的变迁看中国体制的学系模式与适应能力》，载潘维编《中国模式：解读人民共和国的60年》，中央编译出版社，2009。

王思斌：《当前我国社会保障制度的断裂与弥合》，《江苏社会科学》2004年第3期。

王思斌：《农村社会福利制度建设的政策过程分析》，《文史博览》2005年第Z2期。

王宗凡：《城乡医疗保障体系建设的目标和政策思路》，《社会保障研究》2009年第6期。

王宗凡：《从冲突到合作：医保政策执行中医保管理机构与医院互动方式的转变》，北京大学社会学系博士学位论文，2010。

沃尔特·W. 鲍威尔：《拓展制度分析的范围》，载沃尔特·W. 鲍威尔、保罗·J. 迪马吉奥编《组织分析的新制度主义》，姚伟译，上海人民出版社，2008。

西达·斯考克波：《找回国家——当前研究的战略分析》，载彼得·埃文斯、迪特里希·鲁施迈耶、西达·斯考克波编《找回国家》，方力维等译，生活·读书·新知三联书店，2009。

西达·斯考切波：《国家与社会革命：对法国、俄国和中国的比较分析》，何俊志、王学东译，上海人民出版社，2007。

西达·斯考切波：《历史社会学的视野与方法》，封积文等译，上海人民出版社，2007。

夏波光：《从配套到支柱（1986～1997）》，《中国社会保障》2009年第10期。

夏波光：《从完善走向覆盖城乡（1998～2009）》，《中国社会保障》2009年第10期

夏育文：《a市：农民热捧新农保》，《中国社会保障》2010年第1期。

谢庆奎:《中国政府的府际关系研究》,《北京大学学报》(哲学社会科学版) 2000 年第 1 期。

杨刚:《农村养老资源的制度性建构——沿海两地三村养老保障制度实证研究》,北京大学社会学系博士学位论文,2002。

姚宏:《医疗与生育保险》(第 2 版),中国劳动社会保障出版社,2004。

俞可平主编《中国地方政府创新案例研究报告 (2007~2008)》,北京大学出版社,2009。

詹姆斯·C.斯科特:《国家的视角:那些试图改善人类状况的项目是如何失败的》,王晓毅译,社会科学文献出版社,2004。

张丽:《晋陕新农保"实验"》,《中国社会保障》2009 年第 9 期。

张晔、程令国:《集体土地上发展起来的民营工业园——蛟龙工业港》,载北京大学国家发展研究院综合课题组编《还权赋能:奠定长期发展的可靠基础——成都市统筹城乡综合改革实践的调查研究》,北京大学出版社,2010。

赵殿国:《新型农村社会养老保险推进之路》,"第四届中国社会保障论坛"材料,2010。

郑秉文、高庆波、于环:《60 年回顾:社保理论与社保制度的互动》,《中国社会保障》2009 年第 10 期。

郑桥:《中国劳动关系变迁 30 年之集体协商和集体合同制度》,《劳动关系》2009 年第 2 期。

制度与结构变迁研究课题组:《作为制度运作和制度变迁方式的变通》,《中国社会科学季刊》1997 年冬季卷。

中国社会科学院农村发展研究所、国家统计局农村社会经济调查总队:《2003~2004 年:中国农村经济形势分析与预测》,社会科学文献出版社,2004。

中国社会科学院语言研究所词典编辑室编《现代汉语词典》(修订本),商务印书馆,1996。

周雪光:《基层政府间的"共谋现象"——一个政府行为的制度逻辑》,《社会学研究》2008 年第 6 期。

邹谠:《二十世纪中国政治:从宏观历史与微观行动的角度看》,香港:牛津大学出版社,1994。

英文文献

Bachman, D. (1991). *Bureaucracy, Economy, and Leadership in China: The Institutional Origins of the Great Leap Forward.* New York: Cambridge University Press.

Baldwin, P. (1992). *The Politics of Social Solidarity: Class Bases of the European Welfare State 1875~1975.* New York: Cambridge University Press.

Berman, S. (2001). Ideas, Norms, and Culture in Political Analysis. *Comparative Politics*, Vol. 33, No. 2, pp. 231-250.

Be'land, D. (2005). Ideas and Social Policy: An Institutional Perspective. *Social Policy & Administration*, Vol. 39, No. 1, pp. 1-18.

Birkland, T. A. (2001). *An Introduction to the Policy Process: Theories, Concepts, and Models of Public Policy Making.* New York: M. E. Sharpe.

Blom-Hansen, J. (1997). A "New Institutional" Perspective on Policy Networks. *Public Administration*, Vol. 75, pp. 669-693.

Blyth, M. (2001). The Transformation of the Swedish Model: Economic Ideas, Distributional Confilict, and Institutional Change. *World Politics*, Vol. 54, No. 1, pp. 1-26.

Bourdieu, P. (1986). The Forms of Capital. In J. Richardson (ed.), *Handbook of Theory and Research for the Sociology of Education.* New York: Greenwood.

Campbell, J. L. (1998). Institutional Analysis and the Role of Ideas in Political Economy. *Theory and Society*, Vol. 27, No. 3, pp.

377 - 409.

Canel, E. (1992). New Social Movement Theory and Resource Mobilization Theory: The Need For Integration. In W. K. Caroll (ed.), *Organizing Dissent*. Canada: Garamond Press.

Capoccia, G. and R. D. Kelemen. (2007). The Study of Critical Junctures: Theory, Narrative, and Counterfactuals in Historical Institutionalism. *World Politics*, Vol. 59, pp. 341 - 369.

Carstensen, M. B. (2011). Ideas Are Not as Stable as Political Scientists Want Them to Be: A Theory of Incremental Ideational Change. *Political Studies*, Vol. 59, pp. 596 - 615.

Coleman, J. S. (1988). Social Capital in the Creation of Human Capital. *The American Journal of Sociology*, Vol. 94, Supplement: Organizations and Institutions: Sociological and Economic Approaches to the Analysis of Social Structure, s95 - s120.

Collier, R. B. and D. Collier. (2002). *Shaping the Political Arena: Critical Junctures, the Labor Movement, and Regime Dynamics in Latin America*. Indiana: University of Notre Dame Press.

Hall, P. A. (1993). Policy Paradigms, Social Learning, and the State: The Case of Economic Policymaking in Britain. *Comparative Politics*, Vol. 25, No. 3, pp. 275 - 296.

Hall, P. A. and K. Thelen. (2009). Institutional Change in Varieties of Capitalism. *Socio-Economic Review*, Vol. 7, pp. 7 - 34.

Hall, P. A. and R. C. R. Taylor. (1996). Political Science and the Three New Institutionalisms. *Political Studies*, XLIV, pp. 936 - 957.

Hay, C. and D. Wincott. (1998). Structure, Agency and Historical Institutionalism. *Political Studies*, XLVI, pp. 951 - 957.

Heilmann, S. (2007). Policy Experimentation in China's Economic Rise. *Studies of Comparative and Internatioanl Development*, Vol. 43, pp. 1 - 26.

Heilmann, S. (2008). From Local Experiments to National Policy: The Origins of China's Distinctive Policy Process. *The China Journal*, No. 59, pp. 1 – 30.

Heilmann, S. and J. Perry. (eds.) (2011). *Mao's Invisible Hand: The Political Foundations of Adaptive Governance in China*. Cambridge: Harvard University Asia Center.

Helmig, B., M. Jegers, and L. Lapsley. (2004). Challenges in Managing Nonprofit Organizations: A Research Overview. *Voluntas: International Journal of Voluntary and Nonprofit Organizations*, Vol. 15, No. 2, June.

Holliday, I. (2000). Productivist Welfare Capitalism: Social Policy in East Asia. *Political Studies*, Vol. 48, pp. 706 – 723.

Hunt, S. D. and D. B. Arnett. (2003). Resource-Advantage Theory and Embeddedness: Explaining R-A Theory's Explanatory Success. *Journal of Marketing Theory and Practice*, Vol. 11, No. 1, pp. 1 – 17.

Ikenberry, G. J. (1988). Conclution: An Institutional Approach to American Foreign Economic Policy. *International Organization*, Vol. 42, No. 1, pp. 219 – 243.

Immergut, E. M. (1998). The Theoretical Core of the New Institutionalism. *Politics & Society*, Vol. 26, No. 1, pp. 5 – 34.

Ingram, H., A. L. Schneider, and P. Deleon. (2007). Social Construction and Policy Design. In P. A. Sabatier (ed.), *Theories of the Policy Process*. Cambridge: Westview Press.

Jones, B. D., F. R. Baumgartner, and J. L. True. (1998). Policy Punctuations: U. S. Budget Authority 1947 – 1995. *The Journal of Politics*, Vol. 60, Issue1, pp. 1 – 33.

Kirk, J. and M. L. Miller. (1986). *Reliability and Validity in Qualitative Research*. California: Sage Publications.

Korpi, W. (1983). *The Democratic Class Struggle*. London:

Routledge & Kegan Paul.

Lavalette, M. and G. Mooney. (eds.) (2000). *Class Struggle and Social Welfare*. London & New York: Routledge.

Levi, M., K. S. Cook, J. A. O'Brien, and H. Faye. (1990). Introduction: The Limits of Rationality. In K. S. Cook and M. Levi (eds.), *The Limits of Rationality*. Chicago: The University of Chicago Press.

Levitt, B. and J. G. March. (1988). Organizational Learning. *Annual Review of Sociology*, Vol. 14, pp. 319 – 340.

Lieberman, E. S. (2001). Causal Inference in Historical Institutional Analysis: A Specification of Periodization Strategies. *Comparative Political Studies*, Vol. 34, No. 9, pp. 1011 – 1035.

Lieberman, R. C. (2002). Ideas, Institutions, and Political Order: Explaining Political Change. *The American Political Science Review*, Vol. 96, No. 4, pp. 697 – 712.

Lijphart, A. (1971). Comparative Politics and the Comparative Method. *The American Political Science Review*, Vol. 65, No. 3, pp. 682 – 693.

Lipsky, M. (1980). *Street-Level Bureaucracy: Dilemmas of the Individual in Public Services*. New York: Russel Sage Foundation.

Mahoney, J. and K. Thelen. (2010). A Theory of Gradual Institutional Change. In J. Mahoney and K. Thelen (eds.), *Explaining Institutional Change: Ambiguity, Agency, and Power*. New York: Cambridge University Press.

March, J. G. and J. P. Olsen. (1984). The New Institutionalism: Organizational Factors in Political Life. *The American Political Science Review*, Vol. 78, No. 3, pp. 734 – 749.

McCarthy, J. D. and M. N. Zald. (1973). *The Trend of Social Movements in America: Professionalization and Resource Mobilization*.

Morristown, New Jersey, NJ: General Learning Press.

McCarthy, J. D. and M. N. Zald. (1977). Resource Mobilization and Social Movements: A Partial Theoty. *American Journal of Sociology*, vol. 82, NO. 6, pp. 1212 – 1241.

Mishra, R. (1984). *The Welfare State in Crisis: Social Thought and Social Change*. Sussey: Harvester Press.

Montinola, G., Y. Qian, and B. R. Weingast. (1995). Federalism, Chinese Style: The Political Basis for Economic Success in China. *World Politics*, Vol. 48, No. 1, pp. 50 – 81.

Moore, B. Jr. (1966). *Social Origins of Dictatorship and Democracy*. Boston: Beacon Press.

Nielsen, K. (2001). Institutionalist Approaches in the Social Sciences: Typology, Dialogue, and Future Challenges. *Journal of Economic Issues*, Vol. 35, No. 2, pp. 505 – 516.

North, D. C. (1989). Institutions and Economic Growth: An Historical Introduction. *World Development*, Vol. 17, No. 9, pp. 1319 – 1332.

O'Connor, J. S. and G. M. Olsen. (eds.) (1998). *Power Resources Theory and the Welfare State: A Critical Approach*. Toronto: University of Toronto Press.

Perters, B. G. and J. Jon Pierre. (1998). Institutions and Time: Problems of Conceptualization and Explanation. *Journal of Public Administration Research and Theory: J-PART*, Vol. 8, No. 4, pp. 565 – 583.

Pierson, C. (1998). *Beyond the Welfare State? —The New Political Economy of Welfare*. Cambridge: Polity Press.

Pierson, P. (2000a). Three Worlds of Welfare Research. *Comparative Political Studies*, pp. 791 – 821.

Pierson, P. (2000b). The Limits of Design: Explaining Institutional Origins and Change. *Governance: An International Journal of Policy and Administration*, Vol. 13, No. 4, pp. 475 – 499.

Pierson, P. (2004). *Politics in Time: History, Institutions, and Social Analysis*. Princeton: Princeton University Press.

Platt, J. (1983). The Development of the "Participant Observation" Method in Sociology: Origin Myth and History. *Journal of the History of the Behavioral Sciences*, Vol. 19, pp. 379 – 393.

Portes, A. (1995). Economic Sociology and the Sociology of Immigration: A Conceptual Overview. In Alejandro Portes (ed.), *The Economic Sociology of Immigration: Essays on Networks, Ethnicity, and Entrepreneurship*. New York: Russeu Sage Foundation, pp. 6 – 16.

Powell, W. W. and P. J. Dimaggio. (eds.) (1991). *The New Institutionalism in Organizational Analysis*. Chicago: The University of Chicago Press.

Ragin, C. C. and H. S. Becker. (eds.) (1992). *What is A Case: Exploring the Foundations of Social Inquiry*. Cambridge: Cambridge University Press.

Ragin, C. C. (1987). *The Comparative Method: Moving Beyond Qualitative and Quantitative Strategies*. Berkeley: University of California Press.

Riker, W. H. (1980). Implications from the Disequilibrium of Majority Rule for the Study of Institutions. *The American Political Science Review*, Vol. 74, No. 2, pp. 432 – 446.

Risse-Kappen, T. (ed.) (1995). *Bringing Transnational Relations Back in: Non-State Actors, Domestic Structure and International Institutions*. Cambridge: Cambridge University Press.

Rubin, A. and E. R. Babbie. (2005). *Research Methods for Social Work*. Singapore: Thomson Learning.

Schmidt, V. A. (2010). Taking Ideas and Discourse Seriously: Explaining Change through Discursive Institutionalism as the Fouth "New Institutionalism". *European Political Science Review*, Vol. 2, No. 1, pp.

1 - 25.

Schwartz, J. (2004). Environmental NGOs in China: Roles and Limits. *Pacific Affairs*, Vol. 77, No. 1, pp. 28 - 49.

Shi, Shih-Jiunn. (2006). Left to Market and Family-Again? —Ideas and the Development of the Rural Pension Policy in China. *Social Policy & Administration*, Vol. 40, No. 7, pp. 791 - 806.

Skocpol, T. (1992). State Formation and Social Policy in the United States. *American Behavioral Scientist*, Vol. 35, pp. 1 - 23.

Skocpol, T. (1995). Why I am an Historical Institutionalist? *Polity*, Vol. 28, No. 1, pp. 103 - 106.

Stake, R. E. (2000). Qualitative Case Studies. In N. K. Denzin and Y. S. Lincoln (eds.), *Handbook of Qualitative Research*. London: Sage Publications.

Thane, P. (1982). *Foundations of the Welfare State*. New York: Longman Group Limited.

Thelen, K. and S. Steinmo. (1992). Histotical Institutionalism in Comparative Politics. In S. Steinmo, K. Thelen, and F. Longstreth (eds.), *Structuring Politics: Historical Institutionalism in Comparative Analysis*. Cambridge: Cambridge University Press.

Weir, M., A. S. Orloff, and T. Skocpol. (1988). Understanding American Social Politics. In M. Weir, A. S. Orloff, and T. Skocpol (eds.), *The Politics of Social Policy in the United States*, Princeton. NJ: Princeton University Press.

Williamson, O. (2000). The New Institutional Economics: Taking Stock, Looking Ahead. *Journal of Economic Literature*, Vol. 38, No. 3, pp. 595 - 613.

日文文献

李蓮花:「医療保険改革―体制移行からみたその背景、特徴と

限界—」，載田多英範編『現代中国の社会福利制度』，流通経済大学出版会，2004。

　　田多英範：「生活保障制度から社会保障制度へ」，載多英範編『現代中国の社会福利制度』，流通経済大学出版会，2004。

　　田多英範：『現代日本社会保障論』，光生館，1994。

　　小川喜一編『社会政策の歴史』，有斐閣，1977。

后 记

本书是在我的博士论文的基础上修改而成。在选择博士论文题目时，自忖学术兴趣一直聚焦在社会福利政策方面，自己对中国社会福利政策出台的过程却知之甚少，所以在人力资源和社会保障部下属的社会保障研究所实习期间，遂将有过政策反复的农村社会养老保险政策的政策过程定为研究题目。

自 2011 年从北大毕业，至今已有 4 年时间，我也逐渐适应了在中央民族大学的教书、研究生活。如今回首漫长的求学生涯，感恩良多，感谢我的母校，感谢我的良师益友。

记得 1994 年 9 月 6 日，我第一次到北大报到，手续办完后跟同学去逛校园，结果找不到回宿舍的路了。本科读的是日语专业，前两年一直感觉在上小学一二年级，状态像是在学拼音、学认字。2007 年 9 月我第二次去北大报到，觉得终于又有一次机会可以以主人的心态进入北大图书馆，并下决心这一次一定要好好利用它。算起来前后在北大度过了八年时光。如果说从小学一年级到高三是阶梯的话，前一个四年北大给了我一个平台，它把我托举到一个位置高度，可以进入社会；后一个四年是一个阶梯，它让我再次学习、成长，可以分析社会。

回顾之前走过的路，心中充满了感激，感谢母校给我提供的学习机会和学术环境，感谢八年来付出辛劳的各位老师。在读博的四年中，得到老师们的悉心指导，尤其是我的导师王思斌教授，他一直在各方面给予我耐心的指导和莫大的支持。同时，我还要对北大社会学系的谢立中教授、刘世定教授、熊跃根教授等诸位老师，浙江大学人文高等研究院的朱天飚教授，以及中国社会科学院的景天魁研究员、王延中研究员表示深切的谢意。

也谨在此感念我小学五、六年级的数学老师席俊德（读 dei）老师，他给予我难得的信任，把我从黑暗、不安、混沌、漂移中拉到学习之路上，给了我一个有尊严的起点。感谢我硕士生导师韩国成均馆大学的严明镕教授，他一直以同理心给予我情绪上的支持；感谢成均馆大学的洪炯俊教授，他带领我进入社会福利政策的研究领域。感谢我的家人对在漫长求学路上探索的我的支持和包容。感谢吴利娟、邓锁、黄宗昊等诸多朋友对论文修订提出的宝贵意见；感谢人力资源和社会保障部社会保障研究所王宗凡研究员、汪泽英研究员、谭中和研究员等各位研究员以及调研期间给予我各种帮助的诸多朋友。此外，还要感谢社会科学文献出版社的编辑杨桂凤女士提升了本书的出版质量。

图书在版编目(CIP)数据

理解政策过程:中国农村社会养老保险政策试点模式研究/郑文换著. —北京:社会科学文献出版社,2015.6
ISBN 978 - 7 - 5097 - 7324 - 6

I. ①理… Ⅱ. ①郑… Ⅲ. ①农村 - 社会养老保险 - 养老保险制度 - 研究 - 中国 Ⅳ. ①F842.67

中国版本图书馆 CIP 数据核字(2015)第 063418 号

理解政策过程
——中国农村社会养老保险政策试点模式研究

著　者 / 郑文换

出 版 人 / 谢寿光
项目统筹 / 童根兴
责任编辑 / 杨桂凤

出　　版 / 社会科学文献出版社·社会政法分社(010)59367156
　　　　　　地址:北京市北三环中路甲29号院华龙大厦　邮编:100029
　　　　　　网址:www.ssap.com.cn
发　　行 / 市场营销中心(010)59367081　59367090
　　　　　　读者服务中心(010)59367028
印　　装 / 三河市尚艺印装有限公司
规　　格 / 开　本:787mm × 1092mm　1/16
　　　　　　印　张:16.75　字　数:224千字
版　　次 / 2015年6月第1版　2015年6月第1次印刷
书　　号 / ISBN 978 - 7 - 5097 - 7324 - 6
定　　价 / 59.00元

本书如有破损、缺页、装订错误,请与本社读者服务中心联系更换

版权所有 翻印必究